康德批判哲学的信念之维

马 彪 ◎ 著

The Dimension of Faith in

Kant's Critical Philosophy

目 录

导 论 …………………………………………………………… 1

第一章 信念界说 ……………………………………………… 8
第一节 认知与知识 …………………………………………… 8
第二节 意见与信念 …………………………………………… 21

第二章 至上信念 ……………………………………………… 36
第一节 目的论证明 …………………………………………… 37
第二节 本体论证明 …………………………………………… 52

第三章 道德信念 ……………………………………………… 66
第一节 宗教与道德 …………………………………………… 67
第二节 康德与神秘主义 ……………………………………… 81

第四章 恶的问题 ……………………………………………… 99
第一节 恶的起源 ……………………………………………… 99
第二节 意念 …………………………………………………… 109

第五章 超验理念 ……………………………………………… 122
第一节 恩典 …………………………………………………… 123
第二节 奇迹 …………………………………………………… 133

第六章 经书诠释 ……………………………………………… 145
第一节 人子 …………………………………………………… 145
第二节 至上信念的位格 ……………………………………… 156

余　论 ……………………………………………………… 171

参考文献 ……………………………………………………… 183
后　记 ……………………………………………………… 187

导　论

　　康德批判哲学是以建筑术的方式构建起来的,而他所理解的建筑术,指的是把诸多分散的知识以科学的手段来加以体系化的学说和方法。在这一意义上,康德哲学本身可被视为一个系统的有机整体,对此学界分歧不大,但对于其批判哲学体系到底是由哪些必要部分构成的这一问题则争议较多。例如,保尔森(Friedrich Paulsen)就曾根据康德早年的书信,把其哲学体系划分为理论哲学与实践哲学两大部分;沃森(John Watson)则将其视为"真善美"的统一,其中第一批判研究的是认识何以可能的问题,第二批判探讨的是道德如何可能的问题,第三批判关注的则是审美理论与目的论的问题,正是这三者的统一构成了康德批判哲学的完整体系。在某种意义上,可以说上述两种理解都有一定的道理,但不可否认的是它们都有意或无意地忽视了康德的宗教思想这一重要维度。为弥补这一缺陷,有的学者如韦布(Clement Webb)主张将康德哲学划分为理论哲学、实践哲学和宗教哲学三个面向。毋庸置疑,后一种主张注意到了康德宗教思想的重要性,极有见地,但平实而言他对康德批判哲学体系各部分关系的理解,仍有可商榷或补充的地方。

　　作为批判哲学体系"两分法"的主要代表,保尔森指出,康德哲学在本质上可以分为两支:理论的部分与实践的部分,即"自然的形而上学和道德的形而上学,或者自然哲学与道德哲学,与之相应的客观世界可以分为自然的与自由的两大部分"①。这一主张的重要文本支撑来自康德在1772年2月21日致赫茨(Marcus Herz)的书信。康德在这封信中曾夫子自道曰:"现在,我已经能够写出一部《纯粹理性批判》了。如果纯粹理性完全是理智的,那么,这本书就既包括理性认识的本性,也包括了实践认识的本性。关于这本书,我想先写出第一部分,它包括形而上学的本源、方法及其界限,然后再写出德性的纯粹原则。第一部分大约可以在3个月出版。"②此处的"形而上学"涉及的是知识何以可能的问题,它关涉认知的先天性基础、界限和范围等方面的分疏与考察;而德性的纯粹原则问题,则是由康德于

---

① Friedrich Paulsen,*Immanuel Kant:His Life and Doctrine*,London:John C.Nimmo,1902,p.110.
② [德]康德:《康德书信百封》,李秋零译,上海人民出版社2006年版,第35页。

1785年与1788年出版的《道德形而上学的奠基》和《实践理性批判》这两本书所着力探究的主题。也就是说,从该信中我们可以推导出康德在草就第一批判时,心中就已经设定了理论哲学与实践哲学两部分的雏形,因为他在着手写作第一批判时,就想到"把它分作两个部分,即一个理论部分和一个实践部分。理论部分又可分作两章:1. 现象学一般;2. 形而上学,而且仅仅依据它自己的本性和方法。实践部分也分作两章:1. 感受性、鉴赏和感性欲望的普遍原则;2. 德性的最初动机。"①可以看出,虽然处于批判哲学前期的康德,当时还不完全清楚自己的哲学体系的最终走向,因为他把本属于《纯粹理性批判》中的"感受性"与《判断力批判》中的"鉴赏"也放置在了实践哲学的框架之内来加以研究,从而淆乱了三者的界限,但此时的他毕竟有了一个哲学上的大体框架,那就是把其哲学划分为理论与实践两个支脉。在这一意义上,保尔森对康德哲学体系的理解确有一定的合理性,正是在这一层面上,他明确指出,康德哲学的这种思维视角,改变了人们过去那种只眼看世界的单一思路,转向了以理论与实践或以自然与自由的双向视域来考察世界这一面向。

从某种层面来看,康德哲学体系的这一解读模式显然有其重要价值,因为它是基于康德极具私人性质之书信的解读,在某种程度上代表了康德在彼时彼地的真实想法,颇为值得重视。毫无疑问,这是它的优点,但在某方面而言其症结亦源于此。首先,由于康德哲学体系是一个发展的过程,保尔森仅由其前批判时期书信中的个别段落来对其整个哲学体系给出全面评断显然是不充分的,相关概括也难免失之偏颇。举例来说,Ästhetik 一词在康德的早期作品(甚至在其第一批判)中,动用的也只是它的经验或感性的意涵,作为美学上的审美向度与先验意涵并没有被彼时的他纳入批判哲学的视野之中,但时隔9年,在《判断力批判》中康德则明确将愉快不快能力、认识能力,以及欲求能力归为心灵中的三大先天能力,此其一也。其二,把康德哲学体系截然两分的做法,遇到的最大挑战是它无法解决自由与自然之间的断裂问题。比如,沃森就认为,当人们将康德批判哲学划分为截然不同的两部分时,也就同时误解了康德,因为他们忽视了第三批判的重要性与理论意义,而没有第三批判的出现,理论哲学中的认知与道德的鸿沟就将无法得到解决,自然与自由的隔阂亦将无法得到逾越。可就康德哲学的整体意向而言,他的哲学意图又是非常明显的,即自然世界与道德世界必须勾连而不能断裂,前者必然走向后者,实践哲学定然要对理论哲学施加作用和影

---

① [德]康德:《康德书信百封》,李秋零译,上海人民出版社2006年版,第33页。

响,而沟通两者的桥梁和中介就是作为审美的判断力,是"判断力把和谐引入了自然与自由,以协调知性与理性的关系"①。就此而言,康德的第三批判绝不是理论哲学与实践哲学的简单推演,更不是微不足道的附加与赘疣,它是康德批判哲学必要和自然的走向。我们认为,这一从"三大批判"之系统的高度来看问题的立场,的确点出了保尔森两分法的痛处,击中了其要害。因为康德本人曾一再指出,第三批判之所以撰述,其目的就在于看看在知性与理性之间构成一个中介环节的判断力,是否也有独自拥有先天的原则;这一先天原则是建构性的还是范导性的,并且它是否会先天地把规则赋予作为认识能力和欲求能力之间的中介环节的愉快和不快的情感,而这些就是第三批判所要重点讨论的问题。②

出于以上两点理由,我们认为,一旦我们把康德批判哲学理解为理论的部分与实践的部分之叠加,势必会出现以康德的部分哲学观点或某一立场来统摄其整个批判哲学体系的窘相,造成以偏概全的错误,继而亦难以理会第三批判之所以产生的迫切性与必要性。而两分法之所以出现这一缺陷,在于它没有看到康德对其批判哲学体系本身的建构与认知是一个动态的衍化过程,而不是一个静态的思想形态。就此而言,我们只有综合多重因素才能对其体系问题给出一个相对合理的评断。在这一意义上,保尔森之后的学者要想摆脱这一困境,势必要另辟蹊径选择更为适合的角度来重新审视康德哲学及其体系问题,而这种重新审视的理论成果之一,就是把康德哲学诠释为"真善美"之统一的系统。

事实上,任何一种诠释方式的选择都是对原作的再思考或再理解,既然不能从理论哲学与实践哲学的维度来解读康德的批判哲学体系,那么诉诸"真善美"的解读方式是否会好一点呢? 这一主张的代表人物是沃森,其主要文本依据是康德第三批判中的那篇著名序言。作为康德哲学纲领性的文献,这篇序言可以说是其批判哲学立场的宣言书,它对于我们理解其哲学体系而言的重要性自不待言。在这篇长达数万言的导读性文字中,康德首先对其哲学的根本构架做了一般性的划分,随后又具体明晰了其批判哲学的总体思路与设想:

---

① John Watson, *The Philosophy of Kant Explained*, Glasgon: James Maclehose and Sons, 1980, p.396.
② [德]康德:《判断力批判》,李秋零译,中国人民大学出版社 2010 年版,第 2 页。

表 0-1 批判哲学的架构

心灵的全部能力	认识能力	先天原则	应用于
认识能力	知性	合法则性	自然
愉快和不快的情感	判断力	合目的性	艺术
欲求能力	理性	终极目的	自由

在这一概观的表格中,我们可以看到康德的确试图以第三批判中的"判断力"来沟通知性与理性的鸿沟,打通认知与道德的隔阂,继而尝试弥补对其哲学体系之"两分法"解读所导致的断裂问题。基于人的全部认识能力,康德哲学无疑是认识、情感和意志的结合,而从先天原则应用的对象和范围来看,康德哲学必然又是自然、艺术和自由的有机整体。因此,从这篇序言中,我们不难得出康德哲学为"真善美"的统一的结论。起码,在1790年康德写作《判断力批判》时期,这一诠释理路颇为合理。然而,若是我们将时间延续到1804年,从康德完整的一生来看,是否还会如此切实明了吗?我们认为未必。李秋零在《纯然理性界限内的宗教》"中译本导言"中对这一解读已有深刻的批驳。在他看来,后世学者对康德哲学的研究主要针对其"三大批判",甚至"根据三大批判的主题,简单化地把康德哲学丰富的内容化约为'真善美'三个字,而其宗教哲学思想则往往被人们所忽视"①。事实的确如此。诚然,前述"三分法"的解读方式关注到了"三大批判"的总体概况,也确实打通了"三大批判"的关节。不过,这一阅读模式从整体上来看,完全忽视了康德宗教思想的意义与作用。

首先,就"三大批判"内部的完整性与一致性来看,"真善美"三分法的解读也是难以自圆其说的,因为它丝毫不关注何以康德的煌煌三大巨著,每本书的后半部分都指向了宗教或者以宗教为最终的旨归这一事实。例如,在《纯粹理性批判》"纯粹理性的理想"一节中对传统神学的彻底性批判,在《实践理性批判》"纯粹实践理性的辩证论"数节中对灵魂不朽、至上存在者存有公设的论证,以及在《判断力批判》"目的论判断力的方法论"中对至上存在者道德证明的阐述等。假如不对这些康德所倾情的文字和问题做出合理的解释,而只是一味地礼赞康德如何对人的"真善美"与"知情意"所给予的哲学关怀,难免无法使人信服,更不用说康德的后期作品,如《纯然理性

---

① [德]康德:《纯然理性界限度内的宗教》,李秋零译,中国人民大学出版社 2005 年版,第1页。

界限内的宗教》与《学科之争》(Streite der Fakultäten)等对宗教问题所投入的巨大论证热情与生命关注。

其次,就康德哲学体系的统一性来看,"真善美"解读问题更大。康德在1793年5月4日给司徒林(Carl Friedrich Staudlin)的信中曾不止一次地说:"很久以来,在纯粹哲学的领域里,我给自己提出的研究计划,就是要解决以下3个问题:1. 我能够知道什么?(形而上学)2. 我应该做什么?(道德)3. 我可以希望什么?(宗教)接着是第四个,也是最后一个问题:人是什么?(人类学,20多年来,我每年都要讲授一遍)在给您的著作《纯然理性界限内的宗教》中,我试图实现这个计划的第3部分。"①非常明确,晚年的康德在此开诚布公地道出了其哲学体系的全部秘密,亦即第一批判解决理论哲学问题,第二批判关注实践哲学问题,而在《纯然理性界限内的宗教》中则是为了实现对宗教哲学问题的回答,即回应"我可以希望什么"的问题,也即是说有限的理性存在者在践行了道德法则以后的希望归宿在哪。与传统的那种将"真善美"视为对人之问题的回答不同,在康德看来,真正解决"人是什么"这一议题的只能是形而上学、道德和宗教的"三位一体"学说,排除任何一个都将是不完整的,尤其是"我可以希望什么"这一宗教议题。②

与此同时,或许有人会提出如下疑问:既然第一批判解决的是认识问题、第二批判回答的是道德问题,而《纯然理性界限内的宗教》因应的是宗教问题,这一康德哲学体系的"三分法"虽然有其道理,但在某种意义上它又重复了上面"两分法"的错误,毕竟这里既没有沟通前两大批判之间的鸿沟,亦没有弥补自然与自由的断裂问题。针对这一质疑,韦布的回应是,真正沟通第一批判与第二批判的绝不是《判断力批判》这一著作,而是康德1790年之后的宗教作品,因为本质上看,是信仰,是属于宗教领域的信仰成功地弥合了先验哲学内在的鸿沟。③ 借助这一中介,康德建立了理论哲学与实践哲学的联系,打通了两者之间的义理关节和脉络,正是由于宗教为康德哲学在自然与自由的沟通中提供了中介作用,才使得康德相信并主张实践理性优于理论理性,不然两者之间将一直存在断裂。

---

① [德]康德:《康德书信百封》,李秋零译,上海人民出版社2006年版,第199页。
② 就笔者所见,康德一生谈及其哲学旨趣的总结性文字,除了1793年致司徒林的信之这一处之外,还有两处涉及这一话题,即1781年的《纯粹理性批判》和1800年的《逻辑学讲义》(Jäsche Logik)。我们从康德言及这一问题的时间跨度及其节点来看,将其批判哲学划分为知识、道德与宗教三个部分,应该是其一贯的主张。
③ Clement Webb, *Kant's Philosophy of Religion*, Oxford: Clarendon Press, 1926, pp.2-3.

显然，韦布此处的看法无疑为我们提供了一个新的解读路径，但亦需要做出进一步的考察和说明。我们知道，康德在《纯粹理性批判》之"先验方法论"部分曾一再指出，关乎"我可以希望什么"的宗教议题："它既是实践的又同时是理论的，以至于实践的东西只是作为导线来导向对理论问题的回答，而如果理论问题得到解决，就导向对思辨问题的回答。因为一切希望都是指向幸福的，而且希望在实践的东西和道德法则方面，恰恰就是知识和自然规律在事物的理论知识方面所是的同一东西"①。康德这里的意思较为明显，宗教议题出自理论问题和实践问题，但它又是在更高层面上的对两者的综合，在这里套用正反合的概念来对康德这一思想加以刻画虽未必恰当，但将"宗教"解读为"认知"和"道德"的一个合题则是没有问题的。按照通常的诠释，大多认为是第三批判连通了康德的前两大批判的鸿沟，这一通常意义上的理解路径从"三大批判"的视角看显然不成问题，但关注的视域无疑过于狭小，因为它完全忽视了康德在第一批判中所论述的宗教与认知和道德之间的深层关系和内在义理。自1781年的第一批判等成熟作品对此问题的阐述以来，康德不止一次地说他的哲学问题最终可以归结为认识、道德和宗教问题，"三大批判"诚然重要，但它不能代表康德哲学的全幅的内容，没有宗教哲学的介入，我们根本无法真正解决康德的批判哲学终极追问。

与大多数学者的看法相仿，我们认为第三批判从内部打通了自由与自然的隔阂，但是它的这种桥梁作用服从于宗教对认知和道德的更高层面的整合这一原则，换句话说，三大批判之内的统一性问题只能在既是实践的又是理论的宗教议题下才有坚实的基础。我们认为，从康德哲学的体系来看，其思想中至少有三种不同的宗教模式，它们植根于人心之中，旨在为人的信仰提供普遍的根据。其中，第一种模式指的是"伦理上的公设"（ethical postulation）模式，其重要特征在于要求我们在道德实践中培养对一个神圣存在者的信任，因为只有祂才能协助我们实现最终的道德目的，即理论上的幸福。此处兼具理论与实践内容的"至善"作为一个理念，显然是一个范导性的概念，其作用在于引导我们由道德的形式原则走向切实的道德哲学，准确地说，康德道德理论所揭示的，不是要从绝对命令中产生抽象的戒律，而是通过表达包括有限存在者的自身权益在内的至善。② 换言之，就康德的至

---

① ［德］康德：《纯粹理性批判》，李秋零译，中国人民大学出版社2011年版，第525页。
② Adina Davidovich, "Kant's Theological Constructivism", *Harvard Theological Review*, Vol.86, No.3, 1993, p.326.

善思想而言,德性诚然是其中必不可少的条件,但他并没因此而忽视幸福这一维度。事实上,康德从没有把人的需求、偏好视作不正当的欲望,而是时刻想着将其接纳进至善的构架中来平衡两者的关系:一个行为是否道德的,关键在于它是否同时满足了自由法则(实践问题)和个人兴趣(理论问题)。然而,作为有限的存在者,我们无论怎么权衡德福议题都难免会陷入道德困境之中,而为化解这一困境,我们必然在伦理上公设一位全能、仁慈、永恒,以及公正的至上存在者的存在,否则道德有被视为幻相的危险。

需要指出的是,此处关于至上存在者的这些态度以及归之于其名下的那些属性,不是出于抽象的、形而上的思辨,而是基于对至上存在者之信念的必然要求。这一点在我们对至上存在者这一"必然要求"的深层理据是可以在"想象上的投射"(imaginative projection)这一概念中得到解释的。根据康德的伦理学说,行为者的行动要想被视为道德的,那么它必须具有可普遍化的法则形式,而良知无非就是意识到这一法则且将其内化为义务的一种实践理性。① 这一实践理性作为一种理智的禀赋时刻对我们施加力量,以至于我们的道德行为似乎是在按照一个与我们不同的他者的要求来行动一样,若是这个他者被理性视为纯然的理想的人格,那么它就可以被称为至上存在者。在此意义上至上存在者可以被看作是良知在我们心灵之外的一种投射,就此而言,康德思想中的良知在实现其功能和作用的过程中,与传统宗教中的至上存在者有着不可思议的相似之处。② 当然,康德煞费苦心阐明的这一至上存在者并非真的存在于我们之外的世界,实际上它只是基于"沉思上的建构"(contemplative construction),即康德这里揭示出来的至上存在者不是基于科学的或认知的判断,而是出于鉴赏判断之上的、具有主观普遍的"视之为真"(Fürwahrhalten)。借助康德第三批判中的反思性的鉴赏判断和审美情感上的沉思,我们能够形成一个超自然的存在,这一存在不仅整合了科学与道德,消除了自然与自由之间的壁垒,还在更高层面上实现了其基于建筑术要求之上的哲学之一统的目的。据此可见,康德批判哲学无疑是由理论哲学、实践哲学与宗教哲学三部分构成,而在本书中它们分别对应前两章、第三四章与最后两章中所涉及的信念议题。

---

① [德]康德:《道德形而上学》,李秋零译,中国人民大学出版社2013年版,第183页。
② Adina Davidovich, "Kant's Theological Constructivism", p.341.

第一章 信念界说

康德在其《纯粹理性批判》第二版的前言部分指出，理论知识与信念是两类不同的认知类型，而其批判哲学的一个重要使命在于扬弃前者，以便为后者留下地盘。需加注意的是，对康德而言，"信念"（Glauben）是以"认知"（Erkenntnis）表象而不是以命题"知识"（Wissen）为基础的一种特殊的"视之为真"，区分这一点，对于正确把握康德的信念思想相当重要。与知识不同，信念虽然在主观上具有完全充分的有效性，但在客观上却没有普遍必然性的一种认知形态。在这一意义上，那种关于康德哲学中的"理智直观知识""至上存在者的知识""宗教知识"等惯常称呼——无论是基于翻译上的问题，还是出于义理的理解——都不乏有商榷的空间。知识、信念与意见需要作为表象的认知给予辩护和奠基，但它们三者之间存在明显的差别，并不完全一致。因此，在对康德宗教思想做出系统阐释之前，需要对其相关的核心概念做一说明。职是之故，本书第一章拟分为两节，其中第一节重在处理认知与知识的区别，旨在说明康德哲学中的信念是以认知为根据的"视之为真"这一问题；第二节，侧重解决信念与意见、假说之间的差异之处，展现作为主观上充分、客观上不充分的信念的独有特质，为其后对康德信念思想的全面论述奠定基础。

第一节 认知与知识

康德的《纯粹理性批判》一书被视为近代哲学最重要、最具影响的著作之一，然而有点奇怪的是，作为该书的核心概念"认知"所指为何，却鲜有学者给予系统、深入的探讨。许多著名康德专家在阐释康德思想时，甚至还把这一语词与康德的另一个重要哲学范畴"知识"不做分辨地加以混用。造成这一现象的原因诚然是多方面的，但不可否认的是，对康德作品的不当翻译责任甚大。仅就《纯粹理性批判》的几个中文译本而言，无论是蓝公武、邓晓芒、李秋零还是韩林合，他们几乎都把这两个词同等视之一律译作了"知识"。① 英

---

① 其中也有例外，比如许景行与王玖兴就注意到了 Erkenntni 与 Wissen 的区别，前者把 Erkenntnis 译作"知识"、Wissen 译作"知"；后者则把 Erkenntnis 译作"知识"、Wissen 译作"认知"。参见[德]康德：《逻辑学讲义》，许景行译，杨一之校，商务印书馆 2010 年版；以及康德：《纯粹理性批判》，王玖兴等译，商务印书馆 2018 年版。虽说许景行和王玖兴的译

美学界的康德翻译先前由于深受斯密思（Kemp Smith）的影响，亦曾一度把它们都译作了 knowledge，而这无疑对康德哲学的研究关系极大，以至康德哲学的研究大家阿利森（Henry Allison）、盖耶（Paul Guyer）无不受到波及。比如，阿利森和盖耶的《康德的先验观念论》（*Kant's transcendental idealism*）与《康德与知识主张》（*Kant and the claiming of knowledge*）都还以 knowledge 来理解康德的 Erkenntnis 这一概念。不过随着伍德（Allen Wood）等人主编的剑桥版康德英译本的陆续问世，英美学界的康德翻译和研究已经逐渐形成一套固定的专有语词来对应康德的这两个哲学概念，即 Erkenntnis（cognition）与 Wissen（knowledge）。

较于国外的相关研究①，国内关于这方面的文章还不是太多，仅有一些港台学者对此稍有涉猎。比如，卢雪昆在《康德的形而上学》一书中就曾论及这一议题，她认为 Erkenntnis 与 Wissen 的中译颇难定夺，但又亟须给予分疏，其解决方案是："当 Erkenntnisse 在原文中是就认识活动而言时，译作'认识'；当指结果而言时，则译作'知识'较达意。不过，Wissen 就不能也混译作'认识'，再三斟酌，我译为'真知'、'学问'或'知道'。"②香港中文大学的刘创馥（Lau Chong-Fuk）亦曾发文指出，通常情况下这两个词在日常使用中具有大体类似的意涵，但在康德哲学中这两个语词是意义不同的两个概念，前者包含信念在内的一个哲学范畴，而后者对应的则是命题知识的概念，把 Erkenntnis 译作 knowledge，不仅难以体察康德区分 Erkenntnis 与 Wissen 的良苦用心，还会从整体上误解康德哲学的基本特质。基于这一理解，刘教授建议还是把 Erkenntnis 译作"认知"，而把 Wissen 译作"知识"是种较为妥当的做法。③

本注意到了康德这两个概念的不同，可是它们在国内康德哲学研究中的影响甚微，大家依旧没有对 Erkenntni 与 Wissen 作出区分，一律以"知识"视之。新近韩林合译本把 Wissen 看作狭义的知识，而把 Erkenntnis 视为广义的知识，他的这一分疏虽说触及了两者的差别，但其所论太过简略。参见［德］康德：《纯粹理性批判》，韩林合译，商务印书馆 2022 年版，第 29 页。

① 比如 Andrew Chignell, "Modal Motivations for Noumenal Ignorance: Knowledge, Cognition, and Coherence", *Kant-Studien*, Vol.105, No.4, 2014; Clinton Tolley, "Kant on the place of cognition in the progression of our representations", *Synthese*, Vol.11, No.4, 2017; Marcus Willaschek and Eric Watkins, "Kant on cognition and knowledge", *Synthese*, Vol.11, No.6, 2017。

② 卢雪昆：《康德的形而上学》，中国人民大学出版社 2016 年版，第 21—22 页。

③ Lau Chong-Fuk, "Kant's Concept of Cognition and the Key to the Whole Secret of Metaphysics", in *The Palgrave Kant Handbook*, M.C. Altman（ed.）, New York: Palgrave Macmillan, 2017, pp.117-118.

一、认　知

基于康德的既有文本，可以发现他曾无数次提及"认知"这一概念，比如在第一批判"先验逻辑"之"论一般的逻辑"和"向范畴的先验演绎的过渡"部分等。但康德对认知概念给予周备阐明的大致有两处较为重要，需要在此详加论述，它们是《纯粹理性批判》"先验辩证法"之"一般理念"，① 以及《逻辑学讲义》"导言"之第Ⅷ节。② 诚然，科学院版的《康德全集》尤其是关于逻辑学的那几卷对此亦有零星的记述，但它们大体上与《逻辑学讲义》所传达的思想大同小异，整体上来看，《纯粹理性批判》和耶舍（Gottlob Benjamin Jäsche）收笔录的《逻辑学讲义》可以代表康德关于"认知"的基本立场。

首先，是对《纯粹理性批判》中关于"认知"概念的说明。对康德而言，认知说到底是一种表象，但它不是一般意义上的表象，因为表象涉及的范围较宽，在某种层面上，德语中的表象（Vorstellung）与英语中的 idea 相似，凡是能够被我们意识到、想到的一切东西都可以称之为表象。针对这一表象，康德在第一批判中曾对其不同的"等级阶梯"给予了具体分疏。在他看来，表象既可以指涉有意识的观念，同时也可以指涉下意识或无意识的观念。③ 就前者来说，如果这一表象是有意识的话，那么它就可以被称为感知；这一感知，若只是关系到主体，作为主体的变形，那它就是感觉；而这一感知若是客观的，则可被视为认知。认知要么是直观，要么是概念，前者直接地与对象相关，是个别的；后者间接地通过多个事物共同具有的某个特征而与对象相关④。换言之，对这同一个具有意识的感知概念而言，如专从其与主体相联系、作为主体状态的一定变化这方面来看，它就是可以叫作感觉；相反，若它涉及的是关于客观对象的表象，那它就是认知，亦即关于客观对象之意识的表象。就此而言，认知是与那些不具有客观性的表象，以及与无意识的其

---

① ［德］康德：《纯粹理性批判》，韩林合译，商务印书馆2022年版，第257页。
② 有关康德的逻辑学笔记，学院版《康德全集》中收录了多达7种，它们大多收在第16卷中，参见 Kant, *Kants Gesammelte Schriften XVI*, Berlin: Walter de Gruyter, 1924. 其中，*Jäsche Logik* 收录在学院版《康德全集》第9卷中，在出版前，曾经康德亲自审定，与其他几种比较起来，其权威性更大一些，它的中文译名为《逻辑学讲义》，参见［德］康德：《逻辑学讲义》，许景行译、杨一之校，商务印书馆2010年版。
③ 关于"无意识"的话题，康德在《实用人类学》中谈得较为全面，在那里，康德将其称之为"模糊表象"，并认为"其领域是不可测度的"。参见［德］康德：《实用人类学》，李秋零译，中国人民大学出版社2012年版，第15页。
④ ［德］康德：《纯粹理性批判》，韩林合译，商务印书馆2022年版，第257页。

他观念相对立的表象,它有两个构成要件,即直观与概念。

其次,与第一批判中关于"认知"概念的表述略有不同,康德在《逻辑学讲义》中对"认知"的阐释相对复杂一些。康德指出,基于认知的客观价值,我们可以将认知分为如下级次:"认知的第一级次是表象某物;第二级次是有意识地表象或感知。第三级次是识别某物,或在同他物比较异同中表象某物。第四级次是有意识地识别某物,亦即认识某物,动物也识别对象,却不认知对象。第五级次是知解某物,亦即借助知性概念认知或构想某物……第六级次是通过理性来认识或洞晓某物……第七级次是理解某物,亦即在这种对我们的意图来说是充分的级次中,通过理性来认识或先天地认识某物。"①据康德的理解,他在此列出的认知级次,是一个由低到高的渐进过程,其中第一级次是最低的认知等级,而第七级次则是最高的认知等级。在某种意义上,我们也可以把这七个级次概括为四个层面,即仅有表象而没有意识的刺激反应层面,主要指的是第一级次;其次是具有意识的知觉层面,大致涉及第二和第三级次;第三是能够运用概念思维和判断的知性层面,它包括第四和第五级次;最后是能够把判断归摄于理念之下的理性层面,而它关涉的是第六和第七级次的认知。②

通过上述分疏,我们可以明确看出,《纯粹理性批判》中的"认知"概念与《逻辑学讲义》中并不完全一致,后者显然要比前者宽泛许多,它不仅囊括了感性、知性,甚至还包括了理性于其中。在第一批判中,认知之所及仅限于客观对象之有意识的表象,涉及的范围也只拘囿在直观与概念的两种功能,在某种层面上,它相当于《逻辑学讲义》中第四或第五级次的认知概念,并不涉及其他几个认知级次的内容。就这一点来看,康德对认知这一概念的运用貌似是有歧义的,没有连贯性。然而,事实并非如此。若我们的视界不仅仅拘囿于这两段文字,而是由康德哲学的整体思想来观照时,将会发现,前面看似矛盾的表述存在其内在的一贯之道。我们知道,康德的《纯粹理性批判》所要解决的是"我可以知道什么"这一核心议题,它针对的是现象领域中的事务,回答的是先天综合判断如何可能的问题,而要想从先验哲学的维度回应并解决这一问题,就需要探讨认知得以可能的先天条件,亦即探讨纯粹直观与知性范畴问题。因此,在第一批判中,康德研究重心必然要围绕着认知的两个基本形式即直观和概念来展开。职是之故,我们这里也

---

① Kant, *Kants Gesammelte Schriften IX*, Berlin: Walter de Gruyter, 1924, S.64-65.
② 关于康德之"认知"等级的划分和理解问题,相关文献甚多,其中Clinton Tolley教授的研究较为突出,可以参见Clinton Tolley, "Kant on the place of cognition in the progression of our representation", *Synthese*, Vol.11, No.1, 2017。

就不难理解,康德何以要在"先验感性论"与"先验逻辑论"中大肆铺张并着重地阐发时空形式和12范畴了。诚然,康德在第一批判中也谈及了"通过理性来认识或洞晓某物"某物的话题,尤其是在"先验方法论"之"纯粹理性的法规"部分还话及了道德和实践哲学问题,但无论如何,这些都不是第一批判所要解决的重心。

  现在的问题是,既然思辨哲学中的认知之所指关乎的是直观与概念的客观意识的表象,那么康德何以还要开列认知的其他几个级次呢?对此,我们的理解是,就像"理性"具有泛指和特指之分一样,康德的认知概念也有广义与狭义之别。广义上的认知可以涵盖康德在《逻辑学讲义》中所说的七类认知范围,而狭义的认知则只涉及康德在《纯粹理性批判》中的直观与概念这两个门类。就这一点来说,康德关于认知的多重意涵的使用,与其说是具有歧义,不如说它反映了康德对认知概念中之相互勾连的表象形态的"天才敏感性"。① 由于康德在其理论哲学部分处理的议题主要是狭义上的"认知"概念,所以接下来我们拟对其给予具体刻画,继而揭示它与"知识"这一概念的差异与不同之处。

  那么,我们当如何理解康德狭义上的认知概念呢?康德的看法是,认知离不开直观和概念,换句话说,是直观和概念构成了我们的一切认知:思想无内容是空的,直观无概念是盲的。康德的这些思想通常被解读为,认知是直观和概念的综合,离开任何一方,认知的大厦都将坍塌而不复存在。比如,美国康德专家伍德的著名弟子齐格内尔(Andrew Chignell)就曾指出,狭义的认知是指直观(感性)与概念(知性)相结合而形成的先天综合判断。② 齐格内尔的说法诚然不错,但是并不十分清晰,尚需给予阐释,因为单是"概念"直接统摄"纯粹直观"以此形成认知,还是以"概念"为基础借助"纯粹直观"来统摄"经验杂多"以形成认知,两者并不完全相同,它们之间还是存在着分别的,极有进一步分疏的必要。为准确理解康德起见,在这里,我们把概念、纯粹直观,以及它们与经验所杂多三者形成的客观有效的认知称之为"判断认知"(judgmental cognition);而把那种仅是概念与纯粹直观两者之间的形成的认知称之为"表象认知"(representational cognition)。③ 之

---

① Eric Watkins and Marcus Willaschek,"Kant's Account of Cognition", *Journal of the History Philosophy*, Vol.55, No.1, 2017, p.87.
② Andrew Chignell, "Modal Motivation for Noumenal Ignorance: Knowledge, Cognition, and Coherence", *Kant-Studien*, Vol.105, No.4, 2014, p.577.
③ Lau Chong-Fuk, "Kant's Concept of Cognition and the Key to the Whole Secret of Metaphysics", p.118.

第一章 信念界说

所以将"判断认知"单独拿出来加以检视,是因为这里的认知涉及了真理问题,对它的个案分析有助于理解它与知识之间的异同问题。

那么,什么是"判断认知"呢?准确来说,它在康德那里主要指的是思辨认知或经验认知。康德认为,就认知的经验起源来看,一切认知都源于现象世界中的杂多对我们感官的刺激,在这一情况下,我们的知性概念通过纯粹直观与这些所予质料发生关系,继而把这些表象加以比较、归纳、加工成经验对象。按照齐良骥的辨析,判断认知有两个要点:其一是这种认知与经验关系密切,没有外在对象就没有认知的出现;其二是主体的能动性的构造,即我们关于对象的表象是知性范畴主动作用于对象的结果。[1] 因此,从本质上来说,判断认知是概念通过直观对作用于我们感官的对象加以整合而形成的客观有效性的判断。

表面上看,判断认知与知识尤其是与命题知识相差不多,因为它们都关注到了概念、直观,以及经验杂多等意涵。不过细究起来,两者之间存在诸多差别,关键的不同在于它们对真理这一问题的处理上。我们知道,当代认识论中的"知识"侧重的是由真理这一维度来界定的,而所谓知识不过是指得到辩护的真信念而已。可在康德那里,真理则是通过认知来刻画的,换言之,认知是真理的前提。对他而言,认知未必一定是真(真理)的判断,认知的真假取决于判断与对象的符合与否。假如"认知与它所关联的对象不一致,那么即使它包含着某种可能适用于其他对象的东西,它也是错误的。"[2] 与此相对,知识是必须为真的(真理)判断,因为真的(真理)判断是知识得以可能的要件,而认知则未必。因此,"假知识"这一语词就其概念的界定而言,它本身就是一种矛盾的表述,但"假认知"这一表述则是完全成立的,不存在悖论问题。由此可见,康德思想中的"认知"与"知识"是不同层面上的问题,就它们与"真理"之间的关系而言,认知是真的(真理)判断得以可能的前提;与此不同,知识并不是真理的前件,相反,真理却是知识得以可能的必要条件,作为"知识"却没有真理这一前提条件将是不可思议的事情。

其实,康德在其认知理论中很少动用"真理"这一概念,通常情况下,他用"客观上充分的"这一语词来代替真理(真)的用法。何以如此?康德为什么对"真理"这一概念如此忌讳呢?显然这与康德对传统真理概念的批判不无关系。康德在《纯粹理性批判》中就曾指出,传统哲学中的真理概念要么陷入可怕的无知,要么堕入可怜的循环论证,因为真理若是被理解为认

---

[1] 齐良骥:《康德的知识学》,商务印书馆 2000 年版,第 16 页。
[2] [德]康德:《纯粹理性批判》,韩林合译,商务印书馆 2022 年版,第 80 页。

知与对象的一致,就必须把在我们之内的认知与在我们之外的对象加以比较。但如此一来,我们又很难打通主客之间的鸿沟,因此唯一可能的比较,只能是把对象纳入到我们的认知之中才是可行的,否则很难说有真正意义上的比较。作为对传统真理思想的反动,康德认为,真理若有可能,认知与对象的一致性关系必须做出调整,并辅之必要的条件方可。亦即是说,真的(真理)判断若要成立,则需要外在对象的表象符合主体的知性范畴,继而在我们的先天认知结构中加以整合。换言之,只有出于判断认知这一客观表象,真理才有可能会出现,因为在康德那里,真理之客观上的充分性要以认知判断为前提,并落实到这一判断的表象之中,而非相反。

关于"判断认知"我们仅作如上说明,下面我们再对概念与纯粹直观之间的综合认知,即表象认知略作解读,其中着重阐释"数学直观认知"这一认知形式。数学直观认知是一种较为独特的直观认知形态,与那种只是在共相中考察殊相的哲学认知不同,"数学的认知则在殊相,甚至在个相中考察共相"①。举例来说,假如我们现在构造一个三角形,那么我们要么通过纯然的想象在纯粹直观中表现与这一概念相应的直观,要么在想象之后也在纸上,即在经验的直观中表现它。在康德看来,这个三角形的两种表现方式(纯粹直观和经验直观)虽有不同,但丝毫无损于三角形的普遍性,因为无论在哪一种表现方式中,我们关注的始终是构造行动中的"纯然的量"。用康德自己的话说,数学认知一旦抽离了"量的概念所思维的对象的性状",剩下的就只有构成量的加减、开方等符号关系,而在它按照各种量的不同关系标记量的普遍概念之后,它就在直观中按照某些普遍的规则来展示借助量而产生和变化的一切运算;在一个量被另一个量加减乘除时,它们就会按照加减乘除的标记形式把两者的符号结合起来,并因此而通过一种象征的构造表达论证认知凭借纯然概念才能达到的普遍效果。② 因此,当我们说数学认知是一种直观认知的时候,不是说它不涉及概念,而是说它的概念必须在直观中先天地被展示或构造出来,数学中所包含的那种认知上的普遍有效性必须借由直观纯粹的形式加以保证才是可行的。也正是在此意义上,康德才一再重申数学认知与哲学认知的区别在于,后者是出自概念的理性认知,而前者则是出自概念之构造的理性认知,构造一个概念,就是先天地展示与该概念相应的直观。

据上面的考察,我们后文还将会看出,与经验相关的"判断认知"和"知

---

① [德]康德:《纯粹理性批判》,韩林合译,商务印书馆2022年版,第478页。
② [德]康德:《纯粹理性批判》,韩林合译,商务印书馆2022年版,第480页。

识"的关系更为密切,而表象认知则稍远一些。可不管判断认知与表象认知有何差别,它们都涉及了一个共同的特征,即认知说到底是一种客观的、有意识的表象,真理判断也好,知识命题也罢,若是离开了客观的意识表象这一基础,都将成为无源之水、无本之木。就此而言,与其说康德认知哲学解决的是先天综合何以可能的问题,不如说它关注的是对象之表象的客观有效前提的问题,即回答如何切实普遍地表象对象及其性状的问题。① 与此相对,在康德思辨哲学中,知识显然与主客观都充分的真理辩护问题相关,而这一问题的解决必须放在康德"视之为真"的思想架构中才能得到确切的理解,在这一架构下知识与信念之间的区分将更为显豁。

二、视之为真

康德曾宣称其思辨哲学旨在回答"我能够知道什么"这一议题,但纵观他的《纯粹理性批判》一书,涉及知识内容的并不是很多,仅在该书的"先验方法论"之"论意见、知识和信念"这一章节对此有所涉猎。在这一部分,康德提出了一个重要概念,即"视之为真"概念,在他看来,视之为真可以分为如下三个层次:意见、信念和知识。其中,意见指的是既在主观上又在客观上都不充分的视之为真;假若视之为真在主观上充分,但在客观上不充分的话,那它就叫作信念;最后,既在主观上又在客观上充分的视之为真叫作知识。据此可见,知识说到底只是视之为真的一种认知形态而言,要想理解"知识"的内涵,我们就不能不对视之为真的基本框架事先做些阐述。

那么,什么是"视之为真"呢?在康德看来,所谓视之为真是指"我们知性②中的一件事情,它可以依据客观根据,但也要求在此判断的人心灵中的主观原因。"③其中,这里的"客观根据"(Gründe)指的是通过某些手段或途径提供有关客体之性状的可靠信息和事实,它又可以细分为"客观上充分的"根据与"客观上不充分的"根据两个类别。所谓"客观上充分的"根据,指的是感官世界中的现象或经验证据,以及在这些证据之上所做的归纳证明或演绎推理等论说方式,甚至包括其他与此相关的认知上的保障等。依

---

① Robert Brandom, "Kantian Lessons about Mind, Meaning, and Rationality", *The Southern Journal of Philosophy*, Vol.xliv, No.1, 2006, p.51.
② 需要注意的是,此处的"知性"不是相对于"感性"的狭义概念,而是作为规则的一种更为广泛意义上的认知能力。康德在《实用人类学》中曾指出:"它(知性)在自身中包含了全部高级认知能力",即它不仅包括狭义上的知性、熟练的判断力,还包含了缜密的理性。参见[德]康德:《实用人类学》,李秋零译,中国人民大学出版社 2012 年版,第 77 页。
③ [德]康德:《纯粹理性批判》,韩林合译,商务印书馆 2022 年版,第 533 页。

康德之见，所有这些经验证据或材料日积月累到了某种程度，就能够被视为具备了"客观上充分的"这一要求，而这一要求正是使得知识得以可能的前提，没有这一前提，知识的可能的基础就不会存在。与此相对，所谓"客观上不充分的"根据，指的则是那些更偏向于不太为大家所必然认同的证据，表面上看，这一根据不无可能，而实质上其普遍性并没有得到有效证实或核准；作为视之为真之形态的意见可以归为这一类型。与"外在"的"客观根据"不同，康德这里所说的"主观原因"（Ursache）涉及的是我们"内心"的确证与认知问题，相应地，它也分为"主观上充分的"原因和"主观上不充分的"原因两类。其中前者指的是我们对某个事物的坚实承诺与信其为真的内在态度，在这一承诺与信守中我们不仅付出了相当多的情愫、精力和真实的感受，甚至在一定程度上还形成了坚定的信念，以至于除非发生极其重大的事件，否则我们主观的这一信念牢不可破、不可动摇；后者虽说与前者相仿，也具有主观的认知特征，但它显然更为倾向于心灵上的偏执、固守，以及一厢情愿等情感。

除了通过客观根据与主观原因这一对概念来对知识、意见和信念做出区分之外，康德还从"仅私人的有效性"和"主体间的有效性"之维深度查勘知识与"视之为真"之间的切实关系。康德指出，作为一种视之为真的形态，如果它对每个理性存在者都必然适用或要求的话，在此意义上，这一视之为真就叫作"确信"（Überzeugung）；①与此相对，如果它只能在某个人的主观性状中有其根据，并不适用于所有的人，那么此时的视之为真就只能被称为"置信"（Überredung）。② 按照康德的理解，置信在某种层面上只能是一种纯然的幻相，因为它把那些仅仅是单个人的主观判断当作了客观必然的命题，可事实上，这样一个命题只具有私人的有效性，没有在主体之间可普遍传达的属性，根本不会被大家所一致认同。就此而言置信显然具有自我蒙蔽的意涵，由这一视角而来的关于事物的看法与态度，与其说是出于无知，不如说是出于自我欺骗。相反，基于确信而形成的判断虽然与置信一样也是主观的，但它却是对每个人都有着普遍有效的要求，此处我们需对"主观之内"与"源于主观"这两个概念稍作区分。按照韩水法教授的理解，源

---

① 需要补充的一点是，德文 Überredung 和 Überzeugung 在中文的翻译中译名不太一致，比如王玖兴先生将其分别译为"雄辩"和"确证"，李秋零教授把它们译作"臆信"和"确信"，而邓晓芒教授则译成了"置信"和"确信"。在本文中，这两个德语名词，我们选用的是邓晓芒教授的译法，不过根据行文的需要，我们在其他段落上也适时参照了李秋零和王玖兴的译本。

② [德]康德：《纯粹理性批判》，韩林合译，商务印书馆 2022 年版，第 621 页。

于主观指的是虽出于主体之内,却普遍有效或构成对象的机能,它具有必然的属性,如时空直观,道德法则等;与此不同,主观之内的东西未必都有普遍的特质和必然的要求,如我们的个人感受、知觉等。① 在此意义上,可以说与纯然的置信不同,知识与信念属于源于主观的确信,而意见则是出于主观之内的确信。

显而易见,若只由仅私人的有效性与主体间的有效性这一区分而言,置信显然隶属于前一范畴,而知识、信念处于后一层面。知识由于在主客观方面都是充分的,它拥有主体间的普遍必然性自不必说。信念虽说无法在经验或现象领域被验证,但在康德看来,它依然在主体间具有无可置疑的普遍性和必然性,之所以如此,按照伍德的说法,信念是基于道德推理上的视之为真,若不如此,则将会导致推理上的"实践悖谬"(Absurdum Practicum)问题。② 就此来说,信念自然不可能与置信属于同一论域。因此,现在的关键问题是,同是作为视之为真的子概念,置信与意见是否存在差别,以及在多大程度上存在差别的问题。在康德看来毫无疑问,两者是不同的。诚然,意见无论是在主客方面还是在客观方面都是不充分的,但即便如此,有一点是无法否认的,即"意见"具有主体间的普遍要求与可能性,纵然这种可能性与要求现在还没有被证实或验证。毕竟,当我们在谈论"地球之外的星球上存在生命形态"等这些意见时,不管你是认同还是否定,它都与某个人的臆断或仅仅是他谈论头脑中主观想象的东西存在本质差别,两者绝不是一码事。若上述分析有其道理,那么意见无疑应该与知识、信念处于同一领域,而置信则应该单置于另一范围之中,我们这里做图示如下:

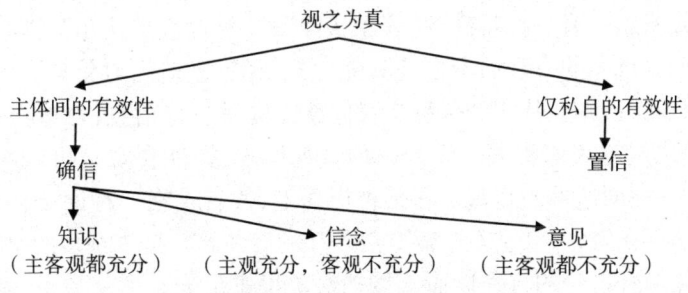

图 1-1 第一批判中的视之为真体系

---

① 韩水法:《道德物自身学说研究》,商务印书馆 2009 年版,第 37 页。
② Allen Wood, *Kant's Moral Religion*, Ithaca and London: Cornell University Press, 1970, pp.25-34.

根据图1-1，我们不难看到，康德所理解的"知识"大致包含如下内容。首先，知识是在客观根据与主观原因上都充分地视之为真，知识的这两个特征缺一不可，作为对某一命题的承当或信守，知识必须得到客观有效地辩护才行。其次，知识得以成立的那种辩护必须是真（真理）的、可靠的，亦即是说，这一辩护不仅要求绝对必然的确定可靠，还需要内在的信念提供支撑，甚至包括了科学概念本应具有的那种特殊的融贯性和系统性。由康德对知识的描述来看，它与当代的知识概念未必一致，但无论如何，它部分涉及了当代知识概念的某些较为重要的层面。而仅就其辩护概念中所包含的客观之充分性而言，实质上，康德对知识的理解比目前学界讨论的知识概念还要严格一些。

三、认知与知识异同

至此，我们已经大体勾勒出了广义和狭义的两种认知概念，以及后一认知概念的两种类型即判断认知与表象认知，目的是从中辨析出"认知"和"知识"之间的关联及其隐微差别。基于前面的分疏，我们不难看出无论是哪一种意义上的认知，也不管它们之间有何不同，概括说来它们与知识最为关键的区别在于，它们不是视之为真的一种形态，而是为所有视之为真形态奠基的一种具有意识的客观表象，正是有了这一表象，真正的知识才有了可能性。较于知识而言，认知显然更为根本和基础一些，它们之间的具体区别大致可以分为如下三个层面。

首先，两者涉及的范围大小不同。作为一种客观的意识表象，认知比知识的领域要大得多。对此，我们不妨再举一例来加以说明。众所周知，康德广义认知概念中有一种特殊的"表象认知"即"智性直观认知"，这一认知形式能够单凭自身的直观而不借助其他方式，径直创造出对象来。它之所以具有如此能力，其实从它的名称中我们就能窥得一些信息：自然与它的"智性直观"之规定密切相关。作为一种直观形式，智性直观又可以叫作本源直观，是一种创造性的直观。在某种层面上，假若存在一种原始存在者，比如至上的存在者，那么它就不需要由外在的客体给它提供杂多的材料，而能够仅仅凭借着自身的自发性而直接把对象提供出来。也就是说，对于至上的存在者而言，它只要想到一个对象，该对象就直观地被给予出来，就像《圣经》上说的：上帝说有光，于是就有了光。基于这一点，可以说智性直观认知具有完全不依赖于外因的能动性和独立性，仅仅依靠自己的直观能力就能够直接创造各种认知对象或认知活动。换句话说，这一直观认知单凭其理智或精神就能"无中生有"，就此而言，它自然是那种"客观上充分的"

和"主观上充分的"知识所无法囊括的一种认知方式。

其次,较为重要的一点是,认知无须认识论上的辩护,而知识则需要特别具体的证明方式和辩护理由。针对这一点,其实我们前面的阐述中已经有所涉及。对康德而言,关于一个对象的认知,只要我们通过感官将其纳入我们的概念之内给予归纳整合,并对此具有一个明确的表象,就可以说认知了该对象。换句话说,知识论上的辩护对认知是不必要的,它是通过感觉意识来对一个对象及其特征的把握。与此相对,知识则是必须给出认识论上的证成的,即要说明某一命题为知识,我们必须给予它的客观充分的理由和证明,或者说知识关乎主客观上的辩护,而如果康德认定,任何客观上的辩护都需要科学知识上那种特有的系统性和融贯性,那么康德狭义的认知与知识之间的距离将会更大。

最后,知识要求具备真的(真理)属性,认知则既可以为真,也可以为假。知识定须为真的品格,这一点,在康德逻辑学的各种讲义中有着不同的表现。比如,学院版的《康德全集》第 16 卷中,康德就曾指出,知识的真实性亦与其确定性密切相关:"认识(wissen)一个东西,无非就是证明它的确定性(Gewissheit)。"①其中,就确定性而言,亲知与证言知识的地位是一样的,没有高低之分。康德举例说,假如我们听到一个伟大的人物去世了,虽然我们对这个伟人的离世没有亲知,只是通过媒体的报道或者他人的转述,了解到了关于他的一些信息,比如他的逝世时间、葬礼安排,以及遗嘱内容等。康德认为,在此情况下,随着二手材料的增加,我们就可以认定,我们拥有了关于这一伟人逝世的知识,而不是关于其逝世的意见。我们由康德关于意见与知识的界定来看,作为客观充分的知识和作为客观不充分的意见,两者诚然是不同的,但"意见毕竟能够通过逐渐地补充这一类的根据而最终成为一种知识。"②

可以看出,在康德哲学中"认知"与"知识"之间的区分还是比较明显的。作为一种客观的意识表象,认知无关知识论上的辩护,甚至无关真假,它与作为一种命题态度的知识存在不小的距离。然而,正如我们前面已经指出的那样,既然康德的第一批判旨在回答"我能够知道什么"这一哲学根本问题,想要实现的是悬置知识而为信仰留下空间的宏伟抱负,那么为何他在《纯粹理性批判》中全幅论及的都是"认知"概念,而很少涉及"知识"这一范畴呢?其实这一问题本应在文章开头就应该提及的,不过在对"认知"

---

① Kant, *Kants Gesammelte Schriften XVI*, Berlin: Walter de Gruyter, 1924, S.365.
② [德]康德:《康德著作全集》第 8 卷,李秋零译,中国人民大学出版社 2010 年版,第 142 页。

与"知识"给出了上述梳理之后,放在这里回答则更显恰当。我们知道,"我能够知道什么"是康德在"哲学领域"为自己提出的三大议题之一,它涉及的是"关于人类理性的最终目的的一切认知(alles Erkenntnisses)和理性使用的科学,对作为最高目的的最终目的来说,一切其他目的都是从属的,并且必须在它之中统一起来。"①也即是说,康德对"我能够知道什么"之议题的处理无关乎具体学科或知识理论层面,而是关乎理性的最高目的与最终目的的问题,必须立足于形而上的高度一劳永逸地解决认知何以可能的问题。较于"知识"对"视之为真"之某一门类或形态的关注而言,"认知"则是出于先验哲学的视角来揭示一系列广泛的基础问题,这些问题不仅涉及表象内容(概念的与非概念的)、指涉对象(单一的或普遍的),还涉及语义特征、判断或表象的本质属性等核心议题。正是基于这一立场,康德在第一批判中只能将其考察重心放在一系列有关客观之表象的畛域上,而非知识或当代认识论的狭小范围中。

不可否认,认知与知识虽有差别,但也不是完全隔绝、互不关联的,单单就判断认知这一点而言,它与知识的联系大致就有两点:首先,假如知识是一种视之为真,视之为真又是一种判断,而该判断又能够被纳入认知的话,那么在此情况下,"认知"就可以为"知识"上的视之为真作出贡献,并为其可能性奠定基础;其次,认知能够提供知识所必需的客观辩护,并满足知识在"客观充分上的"要求。正如我们上面所看到的,由于人类自身的特殊规定,它本身只有通过认知才能认识到一个对象的存在及其特征,因此,经验知识的所有辩护似乎都不能不涉及对经验对象的判断认知。举例来说,就"我眼前有一个红色的球"这一知识命题而言,完全是基于我对面前的"球"和"红色"的表象,亦即基于我的"判断认知"。在这一情况下,只要认知具有客观辩护功能,同时又涉及相关对象的表象的话,我们就可以说,这一认知为"视之为真"的知识提供了客观辩护,虽然它本身并不因此就是知识。

近代认识论关注的重心是人的认识能力问题,康德对认知的考辨无疑是其中的重要一脉,在某种程度上这也说明了康德为何在其最为重要的著作《纯粹理性批判》一书中着力分疏认知的原因与思想背景。相较来说,作为命题性的知识,康德仅在第一批判"先验方法论"涉及意见、知识和信念之区分部分略有提及,但它并不是考察的重要面向。针对两者之间的异同问题,我们以康德理论哲学著作尤其是其第一批判以及与此相关的逻辑学作品为核心文本,着重考察了两者的各自内涵和根本特征,廓清了它们的义

---

① Kant, *Kants Gesammelte Schriften IX*, Berlin: Walter de Gruyter, 1923, S.24.

理关节,全面质疑了那种淆乱认知和知识之区分的解读。本质上看,较于作为主客观都充分地视之为真之形态的知识,康德对认知的研究更为本根,涉猎的范围也更为宽广,旨在从形而上的层面回应并解决客观表象如何可能的问题。就其关涉的类型而言,它不仅关涉通常意义上的判断认知与表象认知,还涉及只有至上存在者才能拥有的理智直观认知等认知类型,亦即关涉康德的宗教问题:至上存在者属于认知而非知识这一领域。毫无疑问,所有这些都不是知识这一概念所能囊括得了的,亦不是它所能解决的论题。作为认知的一种典范,判断认知或许是最为接近知识的一种客观表象方式,但是即便如此,两者之间还是存在着不小的差距的,即使判断认知具备辩护功能,但它本身未必就是知识。作为基于认知的另外一种视之为真,宗教信念更是与知识相隔悬远,毕竟它只有主观的必然性而没有客观的普遍性,而在这一层面上信念又与意见有着深层的差别。

第二节 意见与信念

基于认知与知识的上述区分,可以看到信念隶属于认知领域而非知识的范畴,至此我们现在需要对同属于"视之为真"框架下的"意见"与"信念"的不同之处给出说明。康德曾在由其讲授、学生整理出版的《维纳逻辑学》(*Wiener Logik*)中坦承,"意见"是认知领域中的最大构成部分。作为视之为真的一种样式,意见与信念、知识不同,它是既不具有主观充分性也不具有客观充分性的或然性概念,它的范围关涉可能经验之先天结构的一切领域。表面上看,康德对意见这一概念的理解与界定似乎是始终的、一贯的,事实上并非如此,而是经历了一个逐渐深化的过程。在某种意义上,康德哲学中的"信念"不仅与视之为真架构下的"知识"存在区别,亦与"意见"甚至与"假说"存在很大的不同,虽然康德曾在关于"信念"之理解的衍化过程中的某一时期将其与"意见"加以等同。就此而言,澄清它们之间的关系,对于我们把握康德宗教信念概念无疑十分重要。

一、意 见

康德说过:"构成我们认知中最大部分的是意见"(Meinungen häufen den grössten Theil unserer Erkenntniss an)[①],然而,奇怪的是,作为认知领域的重要一脉,康德在其生前的著述中却较少提及意见这一论题,仅在《纯粹

---

① Kant, *Kants Gesammelte Schriften XXIV*, Berlin: Walter de Gruyter, 1966, S.850.

理性批判》之"先验方法论"的第三章中稍微做了一点说明。原因何在？我们认为，之所以如此，应该与康德终其一生所要集中解决的哲学议题有关。对他而言，其一以贯之的思想旨趣在于回答"我能够知道什么"（认知）、"我应当做什么"（道德），以及"我可以希望什么"（宗教）这三个核心议题。在第一个议题中，康德重点处理的是认知得以可能的先天条件，它关系到科学的根基问题，对此他自然不能等闲视之。与此相对，意见却偏向于后天辩护的认知问题，而这对于一位注重形上思辨的哲学家而言，它的重要性相对弱一些，康德对其着墨不多似乎是情理之中的事情。

诚然，我们这么说并不意味着意见本身不值得重视，作为认知的重要组成部分，其地位自然不容忽视。时至今日，科学院版的《康德全集》已经收集出版的康德著述（包括遗稿、笔记、讲义等）多达29卷，其中在第9、16卷，以及第24卷等诸逻辑学的讲稿中，几乎都涉及了他不同时期对意见的看法。我们相信，结合这些看法，同时将它们和批判哲学，尤其是第一批判中与此相关的论述加以比对，在某种程度上，应该可以呈现康德关于意见思想的一点管窥之见。在上一节，我们对《纯粹理性批判》中视之为真以及知识、信念与意见的图表已有论述。但需要说明的是，较于1781年第一批判中视之为真及相关概念的前述理解，康德在其后来出版的逻辑学诸讲义中对这一思想的表述既有继承，也有不同程度的发挥。

仅就继承关系而言，康德在《逻辑学讲义》《布隆贝格逻辑学》（*Logik Blomberg*）、《多纳-沃德拉肯逻辑学》（*Logik Dohna-Wundlacken*）以及《维纳逻辑学》（*Wiener Logik*）等讲稿中都从"主客观之充分性"的角度来对意见、信念和知识进行了区分，这一点与《纯粹理性批判》出入不大。① 但不可否认的是，两者之间亦有些许差别，我们这里侧重依照《逻辑学讲义》这一文本来加以分析。虽然荣格（Michael Young）在剑桥版康德著作集之《逻辑学讲演录》（*Lectures on Logic*）的"导言"中曾提示说，我们在使用《逻辑学讲义》的文本时需要小心，因为在处理康德的逻辑学讲义和编排上，耶舍本人的印记较为突出。② 对此，我们的看法是，基于当时的大学风气，学生将听课笔记私自印售者甚多，由康德后学整理出版的其他讲稿亦未必完全直录其文，学生的认知水平有高低，理解未免存在差异。不过，相较而言，耶舍所录讲义的可靠性和真实性应该是有保障的，毕竟"它在出版前曾经康德亲

---

① 参见 Kant, *Kants Gesammelte Schriften IX*, Berlin: Walter de Gruyter, 1923, S.65-66; Kant, *Kant's Gesammelte Schriften XXIV*, Berlin: Walter de Gruyter, 1966, S.147, 731-732, 850。

② Kant, *Lectures on Logic*, Michael Young (ed.), Cambridge: Cambridge University Press, 1992, pp.xvi-xxi.

自审定,与其他几种比较起来,自应更具有权威性"。① 这也是它被列入科学院版《康德全集》之第9卷,而不与后面诸逻辑学讲义并置的原因。

　　据耶舍的笔录,康德在由主客观之充分性的角度对意见、信念和知识作了分疏之后,随即指出:"意见是或然判断,信念是实然判断,知识是必然判断。我对之仅有意见的东西,我在判断中的意识便只认为它是或然的;我所信念的东西,便认为是实然的,但不是客观上而是主观上必然的(只对我有效);最后,我所知的东西,我认为是必然地确定的,亦即普遍客观地必然的(对于一切人都有效的),也就是假定,这种确定的视之为真与之有关的对象本身,是一种单纯经验的真理。"②基于这一理解,康德认为,作为或然判断的意见与知识和信念是不同的,它无论如何不具有必然性的特征,不管是主观的必然性,还是客观的必然性。对康德而言,近代物理学中的"以太"就是一种仅属意见的东西,因为无论我们关于它有哪种可能的意见,与其相反的意见都有成立的可能。

　　与第一批判不同,康德在将"意见"和"信念""知识"作了区别之后,继而对"确信"又给予了极富创造性的探讨。根据前面一节关于"视之为真"的界定及其分别的理解,康德这里进一步发挥了这一概念,在他看来,既有主观原因又有客观根据的确信,"不是逻辑的(logisch)就是实践的(praktisch)"③。其中,逻辑确信指的是解除一切任意的根据,且主观充分地视之为真,同时具有客观确定性的那种确信。与此不同,道德或实践确信是基于主观理由之上的"我确定",从实践的观点来看,这里的"确定"与客观的确定具有同样的效力。在某种意义上,这一"实践确信或道德的理性信念往往比一切知识更为坚定,因为在知识中人们还能够听到反对的理由,但在信念中就不然,因为在这里信念不依靠客观的根据,而是依靠道德主体的旨趣而定"。④ 显然,与意见的或然性和知识在理论上的必然性不同,信念是一种实然性的判断,但这种实然性从主观上看却是必然的。关于信念的对象,我们虽然一无所知,更提不出什么意见,但它对做出这一判断的人来说却是根本确定、毋庸置疑的,此其一;其二,信念是一种出于自由的视之为真,具有在实践上先天给予上的必然性,而这种必然性是永远不可能有其反面来加以证伪的,因为它是由人的理性上的实践推理作为保证的,拒绝这一点将

---

① [德]康德:《逻辑学讲义》,许景行译,杨一之校,商务印书馆2010年版,第iii页。
② [德]康德:《逻辑学讲义》,许景行译,杨一之校,商务印书馆2010年版,第66页。在引用原文时,为行文的统一,个别概念的翻译作了处理。
③ Kant, *Kants Gesammelte Schriften IX*, S.72.
④ Kant, *Kants Gesammelte Schriften IX*, S.72.

会导致荒谬和对人的自身的否定。据克朗纳(Richard Kroner)的解读,道德确信及其法则,就其内容中的尊严而言,甚至可以凌驾于自然规律之上,毕竟理论上的理由是可以被驳斥的,而道德法则的效力是无法否认掉的,否认道德法则,"对康德而言,这即等于人类要否认自己是人"。①

因此,就康德逻辑学诸讲义来看,他这里对"意见""信念"和"知识"的处理与第一批判中的论述略有差别,其中最大的不同是,意见已经不属于"确信"的范围,因为它涉及的是或然判断,即既没有道德法则的确定性和必然性,也没有自然规律的确定性和必然性的判断,注重的是后天辩护功能。相较意见,知识与信念毕竟具有先天的维度。就此而言,意见显然既不属于逻辑确信亦不属于道德确信,虽然它依然具有主体间的有效性的诉求。为进一步呈现和清晰揭示"意见"与"知识""信念""确信",以及"置信"等概念之间的复杂关系,及其在康德思想中的衍变过程,我们可以在这里再列一图表以彰显其间的区别:

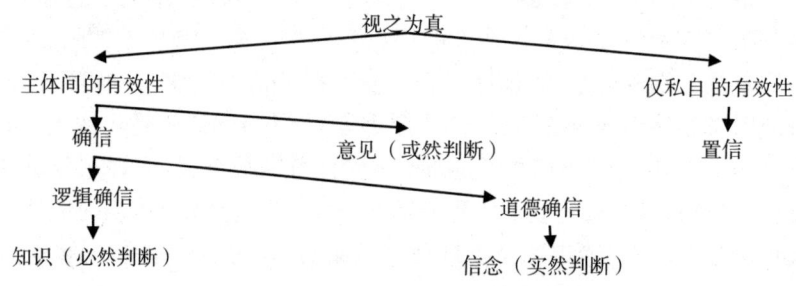

图1-2 逻辑学讲义中的视之为真结构

通过比对康德第一批判与其逻辑学讲义中的这两张图示,可以清楚地发现,"意见"这一概念在《纯粹理性批判》和《逻辑学讲义》中的地位是不同的,这一不同不仅显示了康德对待意见之立场的差异,更显示了他对知识与信念之观念的丰富和扩展。诚如庞思奋教授所指出的那样,以前我们对康德研究关注较多的是基于认知之可能的先天结构这一维度,而对其认知之辩护层面的关注不够。而就这后一层面来说,康德显然认定,宗教是基于"道德确信"的存在方式,而科学只不过是出于逻辑确信的认知形态而已。②

---

① [德]里夏德·克朗纳:《论康德与黑格尔》,关子尹译,同济大学出版社2004年版,第78—79页。
② Stephen Palmquist, "What is Kantian Gesinnung? On the Priority of Volition over Metaphysics and Psychology in Religion within the Bounds of Bare Reason", *Kantian Review*, Vol.20, 2015, p.249.

在这里,仅就意见这一概念而言,康德虽然没有把它划归"确信"之下,却无意中透露了一个重要的信息,而这一信息在《纯粹理性批判》中并没有表述得那么显豁:"意见"之主客观皆不充分的问题,说到底是一个或然判断问题即"或然性"问题,而这也是它与"信念"之间的主要区别。

关于或然性,康德在《布隆贝格逻辑学》中指出,在一切"视之为真"的认知中,当赞成或支持一方的根据大于反对的一方时,就是或然的(Wahrscheinlich)。① 而在耶舍的《逻辑学讲义》中,我们也可以找到了类似的观点:"或然性可理解为由不充分根据而来的视之为真,但是这种不充分根据之于充分根据的关系,与反对的根据相比,有更大的比例。"② 也即是说,或然性问题关涉的是一个比例问题,当我们个人的认知在与绝对必然和普遍根据的认知作比较时,若是前者的比重较为接近后者,那么我们就说,此时的或然性是大的,反之或然性就是小的,以至于没有任何或然性。为便于理解这一概念,康德曾举了两个形象的例子来对此加以说明。譬如,真理的充分根据好比分母,而我们"视之为真"的不充分的根据好比分子,而两者之比值的那个分数可以视作或然性。③ 另外的一个则是更为通俗的、经验性的例证:假如某个人想雇佣一个仆人,若是他了解到这位仆人成长的环境好,父母品性佳,通常情况下,他选择这位仆人的意愿就会高一些,原因很简单,因为此时此刻他关于仆人之或然性的意见更接近"真正"的仆人这一客观普遍的界定。④

康德这一关于"或然性"及其例证的解读,并非人人认同,毕竟或然性的标准当如何界定和把握的问题也不是一个简单的事情。诚然,康德所举的数学的那个例证的确能够说明"或然性"的比重问题,以 100 做分母与以 51 做分子的分数公式,容易理解,因为它完全是一个认识论上的问题,不存在争议。但是如何选择仆人的那个经验例证,未必不是一个习惯或习俗问题,它怎么能够用来解释认识论上的"意见"这一概念呢? 换句话说,康德在以"或然性"来阐释"意见"时,是不是混淆了心理学与认识论的问题,继而用前者替换了后者? 对此,我们的回应有两点。首先,需要指出的是,根据齐格内尔的分析,由"或然性"这一概念的衍化历史来看,它在 18 世纪康德所处的那个时代已经具备了知识论意义上的内涵,康德对它的动用具有充分的合理性。齐格内尔指出,或然性在 17 世纪 60 年代前后其意涵有了

---

① Kant, *Kants Gesammelte Schriften XXIV*, Berlin: Walter de Gruyter, 1966, S.194.
② [德]康德:《逻辑学讲义》,许景行译,杨一之校,商务印书馆 2010 年版,第 81 页。
③ Kant, *Kants Gesammelte Schriften XXIV*, S.196.
④ Kant, *Kants Gesammelte Schriften XXIV*, S.218-219.

一次巨大的转变,众多学者致力于对"或然性之逻辑"(the logic of probability)的探讨,尤其倾心于把由实践科学本身得出的归纳、实验等认知方式应用于自然科学的研究之中。起初,或然性的认识论意义是由权威的证言来保证的;而到了 17 世纪,权威的证言逐渐被自然中的"迹象""征兆"所取代,但无论如何"或然性"的认知维度始终没有丢弃,并在 1736 年布尔特(Joseph Bulter)的研究中心推向了高峰:从理性的角度来看,或然性就是人生的指南。① 其次,更为重要的是,以经验的"或然性"方式来考察认知论上的意见问题,体现了康德由注重认知何以可能的先天结构之维的研究,向经验何以可能的辩护之维转换的思想理路。熟悉康德《纯粹理性批判》和《未来形而上学导论》内容的读者都知道,康德在这两部最具影响的有关认知论的著作中,几乎很少言及辩护、证明、命题等现代认识论中的相关话题,他关注的始终是先天直观形式、知性范畴、统觉等偏向于个体认识论的面向。然而,这并不意味着康德与现代认识论是隔膜的,由既有的研究来看,康德在其诸逻辑学讲义中保存有切近于当前社会认识论所探究的丰富素材。比如,他对"证言知识"②的考察就极富启发性,当然不可否认,他对"意见"这一概念的处理与认识也是其中较为典型的一例。

二、假　说

基于"或然性"的理解,我们已经看到,康德的"信念"概念与"意见"之间存在极大的差别,其中重要的一点是,前者属于先天结构的认知维度,而后者则已属于经验辩护的范畴,这一点在康德的诸逻辑学教义比在第一批判中体现得更为显豁。既然如此,那么,康德是如何看待与意见极为相仿的另一个概念即假说的呢? 它又与信念存在何种差别和不同呢? 我们知道,康德在其不同时期、不同著作中也曾经将"意见"和"假说"(Hypothesen)一并解读。康德指出:"关于或然性,我们在上面说到,它仅仅是对确定性的一种接近。假说尤其如此,通过假说,我们绝不能在我们的认知中达到一种必然的确定性,而是永远只能达到一种时而大、时而小的或然性。"③而在第一批判的"先验方法论"部分,康德又一再指出,我们在理性的纯粹应用中不能知道任何东西,而这却为"假说开辟一个更为宽广的领域……因为即

---

① Andrew Chignell: "Kant's Concepts of Justification," *Nous*, Vol.41, No.1, 2007, p.39.
② Axel Gelfert, "Kant on testimony", *British Journal for the History of Philosophy*, Vol.14. No.4, 2007, pp.633–636; Matthew Weiner, "Accepting testimony," *Philosophical Quarterly*, Vol.53, 2003, pp.256–264.
③ [德]康德:《逻辑学讲义》,许景行译,杨一之校,商务印书馆 2010 年版,第 84 页。

便不允许断言,至少也允许有所创见和有所意见";①这一表述几乎把假说和意见视作了同一概念,两者貌似具有大体相当的作用。

就某一方面而言,事实的确如此,借用康德的话说:"就纯粹理性的纯然思辨的问题而言,虽然没有任何假说成立,让人把命题建立在它上面,然而为了在必要的时候维护这些命题,假说还是完全允许的,也就是说虽然不是在独断的应用中,但毕竟在争辩中是完全允许的。"②换言之,尽管我们不能在思辨理性中把假说当作真正的知识命题,但在反驳那些独断的哲学立场或观念方面,它却有着不可或缺的意义。比如,就"灵魂"来说,独断论者会认为,灵魂是非物质的、没有任何形体变化的对象,而作为肉与灵的统一,人的所有的精神错乱或不正常的现象都是由肉体造成的,是由我们感官的不同变化导致的。针对这一观点及其证明的理据,我们可以提出如下假说:肉体与灵魂的结合通常来说只有在现实状态中才有意义,而灵魂在进入肉体之前或之后阶段,它一直是处于一种纯粹理智的运动状态。在此意义上,肉体不是灵魂错乱的原因,而只是思维的一种纯然限制的条件,从而只是纯粹精神生活的障碍而已,不能把人的精神犯下的错误算在肉体的头上,它只有辅助作用而已。在康德看来,这一争论还可以继续进行下去,继而发现某些全新的甚至从未被提出的问题。但与此同时,康德也一再提示,我们在这里以假说的方式提出应付攻击的这一切议题都不能算作真实的洞见,它们之所以被提出来,仅仅是为了自卫而假设出来的概念而已,因为我们的假说的目的旨在向论敌证明,就像我们在经验之外不能以有根据的方式为我们的理性获得任何东西一样,他也不能通过纯然的经验规律囊括可能事物自身的整个领域。康德指出,我们面对论敌之僭妄而提出的假说性反对意见,不得被认为好像他自己把这样的反对意见当作他自己的真实意见来采用似的。一旦他处置了自己论敌的独断自负,他就应该果断放弃这些假说。毕竟,在此情况下,这里的假说与独断论者的那些肆无忌惮的观点一样,都是没有切实的根据。就此而言,思辨理性中作为意见的假说,其自身并没有客观的有效性,它的价值仅仅是相对超验的僭妄命题而发的。对康德而言,虽然上述假说是或然性的判断,它们至少是不能被驳倒的,尽管它们当然也不能被任何东西所证明,因此它们是纯粹的私人意见。

需加说明的是,虽然意见与假说存在着极为密切的关系,但这并不意味两者之间不存在区别。按照康德的界定:"假说是因结果的充分的缘故而

---

① [德]康德:《纯粹理性批判》,韩林合译,商务印书馆2022年版,第506—507页。
② [德]康德:《纯粹理性批判》,韩林合译,商务印书馆2022年版,第510页。

把关于一个根据的真理性的判断视之为真,简言之,是把一个作为根据的预设视之为真。"①虽然假说涉及的都是一些不完全确定的东西,但较于意见,康德认为,假说具有三个鲜明的特征:(一)假设本身的可能性。例如,若是我们想解释地震和火山而假设了一种地下火,那么在康德看来,这一种火不可能是纯然的虚构,它即便不是一种燃烧的物体,却毕竟是一种炽热的物体;(二)连贯性,即从假定的根据中必定能够正确地引出结果,否则假说就是纯然的幻相;(三)统一性,即假说的唯一性,它不需要其他的辅助假说来支持它。若是一个假说为了说明一个事物需要求助于更多别的假说,那么该假说就不具备真正的解释力量。就这一点而言,康德认为,哥白尼的假说就比第谷·布拉赫的更为可信,而我们从康德对假说之特征的描述中可以发现,虽然假说与意见极为相仿,但前者与那些所谓零散的、没有条理的意见不同,假说显然更为系统化、完整化,它对事物现象的解释亦更具合理性。假说绝不是心血来潮的一时之见,它在"视之为真"的脉络中存在着自身的逻辑理路,虽然这里的逻辑并不具有知识中那种客观的必然根据。正是基于假说的这些特征,康德认为,它又可以细分为"先验的假说"(transzendentale Hypothese)与"范导的假说"(regulative hypothesis)两类。②

首先,是"先验的假说"。基于第一批判中的"分析论",康德指出,思辨理性的运用不能超出经验的范围,而且在此之外它也不能为我们增添任何知识。虽然如此,康德并没有由此而杜绝可以在理性的基础上设定某种理念的东西来说明既有的现象,而这一理念性的东西,康德称之为假说。就此而言,假说绝不可能来自知性,它是理性的产物,即是理性的理念。此处再以"灵魂"为例来说明之,康德承认,把灵魂思维成单一的、纯粹的原则是完全允许的,因为按照这一理念,我们可以把一切心灵力量的完备性和必然的同一性,奠定为判断内在世界之现象的原则,即便我们不能认识灵魂本身。但是,康德也提示说,我们虽然可以假定灵魂为单纯的实体,却无法像许多物理学的假说那样给予证明,因为灵魂不能在任何一个经验中出现。③ 与此相对,假如在这里我们把灵魂这一范导性的作用当成了建构性的作用,那么这里的假说就是"先验的假说"。在康德看来,为了说明一个被给予的现象,除了按照现象已知的规律来把握之外,我们绝不允许援引任何别的事物

---

① [德]康德:《逻辑学讲义》,许景行译,杨一之校,商务印书馆2010年版,第84页。
② 这一概念,我们采用的是罗伯特·巴茨的用法,参见 Robert Butts, "Hypothesis and Explanation in Kant's Philosophy of Science", *Archiv für Geschichte der Philosophie*, Vol.43, No.2, 1961, p.156。
③ [德]康德:《纯粹理性批判》,韩林合译,商务印书馆2022年版,第508页。

或先验的假说作为根据:"在一个先验的假说中,一个纯然的理性理念被用来解释自然事物,那么这个先验的假说根本就不是解释,因为这是以人们根本不理解的东西来解释人们根据已知经验性原则不能充分理解的东西。这样一种假说的原则真正说来也只会被用来满足理性,却不能用来促进对象而言的知性应用。"①康德承认,上述关于先验的假说在解释自然时虽然是违法的,但其目的还是可以原谅的,因为它毕竟还是旨在关于自然的探究,哪怕探究的方向是有问题的。然而,要是人们把灵魂完全看作是自然之外的一个独立的、超自然的实体,继而抛弃自然本身的研究机制,而把对称、秩序、合目性等概念视为自然规律,并以此来解释自然,那么在此意义上的"先验的假说"将会导向理性的怠惰,因而是完全错误和荒谬的。

其次,假说的积极意涵,前面在谈到"先验的假说"之消极意义时,其实已经间或涉及了这一点,那就是"假说"的范导性的作用。② 作为理性的理念,假说在先验的层面上指示的是一个非虚构的、可能的对象,对于它我们虽然不能认知却可以思维,为的是在此基础上为经验建构起无条件的统一体系。对康德而言,基于知性范畴之上的认知与科学都是有条件的,而理性涉及的都是无条件的,后者虽然不能为前者加增知识,却可以为经验的科学指示一个前行的方向,继而帮助知识追求它所要的最大的统一性。换句话说,作为一种纯然的理念,假说的对象并不存在于经验之中,"它们是仅仅或然地设想的,为的是在与它们(作为启迪性的虚构)的关系中建立知性在经验领域里的系统应用的范导性原则。如果脱离这一点,它们就是纯然的思想物,其可能性就不可证明,因而它们也不能通过一种假说被奠基为现实现象的基础。"③与此相反,假若我们把范导意义上的假说视作了先验意义上的假说,就会出现上面所说的理性之非法的乱作为和懒惰的不作为现象。

可以看到,无论是就假说先验的运用,还是范导的运用,它与意见并不完全一致,虽说意见和假说都有着对现象和现实世界加以解释与说明的作用,但是正如康德所言:"关于属于事物的东西的意见和盖然的判断只能作为现实地被给予的东西的解释根据,或者作为按照经验性规律出自现实地作为基础的东西的后果出现,从而仅仅在经验对象的序列中出现。在这个领域之外,有所意见只不过是思想游戏而已。"④康德的意思

---

① Kant, *Kritik der reinen Vernunft*, Hamburg: Felix Meiner Verlag, 1998, S.812.
② Robert Butts, "Hypothesis and Explanation in Kant's Philosophy of Science", *Archiv für Geschichte der Philosophie*, Vol.43, No.2, 1961, p.156.
③ [德]康德:《纯粹理性批判》,韩林合译,商务印书馆2022年版,第507页。
④ [德]康德:《纯粹理性批判》,韩林合译,商务印书馆2022年版,第510页。

非常明确,意见关涉的始终是现实的对象与经验的世界,在此之外,要说我们存在什么意见,它的作用也只是为了论辩或辩护而已。与此不同,假说在先验意义上诚然会走入迷途,但在范导的层面上,其作用却非常巨大,它为基于经验层面上的科学研究指示了方向。虽然这个层面上的假说其可能性在现象中依然是无法看出来的,但我们不能将其与意见毫无差别地混同。正如康德夫子自道的那样,我们不能把"纯然理知的存在者或者纯然理知的事物属性假定为意见,尽管(因为人们对它们的可能性或者不可能性没有任何概念)也不可能通过任何自以为更好的洞识来独断地拒斥它们。"①

三、信念的衍化

可以看到,在主观充分性这一点上,信念与意见以及假说具有很大的相似性,当然其差别亦是明显的。前面我们由"视之为真"的充分程度,以及辩护的标准方面,对意见和假说给予了阐释。虽然"假说"与"意见"存在诸多差别,但归根结底,就"视之为真"这一认知框架而言,"假说"显然不属于逻辑确信与道德确信的范畴,它更多的是隶属于辩护的说理功能,就此来说它依然属于"构成我们认知中最大部分的"意见这一领域,当然正如我们上面所论述过的,它是极为特殊的一类意见。现在,我们直接就"信念"本身来展开论述,因为正如我们上面已经指出过的那样,视之为真框架下的知识与意见无论差别多大,它们毕竟属于思辨领域,而信念则完全是另外一个层面的议题。正如斯蒂文森(Leslie Stevenson)所指出的那样,意见和知识虽然层次略有不同,但它们是同为理论辩护领域的事情,随着证据的不断加增,一个终究会与另一个汇通为一;与此相对,信念关涉的是理论辩护所无法解决的道德层面上的事情,它不是可能经验领域所要研究的对象。② 当然,需要说明的是,康德并不是从一开始就把信念视作经验之外的事务的,从历史的视角来看,他对信念的理解是有着一个逐层衍化、依次深入的历程,具体可以分为三个阶段。

第一阶段大致在1770年之前这一时段。在这一时期,康德对不同类别的信念——证据的信念(faiths of testimony)、历史的信念(historical faiths),以及道德的信念(moral faiths)——的理解既有交叉冲突的一面,也有相互

---

① [德]康德:《纯粹理性批判》,韩林合译,商务印书馆2022年版,第508页。
② Leslie Stevenson, "Opinion, Belief or Faith, and Knowledge", *Kantian Review*, Vol.7, No.3, 2011, pp.86-87.

重叠的一面。按照帕斯特纳克的分析①，这一时期的康德对信念的认知与迈耶（George Friedrich Meier）关系最为密切，受他的影响也最大，因为当时康德讲授逻辑学的教材就是迈耶的《理性学说简论》（*Auszug aus der Vernunftlehre*）（1752年）。在这一教科书中，迈耶已经对知识、意见和信念给予了三种类型的划分，虽然与康德后来划分的理据不太一致，但很明显康德深受启发。针对这一点，我们从在1760年至1770年间所作的《逻辑学反思》（*Reflexionen zur Logik*）②中可以见出一点端倪。与迈耶的看法大致相同，彼时的康德也认为，道德的信念和证据的信念指的都是对某个人所说的事情的信任，而历史的信念则是指通过口头或书写的方式，关于过往历史的一种视之为真的态度。

第二阶段大约在1770年至1780年前后，康德在这一时期逐渐摆脱了迈耶思想的束缚，开始对信念的范围进行了一些限制，对康德而言，历史的信念与知识不同，它只是"意见的一种类型而已"，③即信念隶属于意见而不是知识。如同我们上面所论述过的，把历史的信念视为意见，这一话题，甚至在1786年他的《什么叫做在思维中确定方向》一文中借助一位"伟人去世"的事例做了具体说明。当然这一阶段于康德而言，最有意义的成果之一就是他已经从实践上"视之为真"的角度来审视信念这一议题了，唯有在"实践的关系中，理论上不充分的视之为真才能被称为信念。"④即便如此，按照斯蒂文森的解读，康德在第一批判中关于信念的观点也只能被看作一个过渡的阶段的看法，因为康德在这里除了着重论证了"道德的信念"（moralischen Glauben）之外，还不太慎重地使用了"学理的信念"（doktrinalen Glauben）这一概念，而我们后来都知道，这一范畴根本来说就是一个意义不大的语词搭配，其后再也没有在他的著作中出现。⑤

最后是1790年左右的第三阶段，这一阶段的重要文本当属《判断力批判》无疑。康德在《判断力批判》中指出："信念是在把对于理论知识来说无法达到的东西视之为真时理性在道德上的思维方式。因此，它是心灵持久的原理，即把为了最高的道德上的终极目的的可能性而必须预设为条件的

---

① Lawrence Pasternack, "The Development and Scope of Kantian Belief: The Highest Good, The Practical Postulates and The Fact of Reason", *Kant-Studien*, Vol.102, No.3, 2011, pp.297–304.
② Kant, *Kants Gesammelte Schriften XVI*, Berlin: Walter de Gruyter, 1924, S.373–374.
③ Kant, *Kants Gesammelte Schriften XVI*, S.383.
④ ［德］康德：《纯粹理性批判》，韩林合译，商务印书馆2022年版，第535页。
⑤ Leslie Stevenson, "Opinion, Belief or Faith, and Knowledge", *Kantian Review*, Vol.7, No.3, 2011, p.95.

东西由于对这一终极目的的责任而假定为真的;尽管这一目的的可能性是不能为我们所看出的……与这些特殊对象相关的信念完全是道德的,而不是可能知识或者意见的对象。"①换句话说,康德关于信念最为成熟的立场,就是在实践的层面上的把它视作道德的终极目的(即至善)之可能的前提要件,借助迈耶的思想,经过自己多年的思考,康德终于对他所理解的信念有了最为适合的表述,并以此将它与"意见"和"假说"做了最终的区隔。

凡对康德思想略有所知的人都知道,信念和至善以及公设之间的关系是其实践哲学中最令人着迷,也是最令人困惑的章节和文字。康德主张,至善包含两个需要统一的范畴,即德性与幸福,然而现实中它们每每不相契合,而为了实现这一统一,康德认为我们必须公设至上存在者存在和灵魂不朽。对于一个没有宗教信仰的民众来说,康德的这些表述很难具有说服力,仅具有主观充足之"视之为真"的那些理念怎么因为信念而成了客观的和必然的呢?对于这一点,康德认为我们可以在普通人类理性的道德认知中找到与此相关的答案。② 在康德看来,当我们面对自身和自然进行严格的反思时,借助理性推理,我们最终将会形成一个理智的元始存在者的概念,对于这一概念,我们既可以通过我们的自然偏好(Neigung)来加以建构,也可以借由纯粹的实践理性来证成。基于自然偏好而推演出来的这一至上存在者,由于超出了感性的界限,容易迷失于混乱的概念之中,它要么沦为鬼神学,即对最高存在者的一种神人同形同性论的迷思;要么陷入招魂术即一种狂热的妄想,以为自己能够感觉到别的超感性的存在者并对之施加影响。对康德而言,无论是迷思也好妄想也罢,它们的根本问题在于把对至上存在者的视之为真奠立在了"置信"这一形式之上,因此不会形成普遍有效的宗教信念。与此不同,出于纯粹实践理性的至上存在者理念,采取的是"确信"的判断上的"视之为真",这一判断方式具有如下特点:(1)具有主观上的充分性;(2)没有客观上的充分性;(3)这一判断中的主词不在任何可能经验的范围之内;(4)这一判断无法在思辨理性中得到证实;(5)对它的证成,只能基于实践的立场。可以看出,在确信的上述特征中,(1)、(3)和(5)是由存在论的层面上来说的,而(2)和(4)是在认识论的层面上来界定的,按照帕斯特纳克的解读,康德思想中只有"理性的事实"同上具备了上述"信念"的五种特征,在此意义上,可以说至上存在者是根植于"理性的事实"之上的道德确信。其中的原因很简单,因为"理性的事实"是先天的,不可能被视为"意见",再者,

---

① [德]康德:《判断力批判》,李秋零译,中国人民大学出版社2010年版,第286—287页。
② [德]康德:《道德形而上学的奠基》,李秋零译,中国人民大学出版社2012年版,第20页。

它也不可能被视为"知识",因为它没有认知上的客观实在性。①

那么,具体来说什么是"理性的事实",它又是因何而被导出的呢?要想了解这一点,我们必须对自由和道德法则之间的复杂关系做出一些说明。按照阿利森说法,康德在《道德形而上学的奠基》中为给道德法则的普遍约束和必然有效辩护,曾在自由与道德法之间给出了强的意义上和弱的意义上的两种"交互论"(Reciprocity Thesis)证明,可事实证明康德的论证是一种循环论证,因而是失败的。② 三年后,康德在《实践理性批判》中来了一个"大反转"(Great reversal),彻底告别"交互论"思想,径直把道德法则或对道德法则的意识称之为理性的事实,康德一再强调,这一事实"不是任何经验的事实,而是纯粹理性的唯一事实,纯粹理性借此宣布自己是源始地立法的(sic volo, sic jubeo[我如何想,便如何吩咐])。"③那么,我们当如何理解康德这一立场的转换呢?事实情况是不是真的如一些后世学者所说的,康德放弃了对道德法则的演绎转而将其视作有待证明的理性的事实,并由此走向了前批判哲学的"独断论"立场?④ 不可否认,大家的怀疑有其合理性,因为他们的确点出了理性的事实的一个根本性特征,即相对于那些通过别的命题来说明自身的概念而言,作为视之为真的理性的事实这一范畴似乎是自明的,不需要借助任何别的东西来对为自己的存在辩护,是自我辩护的。就此而言,它的确存在某种意义上的独断倾向。不过,诚如阿利森在《实践理性批判中的辩护与自由》(*Justification and Freedom in the Critique of Practical Reason*)一文中所说的那样,康德诉诸理性的事实这一举动,是由其哲学的逻辑立场所决定的,它远比人们普遍认为的要合理得多。⑤

阿利森认为,要想理解"理性的事实"这一概念,我们需要事先对何为"事实"给予说明。在康德思想中,可以指"道德法则的意识""意志自由的

---

① Lawrence Pasternack,"The Development and Scope of Kantian Belief: The Highest Good, The Practical Postulates and The Fact of Reason",*Kant-Studien*, Vol.102, No.3, 2011, pp.307–311.
② [美]亨利·阿利森:《康德的自由理论》,陈虎平译,辽宁教育出版社2001年版,第301—346页。
③ [德]康德:《实践理性批判》,李秋零译,中国人民大学出版社2010年版,第30页。
④ 比如黑格尔就认为,康德所说的"理性的事实"与天启的独断思想没什么质的差别,它们都是"理性的肠胃中最后没有消化的硬块",参见[德]黑格尔:《哲学史讲演录》第4卷,贺麟译,商务印书馆1997年版,第291页。另外,卡尔·阿默里克斯亦持这一观点,参见 Karl Ameriks,"Kant's Deduction of Freedom and Morality",*Journal of the History of Philosophy*, Vol.19, No.1, 1981, pp.53–79。
⑤ Henry Allison,"Justification and Freedom in Critique of Practical Reason",*Kant's Transcendental Deductions: The Three Critical and the Opus postumum*, ed., Eckart Förster, Stanford: Stanford University Press, 1989, p.116.

意识""法则""道德原则中的自律"等,不过不管其所指涉的对象有哪些,总的说来这些对象可以划分为两类,即要么是关于道德法则的意识,要么就是道德法则本身。如果事实指的是前者的话,那么我们就没有办法保证它的客观有效性,相反,若指的是后者的话,那么此处的事实只能被理解为"纯粹理性的事实",即被理解为纯粹理性本身就是实践的这一事实。而按照康德的理解,"纯粹理性本身就是实践的"这一命题所表达的不过就是,理性可以独立于在先的其他偏好或意愿,但凭自身就能够规定意志这一意涵,换句话说,纯粹理性不仅提供了一条行动的规则,而且也提供了行动的动机,它以原则的方式规定了什么可以行动,以及怎么行动。仅就这一点而言,可以说纯粹理性的立法完全是一种自我立法,它表达的无非是理性的自律这一事实,这一事实不仅适用于个人,而且适用于所有具有理性的存在者,在此意义上,它虽没有认知上的客观充分性,但明显具备客观的有效性和普遍的适用性,也就是说,它具有主体间性和公共的可传达性,即它是一种道德确信上的视之为真。诚然,作为现代人,我们或许会对康德的上述理性主张在事实上是否有效提出质疑。众所周知,大多情况下,我们都有这种体会,我们明明意识到某件事该做,可是我们偏不去做,这一事实难道不是对康德的一种有力反驳吗？对此,我们的回应是,问题的重点不在于我们意识到了某件事是我们自己应该做而没做到这一点,而在于我们只有拥有了这一先验概念,才可能在这方面犯错误。换句话说,我们之所以说意识到了某事该做而没做到这一事实,其前提在于,其一,你已经诉诸了理性的规范,并把理性的规范作为了选择的先决条件；其二,即使你对理性的规范提出了质疑,这一质疑本身并不是抛弃规则,而是对道德法则即纯粹理性的事实的重新确证,否则质疑本身是无从提出的。①

行文至此,若是我们的前述考察是可行的,那么基于理性的事实（道德法则）之上的至上存在者和灵魂不朽等理念就必然是充分的和普遍有效的,因为与视之为真的道德确信关涉的是那些和道德法则不可分割的意志的先天对象至善,只要人们服从道德法则就定然不会放弃和违背对至善的追求,两者是相互关联着的。康德指出:"至善……与道德法则有不可分割的联系,所以,前者的不可能性也证明后者的谬误。因此,如果至善按照实践规则是不可能的,那么,要求促进至善的道德法则也必定是幻想的,是悬于空的想象出来目的之上的,因而自身就是错误的。"②对康德而言,一旦我

---

① Henry Allison,"Justification and Freedom in Critique of Practical Reason",p.118.
② ［德］康德:《实践理性批判》,李秋零译,中国人民大学出版社2010年版,第107页。

们否定至上存在者与灵魂不朽的存在,这就意味着至善是不可能获得的;而一旦承认至善是不可能获得的,同时也就暗示了我们不再追求至善,因为没有人会追求本来就无望的东西;而对至善的放弃,则等同于人们不再按照道德法则行动了。因此,拒绝至上存在者和灵魂不朽的存在就等于是说否定了道德法则,立足于康德的道德哲学,我们知道,道德法则作为一种理性的事实是绝对不能否定的,它所具有的主观普遍意义上的可传达性是真实可靠的,因此为了避免道德推理上的实践悖谬①。坚持道德上的始终一致的思维,我们必须承认至善,以及至善得以实现的条件即至上存在者及其灵魂不朽的存在。需要提醒一点的是,康德基于道德确信之上的宗教论证,不能误解为传统"结果论"意义上的归谬法(reductio ad absurdum),也不能被视为形式"逻辑上的归谬法"(reductio ad absurdum logicum),它是与人们日用常行的实践行动密切相关的"道德上的归谬论法",作为理性的行为者,人们的道德行为如果是合理的,是可以被理解的,就不能违背这一论证,否则将会导致实践推理上的悖谬。

---

① 关于"实践归谬"的详细解读,参见 Allen Wood, *Kant's Moral Religion*, pp.25-34。

第二章 至 上 信 念

据前面的阐释,可以看到信念是基于"认知"表象的一种视之为真或道德确信,它不仅与作为逻辑确信的"知识"不同,更与"意见"和"假说"存在差别,而基于信念之上的思想建制可被视为宗教,这一点由上一章可以自然推出。在这一意义上,康德认为,在他之前的那些由思辨理性而做出的关于至上存在者的证明,说到底其实质不过是要在知识现象的论域,抑或是在"意见"与"假说"的领域把握至上存在者及其何以可能的问题而已。然而,由于我们关于至上存在者的认知表象超出了经验的范围,就此而言它不再属于逻辑确信层面上的客观对象,亦不能将其划归为或然性的意见范畴之中,而只能在具有道德实然性与充分性的信念中才有其合法基础。在这一层面上,传统宗教中至上存在者的证明受到康德的严厉批判就成为了十分自然与顺理成章的事情,毕竟它们的论证理路与康德自身的切入方式具有本质的差异,这一点在康德的认知理论及其"视之为真"的思想架构中已经表达得十分显豁。

康德对于传统至上存在者之存在证明的批判广为人知,在这一章,我们主要针对其中的至上存在者之目的论证明与本体论证明问题加以阐述,之所以选择这两类证明来加以分疏,主要是因为相对于至上存在者的宇宙论证明,就后天的论证而言,康德认为目的论证明是最符合人的认知禀赋,同时亦是人的"最易行的道路"[①];而就先天的论证来说,至上存在者本体论证明无疑更为根本,没有这一证明,关于至上存在者的其他证明(包括至上存在者的宇宙论证明)无疑都将失去坚实的基础。在这一层面上,可以说对这两类证明的揭示即可洞悉康德之于至上存在者之存在证明的全幅内容。康德对自然神学关注较早,在其前批判哲学时期他对此就有着极深刻的洞见,出于系统理解康德起见,我们必须将其与批判哲学时期的自然神学一并查勘才能从整体上把握其思辨哲学的信念思想。出于这一考量,本章的第一节尝试先对他的这一问题事先加以梳理;而在第二节,借助安瑟伦之至上存在者的证明这一背景,我们将重点梳理一下康德关于本体论证明批判的一些内在问题及其症结,期望借此呈现这一重大信念议题在康德那里的复

---

① [德]康德:《康德著作全集》第2卷,李秋零译,中国人民大学出版社2003年版,第129页。

杂内涵与深刻的学理价值。

第一节 目的论证明

康德对传统宗教中至上存在者之本体论、宇宙论以及自然神学证明（physiko-theologischen Beweis）的批判，早已被学界所熟知，且在哲学界、神学界等思想领域产生了广泛而深远的影响。康德之后，学者但凡涉及这一话题，无不对他的既有考察做出追踪、给出评述，并在此基础上推进与此相关的研究。不过，需要指出的是，作为一位系统性的思想家，康德在《纯粹理性批判》中对至上存在者证明所做的批判并不始于1781年。其实，早在18年前的1763年，康德就已在《证明上帝存在唯一可能的证据》(Der einzig mögliche Beweisgrund zu einer Demonstration des Daseins Gottes，以下简称《证据》)一文中对上述三类的至上存在者证明给予过具体驳斥。与此同时，他在那里也由先天的角度提出了他自己的基于"可能性"（Möglichkeit）这一概念之上的至上存在者证明，显然，康德在批判哲学时期并没有坚持他早年的这一立场，继之而来的是抛弃了包括宇宙论证明在内的所有出于思辨理性之至上存在者的证明方式，转而诉诸实践理性的道德论证。康德1781年对至上存在者之目的论证明的批判，国内学界已有不少探讨，但不结合其前批判哲学时期的这一问题的研究，我们将无法理解其后期的思想，职是之故，这里将对它们一并考察。

一、目的论证明及其特征

据布莱尔（Ann Blair）与冯·格雷耶兹（Kaspar von Greyerz）的研究，自然神学这一概念并不是古已有之的范畴。作为一个学术用语，自然神学这个概念在16世纪其实并不存在，而它作为一个标题第一次正式出现的时间要追溯到1610年。[①] 在英国，流传最广的一部关于自然神学的著作——《创世中呈现的上帝智慧》(The Wisdom of God Manifested in the Works of Creation)来自约翰·雷（John Ray），仅就这部书的题目来看，"自然神学"这几个字并没有出现，但毫无疑问其意涵已经在这里得到了完整的体现，即至上存在者的智慧就在其所创造的世界之中，在此之外，我们不可能探寻到至上

---

① Ann Blair and Kaspar von Greyerz, "Introduction", in Physico-Theology: Religion and Science in Europe, 1650–1750, Ann Blair and Kaspar von Greyerz (eds.), Baltimore: Johns Hopkins University Press, 2020, pp.4–5.

存在者的影迹。1652年,查尔顿(Walter Charleton)的《无神论的黑暗被自然之光驱散:一篇自然神学论文》(*The Darkness of Atheism Dispelled by the Light of Nature: A Physico-Theologicall-Treatise*)面世。较于约翰·雷,虽然是查尔顿在英语世界第一次动用了"自然神学"这一概念,但其影响力显然不及《创世中呈现的上帝智慧》一书,因为后者的行文风格更为流畅、遣词造句更为通俗且深入人心,而且它的阅读受众已超出了当时的英国民众,影响波及大不列颠之外的法国、德国、荷兰、意大利等欧洲各地。

与此同时,荷兰物理学家、数学家纽文泰特(Bernard Nieuwentijt)也在1715年出版了《自然观察的合理运用》(*Het regt gebruik der werelt beschouwingen*)一书,在该书中,纽文泰特批判的主要是激进的笛卡尔主义的追随者。在他看来,若真如那些追随者所说的那样,自然中充斥着与至上存在无关的运动的物质,那么它就没有为至上存在者的存在留下空间,而这无疑就走向了其主张的对立面,亦即否定了至上存在者的存在。因此,出于自然神学家的警觉,纽文泰特认为,自然中的那些物质与至上存在者的存在并不冲突,因为自然中的物质本身就是至上存在者之智慧与力量的体现,在此之外我们无法也不可能寻找到至上存在者。纽文泰特一直生活在荷兰的一个不太起眼的小镇皮尔默伦德(Purmerend),但这丝毫没有影响其思想的广泛传播,随后的14年间,他的这一著作多次再版,并对法国和德国学界造成了一定程度的影响。

较于英国与荷兰,德语世界的自然神学研究诚然不乏上述的一般特质,但就其探讨的兴趣点而言则颇具自身特色,因为17—18世纪的德国学界关注的不是深奥的神学议题,亦不追求宏大叙事,相反他们尤为注重对细微对象的研究。比如,具体的植物、动物,甚至是矿石①等都是他们精心探讨的话题,这一时期涌现出了诸如昆虫神学(Insecto-Theologia)、岩石神学(Lithotheologie)、青蛙神学(Ranatheologie)等各色理论或学说。从现在的视角来看,彼时的学者竟然把神学研究到如此琐碎的地步,的确有点不可思议。不过,这在当时并不是什么不可理解的新鲜事。1660年,伯尔尼(Bern)举办了一场有关自然神学话题的论坛,主要围绕创世说这一主题展开的,其中重点讨论的是创世记中的"神的创造"和"伊甸园"这两章的内容。这一探讨,表面上看,它与自然神学所要处理的议题存在不小的距离,

---

① 关于化石和神学,尤其是与《圣经》中大洪水的记载之间的关系,相关学者已有不少探讨,参见 David Beck, "Regional Natural History in England: Physico-Theology and the Exploration of Nature", *Societate si Politica*, Vol.6, No.2, 2012, pp.14-19。

因为这里几乎没有涉及如何看待神学问题的经验视角与方法研究,但实际上,它们已经关注到了至上存在者之创世中的化石生成、地球衍化等这些在后来的自然神学中扮演极为重要角色的话题。由此可见,现在我们所谓的自然科学与神学之截然二分的看法,在那个时代并不存在或不太明显,因为在他们看来,重新阅读至上存在者所写的两部"大书"极为必要。无论研读哪一部"大书",都是为了一个共同的目的,那就是趋近并认识至上存在者,毕竟"整个自然之中充满了天界事物的可感形象和最崇高的真理"①。作为18世纪上半叶的自然神学家与柏林科学院的成员,莱塞(Friedrich Christian Lesser)就曾指出,观察自然除了为颂扬至上存在者这一目的之外,没有别的目的。在其《岩石神学》(Lithotheologie)一书的导言中,他甚至认为:"在成为属灵的基督徒之前,我们天生是人,而我们之所以要在由圣神典籍而来的基督徒体验之前获取世界之书的自然知识,就是出于这一原因。"②莱塞的观点相当大胆,与那些一贯恪守经义的学者不同,他更看重个人体验与经验考察,之所以如此,显然与德国当时神学研究的整体风尚相关,而这一风尚之所以盛行,则又与敬虔教派(Pietism)在德国的流行密不可分。

敬虔教派之所以在德国大行其道,腓特烈·威廉一世(1688—1740年)的极力推动是其中的重要原因。1713年,刚刚继位不久的他发现要想稳固政权,建立强大的军事体系、有效的行政制度、坚实的经济结构,以及统一的教育系统,需要依赖敬虔教派的众多知名人士帮助他推动改革。由于这些改革首当其冲的目标是拥有土地的普鲁士贵族,而这些贵族又与主流的正统教会过从甚密,因此这位专制君主就与地方贵族之间发生了政治冲突,继而演变为敬虔教派与正统教会之间的斗争,最终使得敬虔教派散播到整个普鲁士王国,成为当时社会上较为主流的宗教思潮。与正统教会所谓强调信经、恪守圣典的字面教义不同,敬虔教派在信仰方面重视个人自发的圣经研究、内心虔诚,以及体现在日用常行中的实践;与此同时,敬虔教派尤为重视彻底皈依、个人经验与对世俗功利的扬弃。③ 不可否认,敬虔教派在执行其教义的时候,存在机械刻板的方面,而在学校里有时甚至会出现严酷体罚

---

① [美]彼得·哈里森:《圣经、新教与自然科学的兴起》,张卜天译,商务印书馆2019年版,第207页。

② Friedrich Christian Lesser, *Lithotheologie, das ist*:*Natürliche Historie und geistliche Betrachtung derer Steine, also abgefasst, dass daraus die Allmacht, Weissheit, Güte and Gerechtigkeit des grossen Schöpffers dezeuget wird, anbey viel Sprüche der Heiligen Schrifft erklähret und die Menschen allesamt zur Bewunderung, Lobe und Dienste des grossen Gottes ermuntert*, Hamburg: Brandt, 1753, S.xii.

③ [德]曼弗里德·库恩:《康德传》,黄添盛译,上海人民出版社2008年版,第66—67页。

学生的现象。但无论如何,敬虔教派在开启民智方面无疑有其不可忽视的价值,而当彼时的德国众多学者纷纷将其兴趣由圣神典籍转向自然世界这一大书,并以此来理解至上存在者及其行为的时候,敬虔教派无疑在这其中起到了不可忽视的作用。

简单来说,就 17 至 18 世纪初期英国、荷兰,以及德国的现状而言,虽然当时欧洲的学术交流还是以私人之间的书信沟通为主,但也陆续出现了新的学术探讨样式,比如期刊和学术社团的产生就是这方面的显著特征,而这无疑极为有利于学术思想的纵深传播,以及共同学术话语的形成。基于当时学者的研究,我们可以发现,虽然他们没有对自然神学给予精确的界定,但就这一时期的核心著作来看,他们关于自然神学这一概念还是呈现出了以下几个较为一致的观点:首先,与欧洲 17 世纪上半期把至上存在者视为一个反复无常、渴求报复的神祇不同,自然神学眼中的至上存在者是一个理性的存在者,他们的这一看法与"自然从不做无用功"的原则甚是相符,而在他们看来,自然之所以不做无用功,显然与至上存在者在自然中的合理规划脱不开关系;其次,自然神学认为,作为理性的存在者,至上存在者制定了一个针对自然之利好的完美规划,即至上存在者赋予自然世界以神圣的目的,这一目的能够确保人与其之外的事物按照一定的规则纳入一个和谐的秩序之中,同时也不损害各自的独立价值;再次,就自然现象的诠释而言,自然神学反对无神论和唯物论的解读;最后,就当时的大多数自然神学家来说,他们的研究通常是基于自己的个人观察和经验,而这在无形中就把他们对神学的理解与科学的研究结合起来;理解自然世界亦即是趋近、认知至上存在者的一种重要方式。① 不可否认,上述这些有关康德之前既有的自然神学立场的归纳,虽然没有穷尽那个时代这一神学派别的所有特征,但无疑也勾勒出了其中较为核心的特质。

在这一意义上,可以说就当时的社会思潮而言,康德早期对自然神学的看法无疑既受到国际学术这一大环境的作用,同时也受到了国内学术氛围的激荡,而在某种层面上,后者对康德的影响或更为重要、深刻一些。对此,我们不仅能够从康德前批判哲学时期偏向对自然哲学(科学)的研究这一点得以证实,还可以由其生长的环境中见出端倪。众所周知,1724 年康德出生于敬虔教派家庭,父母都是虔诚的敬虔教派信徒,尤其是康德的母亲对于当时流行于格尼斯堡底层平民之间的敬虔教派信仰与教条信守不渝,对年少的康德而言,其思想的形成不可能不受到其父母的熏陶。虽然 1737 年

---

① Ann Blair and Kaspar von Greyerz, "Introduction", pp.7–8.

康德母亲去世时他才13岁,但我们由其晚年对母亲的深情回忆中还是不难看到她对康德的深远影响①。诚如库恩(Manfred Kuehn)所指出的那样,与那个时代的大部分人不一样,康德是一个独立的思考者(Selbstdenker),无论在何种意义上,他都不是一个追随者,而是一个走自己路的学者。② 库恩的这一判断,同样适用于康德对于自然神学的批判,而这一点在其前批判哲学时期表现得较为显豁。

二、前批判哲学时期

由于深受当时学界与社会思潮的影响,与彼时的大多数学者一样,前批判哲学时期的康德也是从自然科学之具体对象的探讨来切入自然神学的研究的,不同的是,康德是从天文学的角度介入这一话题,他的这一方面的代表作是《一般自然史与天体理论》。全书由一个"前言"和正文的三个部分组成,其中前言部分,康德试图用牛顿的力学原则来说明宇宙的结构和起源问题;正文的前两部分是对"前言"议题的具体展开,对康德而言,整个宇宙弥漫着不同密度的物质,在引力与斥力以及普遍重力原则的作用下,形成了遵循机械规律的各种运动的天体;③正文的第三部分,是在与人的类比的基础上对不同行星上的居民所做的一个猜测和比较。就该书的写作意图而言,康德诚然反对宇宙之生成的无神论的解读,这一点他与传统宗教的立场没有分歧,但这并不意味着康德由此转而赞成至上存在者对宇宙之直接干预的自然神学的主张。除此之外,《证据》以及康德60年代的众多逻辑学讲稿也是我们不能忽视的重要著作,它们是《一般自然史与天体理论》的延伸与发展。按照康德的写作时间顺序,我们先对后者给予阐释,然后再对前者做出论述。

康德在《一般自然史与天体理论》的"前言"部分开宗明义指出,其主旨在于按照牛顿的力学定律"从大自然的初始状态推演出天体自身的形成及其运动的起源"④。康德指出宇宙的井然秩序不仅体现在太阳系中的行星

---

① 康德晚年曾回忆说:"我永远不会忘记我的母亲。她在我的身上培植了最初的优良品质,她用得自大自然的观念启发了我的心灵,唤醒并扩大了我的智力,她的教诲对我一生都有极大的影响。"参见[苏]阿尔森·古留加:《康德传》,贾泽林、侯鸿勋、王炳文译,商务印书馆1997年版,第13页。

② [德]曼弗里德·库恩:《康德传》,贾泽林、侯鸿勋、王炳文译,商务印书馆1997年版,第220页。

③ Kant, *Natural Science*, Eric Watkins (ed.), Cambridge: Cambridge University Press, 2012, p.182.

④ [德]康德:《康德著作全集》第1卷,李秋零译,中国人民大学出版社2003年版,第218页。

与彗星的规则运行之中,还体现在太阳系之外的恒星,以及银河系甚至整个宇宙的有序、均衡的运转之中,每个天体都有自己的运行轨道,虽然它们的环绕运动不是以完美的圆形运动来实现的,但这丝毫无损于宇宙各天体之间的条理性与和谐。康德承认,就宇宙之生成和运行而言,他与古希腊的原子论存在某种相似的看法。首先,他们一致认为,大自然的最初状态是原始物质或者说是原子,而这些物质或原子起初普遍地弥漫于宇宙之中;再者,与留基伯、德谟克利特、伊壁鸠鲁的主张一样,康德也认同这些基本粒子由于受到某种外力的作用而在做着一种下沉的运动;最后,是这些物质或原子在下沉的运动中产生了各宇宙天体。对康德而言,整个和谐有序的宇宙,根本上说源自普遍运动规律支配的物质所起作用的结果,正是自然本身的机械运动把盲目的物质从混沌中发展出来,并且自动地达到了一如我们所见的完美的程度。

康德的这一立场,立即遭到了他那个时代的自然神学家的一致反对,因为,在他们看来康德的主张无疑是古老的唯物论在当代的死灰复燃,是改头换面了的无神论,在基督教盛行的世界,康德的举动显然是一种亵渎神灵和不可容忍的行为。对他们而言,作为有限的理性存在者,我们根本不可能洞悉无限宇宙的奥秘,继而从浩渺无边的宇宙中揭示其内在的规定,毕竟这项工程远远超出了人类所能达到的能力和范围。事实上,人们理应在世界的和谐、美、合乎目的,以及完善关系中反思"至高无上存在者的直接干预"[1],没有至上存在者的这一直接干预,宇宙的现有秩序根本无法形成。针对自然神学出于护教之目的的上述担忧,以及他们对自己的批判,康德的回应简明扼要但又不乏力度。康德认为,其理论虽与原子论相似但绝不相同,不可将他们的主张不做分辨地混为一谈。比如,伊壁鸠鲁认定,宇宙的秩序来自原子的偶然碰撞,是偶然性使得原子巧妙地结合起来,从而形成一个和谐的世界整体。针对这一点,康德无疑是反对的,因为在他看来这无异于把理性的东西归为了无理性的起源,继而将宇宙中的秩序导源于盲目的偶然性。与此相对,康德指出,物质绝不存在漫无目的的运动,而且它们之间的碰撞也是受着必然的规律支配的。在这里,有人禁不住要问:原初物质为何要遵从自然本身的规律呢?本质各不相同的众多事物,何以自行相互规定呢?康德相信,正是这进一步的追问将其思想的独特性与无神论的立场区分开来,因为在康德这里物质的生成与其服从的运动规律之源都来自于至上的存在者,没有这一至高无上的存在作为根据,宇宙中的所有东西都得不到彻

---

[1] [德]康德:《康德著作全集》第1卷,李秋零译,中国人民大学出版社2003年版,第218页。

底或根本的说明。就此而言,康德认为他的主张与无神论存在着本质的差别。

虽然,康德认定物质的生成与运动规律源自至上的存在者,但他并不认同至上的存在者可以直接对宇宙的秩序加以干预,在这一点上,康德又把自己与自然神学区别开来。在他看来,万物的初始材料即物质,并不直接受至上存在者的指使,而是受自然规律的支配,物质服从"一个至高无上智慧的目的,所以它必然被一个支配它的初始原因置于这样的协调的关系之中;而且正因为大自然即使在混沌中也只能按照规则井然有序地行事,所以有一个上帝存在"①。康德这段文字中"按照规则井然有序地行事"几个字相当重要,因为它不仅说明了物质不是混乱地运动,并以此与伊壁鸠鲁代表的原子论相区别;更为重要的是,它强调了宇宙不是至上存在者之手直接干预的产物,相反,宇宙的起源应被视为一个"过程"(process),而不是一个偶然"事件"(event)。② 康德的这一观点之所以尤为值得单独拿出来加以讨论,不只因为他在这里将自己的神学主张与当时诸多自然神学家如斯宾纳(P. J.Spener)、弗兰克(A.H.Francke)、布迪乌斯(F.Buddeus)、吕迪格尔(A. Rüdiger)、朗格(J.Lange)、霍夫曼(A.Hoffmann)的主张区别开来③,更是将其与牛顿(1643—1727年)的立场做了区隔。

通常认为,青年康德起初追随的是德国唯理论传统,后来则转向了经验论的面向,之所以如此,与其对英国经验主义的接触有关,而其自然科学知识的获得尤其与对牛顿著作的研读密不可分。李泽厚先生曾经指出:"从早年起,康德更是近代实验科学倡导者伽利略和牛顿的研究者、信奉者,积极参加了自然科学的活动,提出了一些重要的发现和思想"。④ 李先生的这一评断不无道理,但其细节需要做些修正或补充:康德无疑是牛顿的"研究者"但并不是虔诚的"信奉者",他对牛顿所做的研究并非亦步亦趋,在某些方面两者的差别还相当大。比如,康德在第一批判对牛顿绝对时空观的批判已是广为人知的事情,而他对力学中"斥力"的侧重更是与牛顿的立场存在着显著的差异。⑤ 而在这里,就宇宙之生成的过程中至上存在者所起的

---

① [德]康德:《康德著作全集》第1卷,李秋零译,中国人民大学出版社2003年版,第224页。
② Henry Allison, *Kant's Conception of Freedom: A Development and Critical Analysis*, Cambridge: Cambridge University Press, 2020, p.5.
③ 参见 Martin Schönfeld, *The Philosophy of the Young Kant: The Pre-critical Project*, Oxford: Oxford University Press, 2000, pp.98-99。
④ 李泽厚:《批判哲学的批判:康德述评》,生活·读书·新知三联书店2007年版,第18页。
⑤ Eric Watkins, "The early Kant's (anti-) Newtonianism", *Studies in History and Philosophy of Science*, Vol.44, No.3, 2013, pp.429-433.

作用这一点而言,康德与牛顿亦有很大的不同。对牛顿而言,由于天宇是空的,所以这里很难提出什么能使各个天体共同开始运动的科学解释。为解决这一难题,牛顿诉诸了至上存在者之手,而把力学规律放置一旁:"尽管对于一位哲学家来说,对一种复杂并且远离简单的基本规律的性状放弃研究的努力而满足于诉诸至上存在者的直接意志,是一个令人苦恼的决断,但牛顿在这里毕竟还是认识到了把大自然与上帝的手指、把前者被引入的规律的进程和后者的示意彼此分开来的界限。"①牛顿的窘境在于,他分明意识到至上存在者不能直接干涉自然世界的事务,但为了开启或促成宇宙有条不紊的运动,至上的存在者的直接干涉又是必不可少的。反观康德,在他看来,牛顿的窘境其实并不是什么大不了的难题,因为既然宇宙中充满着各种物质,当这些物质形成天体以后,虽然留下了空洞的空间但那些直接构成行星、彗星甚至太阳的物质本身在开始时就已经处于运动之中,它们聚合成特殊的天体时自然还会保持着这种运动。因此,在康德这里不存在牛顿的那种困难,也不需要至上存在者的干预,因为"造成各种质量结合起来的动力本身,即物质在根本上固有的、从而在大自然的第一次骚动时就如此适于成为运动的初始原因的引力,就是这些运动的源泉"②。

　　显然,与牛顿不同,康德指出,至上的存在者并不直接干预大自然中的具体事件,当自然神学在面对自然中的诸多壮丽景观与卓越气象并加以反思之后,认定其中必然有一至高无上的智慧做了设计时,对康德而言,此时的自然神学与伊壁鸠鲁一样,犯了同样的错误,即把宇宙的秩序视作外来力量偶然干涉的结果。所不同的是,伊壁鸠鲁诉诸原子盲目的偶然碰撞,而自然神学诉诸的是至上的存在者之手偶然促成。与此相反,康德相信,宇宙中的完美秩序绝不是偶然所致,它是至上的存在者这一至高无上的理智者先天植入事物之中的,是对事物的本质规定(die wesentliche Bestimmungen)③,以便从它们出发,以一种与最完善的秩序相符合的方式无拘无束地发展出来的。所以,这里根本不需要一只外来之手的巧做安排,因为一切都在至上的存在者之中,没有任何一种事物能够在脱离至上存在者的前提下生发出来。不可否认,康德之所以如此看待这一问题,其中重要原因在于他对事物之"本质"(Wesen)的看法与自然神学存在差异,而这一点他在18世纪60年代的各逻辑学讲义与《证明上帝存在唯一可能的证据》中有着丰富的

---

① [德]康德:《康德著作全集》第1卷,李秋零译,中国人民大学出版社2003年版,第319页。
② [德]康德:《康德著作全集》第1卷,李秋零译,中国人民大学出版社2003年版,第320页。
③ Kant, *Immanuel Kant Vorkritische Schriften bis 1768*, Wilhelm Weischedel (ed.), Frankfurt: Suhrkamp, 1968, S.355.

探讨。

表面上看,就至上的存在者与宇宙秩序之关系而言,18世纪50年代的自然神学与康德的区别在于,貌似一方主张直接干预,而另一方主张间接说明,毕竟一切都在至上存在者之中。换句话说,自然神学思想中的至上存在者是与物质世界直接照面的,而康德则在其中放置了一个"自然规律",认定物质世界的和谐运作不需要至上存在者之手的安排,自然本身的规律完全能够合理给予解释,虽然他并不否认至上存在者是各天体运转的终极理据。实际上,并非如此,用康德自己在《证据》中的话来说,自然神学的立场在于把万物对至上存在者的依赖视为了"道德的依赖",而他反对这一观点,主张万物与至上存在者之间存在的是一种"非道德的依赖"。①

就道德的依赖这一主张而言,它认为至上存在者的意志是一切事物的最终根据,它不仅决定着自然中的美善、和谐等现象,还决定着各天体之间的秩序与合目的性的运作,所有这些都是至上存在者有意为之的结果,就此来说,这一主张可以称之为宇宙生成之"唯意志论"(voluntarism)。与此不同,非道德的依赖强调的是至上存在者的理智作用,它认为至上存在者在创世之初就已把各种力量纳入了"事物自身的本质"②之中,而事物的本质蕴含着巨大的再生能力,继而将整个世界连为一体,就康德对至上存在者的理智而非意志的强调而言,他的这一立场可以称之为宇宙生成的"唯理智论"(intellectualism)。康德相信,相较唯意志论,只有他的这种解释方式才是最具说服力的。现在的问题是,为什么诉诸事物的"本质"就可以摆脱至上存在者的直接干预,继而由此促成井然的世界秩序呢?要想回答这一问题,我们需要对康德的"本质"概念稍做分疏。

基于霍弗(Noam Hoffer)教授的研究③,我们知道,康德1765年以来曾以迈耶(George Friedrich Meier)的《理性学说简论》为教材在哥尼斯堡大学长期教授逻辑学这门课,后来这些讲义被整理出版,分别编入学院版《康德全集》第9卷、第16卷,以及第24上下卷之中。其中在由其学生耶舍编辑出版的《逻辑学讲义》中,康德区分了"逻辑本质"(Logischewesen)与"实在本质"(Realwesen)。在他看来,逻辑本质指的是关于一切谓词的认知,它涉及的只是客体的概念而不关心事物本身的认知问题;与此不同,实在本质关注的是一切事物之存在的、作为规定基础的东西。因此,若是想要规定事物

---

① [德]康德:《康德著作全集》第2卷,李秋零译,中国人民大学出版社2003年版,第107页。
② [德]康德:《康德著作全集》第2卷,李秋零译,中国人民大学出版社2003年版,第109页。
③ Noam Hoffer, "Kant's Regulative Metaphysics of God and the Systematic Lawfulness of Nature", *The Southern Journal of Philosophy*, Vol.57, No.2, 2019, pp.234-236.

的逻辑本质的话,我们大可不必到自然界中去寻找那些自然事物,而只需要反思构成该对象的基本概念即可,因为逻辑本质指的无非是事物之必然特征的基本概念。相对而言,若想对事物有一切实的认知,我们必须对事物之实在本质做出洞察。那么,在康德看来,我们又当如何洞察它呢?毕竟实在本质作为一个抽象语词,非常不易于把握。令人欣慰的是,康德在其诸多的逻辑学讲义中提供了一个重要线索,按照他的提示,我们可以就"自然"(Natur)这一范畴来考察"本质"的意涵,因为"就同位或隶属而言,事物的一切主要部分之全体或该物诸特征之充分性就是本质。但是,在这种说明中,我们必须记住关于事物的实在本质或自然(Real-oder Natur-Wesen der Dinge)本质。"①康德的这一表述,显然把"实在本质"与"自然本质"当作了一个东西,对自然之本质的洞察亦即对事物之实在本质的了解。我们知道,"自然"这一概念在康德那里有两层意思:其一,从质料的意义上看,自然指的是作为一切杂多事物的总和;其二,就形式的意义来说,自然意味着属于一个事物之存在的一切东西的内在第一原则,依据这一原则,我们就能把此类事物与彼类事物区分开来:存在多少种类上不同的事物,也就必然存在多少种类不同的规则或原理,就此而言,各类不同的事物之所以服从这样或那样的规则或原理,主要是由它所从属的自然本质规定的。就康德这里对"自然"范畴的界定和理解来看,自然一词"自身已经带有规律的概念,而这个概念又带有一个事物的所有属于其存在的一切规定之必然性的概念"②。平实来说,康德对实在本质或自然本质的解读,采用的完全是一种概念分析的方法,借助对"自然"这一概念所包含的两层意涵层层推进,继而从中导出自然事物本身就直接占有而且遵从自然规律这一结论。换言之,规律的必然性与自然的概念紧密相连,不可分割。

不止如此,在康德看来,宇宙间的事物必然需要自然规律来加以说明这一事实,不仅关联事物的"实在本质""自然"概念等问题,在某种程度上,它还关涉事物之"可能性"这一范畴,因为从它们之间的内在关系来看,本质"是属于一个事物的可能性的一切东西的内在第一原则"③。这即是说,本质说到底只是事物之"可能性"的一个根本属性或规定,正是由于有了这一规定,"可能性"本身才有了可能,才有了可供设想的特征。显然,康德这里

---

① Kant, *Kants Gesammelte Schriften IX*, Berlin: Walter de Grunter, 1923, S.61. 文中参考了许景行的翻译,略有修改,参见[德]康德:《逻辑学讲义》,许景行译,杨一之校,商务印书馆2010年版,第60页。
② [德]康德:《康德著作全集》第4卷,李秋零译,中国人民大学出版社2003年版,第477页。
③ [德]康德:《康德著作全集》第4卷,李秋零译,中国人民大学出版社2003年版,第476页。

将"本质"视为事物之"可能性"的内在第一原则有其重要考量。我们知道，康德在《证据》一文中正是通过"可能性"这一概念推导出至上存在者这一作为"必然的存在者"（das notwendige Wesen）的存在，继而打通宇宙万物、自然规律与至上存在者之间的隔阂，如此才不至陷入自然神学的那种事先割裂自然万物与至上存在者之间的关联，然后再借助至上存在者之手促成自然世界之和谐的窘境。康德在《证据》中明确指出，事物的所有本质与可能性都是以至上的存在者这个唯一存在者为最终根据的①，因为基于"规定理由原则"（principio rationis determinantis）：首先，一切事物的内在可能性都要以某种存在为其前提，没有任何前提的可能性根本无法设想，比如燃烧的物体之所以可能，就在于存在广延、不可入性等实存的东西；其次，实存的物体若要存在，无疑要以必然的存在者作为其根据；最后，这一必然的存在者就是至上的存在者，因为在康德看来，能够同时具备本质上唯一、实体上单纯、本性上永恒、状态上不变的东西，它不能是别的，只能是至上的存在者。②

康德在18世纪60年代的对宇宙万物、自然规律与至上存在者之关系的思考大致体现出如下思路：与自然神学假借至上存在者之手干预自然才使得万事万物呈现出井然的秩序不同，康德认为，其一，宇宙中的和谐、优美、完善是完全可以通过自然规律得以说明的，因为自然规律本来就源于事物的"自然"或"本质"；其二，就终极意义来说，事物的"自然"或"本质"又都是以至上存在者作为其存在的最后根据的，没有至上存在者的保障，一切都没有"可能性"。康德的这一解释，虽然没有直接说明他要区分机械论与目的论，但从这两句话中可见一斑："给我物质，我就要用它造出一个世界来……难道人们能够说，给我物质，我将向你们指出，一个幼虫怎样能够产生吗？"③显然，康德的意图十分明了：确保自然科学的同时，不忘为至上存在者的存在保留空间。相反，如果像自然神学所说的那样，宇宙秩序来自至上存在者的直接安排，正是借助至上存在者之手的干预，才有了现有的井然有序的世界，那么这无异于承认了宇宙原本就在至上存在者之外，只是到了后来才被至上存在者所关注。如果真是这样的话，那么在此意义上，至上存

---

① ［德］康德：《康德著作全集》第2卷，李秋零译，中国人民大学出版社2003年版，第99页。
② 关于康德这里为什么把"必然的存在者"视为"一"而不是"多"的争议较多，具体参见 Allen Wood, *Kant's Rational Theology*, Ithaca and London: Cornell University Press, 1978, pp. 70-71. 以及 Andrew Chignell, "Kant, Real Possibility, and the Threat of Spinoza", *Mind*, Vol. 121, No.483, 2012, pp.9-14。
③ ［德］康德：《康德著作全集》第1卷，李秋零译，中国人民大学出版社2003年版，第226页。

在者只是一个工匠,而不能被视为世界的创造者,它虽然安排和塑造了物质,却没有生产和创造物质,而这显然不是自然神学乐意接受的结果。康德相信,只有按照他的阐释和理解,真正的神学研究才能在摆脱自然神学理论困境的同时,又不会滑向无神论的深渊。不可否认,康德前批判哲学时期的神学立场与斯宾诺莎的神学立场的确存在相似之处:斯宾诺莎对实体与样式之关系的认知与处理,与康德关于至上存在者与可能性概念之关系的解读,不乏可类比的地方。可事实上,两者并不相同,因为在康德看来,斯宾诺莎对至上存在者的理解还处于教条主义的阶段,即他对至上存在者的论证还处在混淆"实在谓词"与"逻辑谓词"的阶段,关于这一点,康德在《证据》中早已点明了其中存在的缺陷,就此而言,斯宾诺莎对至上存在者的把握还是"不近情理的"①。

综上所述,可以看到,康德前批判哲学时期的神学立场应该被界定为"建构的万有在神论"(constitutive panentheism),而非"范导的万有在神论"(regulative panentheism)②。原因在于,与自然神论(deism)一样,它不把至上存在者视为任何特定传统宗教中的神,而是把它看作一个超越整个自然世界的存在;另外,它与传统的有神论(theism)相仿,这一至上存在者虽不直接干预人的世界,却与人的世界存在"活生生的"(lebendig)联系;最后,它又与泛神论存在相似之处(pantheism),都主张世界存在至上存在者之中,把至上存在者视为世界的根据。虽然康德的主张与自然神论、有神论和泛神论存在相同的面向,但它们中的任何一个都不能完全囊括康德的神学立场,而建构的万有在神论之所以较为适合他,是因为它兼顾了上述神学派别的特征,但同时又避免了与任何一派的简单雷同。在这里,之所以在"万有在神论"之前加上"建构"二字,我们是有着特别的考量的,关于这一点,他在第一批判中揭示得极为清楚。

三、批判哲学时期

需要说明的是,康德在其前批判哲学时期并没有明确界定"知性"

---

① [德]康德:《康德著作全集》第2卷,李秋零译,中国人民大学出版社2010年版,第81页。
② Panentheismus 一词是德国哲学家克劳斯(Karl Friedrich Krause)在1828年的一次哲学讲座中提出的一个试图综合 Theismus 和 Pantheismus(泛神论)的神学概念。关于 panentheism、pantheism、deism 以及 theism 之间的区别,相关文献很多。具体参见 Joseph Bracken, "Panentheism and the Classical God-World Relationship: A Systems-Oriented Approach", *American Journal of Theology & Philosophy*, Vol. 36, No. 3, 2015; Chad Meister, "Ancient and Contemporary Expressions of Panentheism", *Philosophy Compass*, Vol.12, No.9, 2017。

(Verstand)与"理性"(vernunft)的使用范围,对其功能也没有像第一批判那样加以区分,通常情况下,他是在"知性"的层面上来使用"理性"这一概念的,他的这一做法在其批判哲学时期得到了根本性的改变。在《纯粹理性批判》中,康德明确指出,理性是一种"原则的能力"①,而知性是一种概念能力,知性能够将其概念直接运用到感性杂多的对象之上,而理性则与此不同,它不涉及直观,亦不能将其理念直接与对象加以勾连,而仅仅与知性的判断有关,继而把有条件的知性判断统摄到一个无条件的统一原则之中。康德把知性所使用的这种方法称之为建构(Konstitutiv)的方法,因为它是知性运用范畴对感性杂多加以统摄,并由此产生具体经验判断的方法;与之相对,范导(Regulativ)涉及理性的推理方式,即按照原理引导知性在其经验活动中向认知统一的目标前进的方法。② 依据这一区分,可以看到康德前批判哲学时期的至上存在者显然是建构意义上的存在,而非范导性的理念。

提到康德批判哲学时期的范导性的理念,我们就不能不对其后期的神学系统做出一点说明,因为我们知道批判哲学时期的康德诚然也是批判自然神学的,他这一看法与其前批判哲学时期的立场是一致的,但其批判的视角明显是不同的。考察康德的神学认知体系,无疑将在某种层面上对他为什么没有完全放弃而是改造了其前期的神学思想给出合理解释。我们知道,康德在《纯粹理性批判》"先验逻辑论"之结束部分,曾对他所理解的神学及其相关范畴做了一次总结性的概括。对康德而言,神学关涉的是元始存在者的认知(Erkenntnis),而它又可分为"理性神学"(theologia rationalis)与"启示神学"(theologia revelata)两类。其中,理性神学又可细分为凭借先验概念推导而来的"先验的神学"(theologia transcendentalis),以及借助自然世界的已有对象,通过类比的方式从中得出一个至高概念的"自然的神学"(theologiam naturalem)。就先验神学来说,如果它是从一般经验推导出一个元始的存在者,那么它可被叫作"宇宙神学"(Kosmotheologie);而如果它是从纯然概念而无需任何经验的帮助就能认知它的存在,那么在这一层面它可被称为"本体神学"(Ontotheologie)。与先验神学不同,自然的神学是从世界中的和谐、秩序等性状中推论出一个世界的创造者的,而在康德看来,自然的神学要想从这个世界的某些性状上升到最高的理智这一理念,只能要么把它视为一切自然秩序的完善原则,要么把它当作一切道德秩序的

---

① [德]康德:《纯粹理性批判》,韩林合译,商务印书馆2022年版,第247页。
② 陈嘉明:《建构与范导:康德哲学的方法论》,社会科学文献出版社1992年版,第14—15页。

完善原则,在前一种场合它叫作"自然神学"(Physikotheologie),而在后一种场合它叫作"道德神学"(Moraltheologie)。① 为了方便概览,康德批判哲学时期的神学架构可以列表如下:

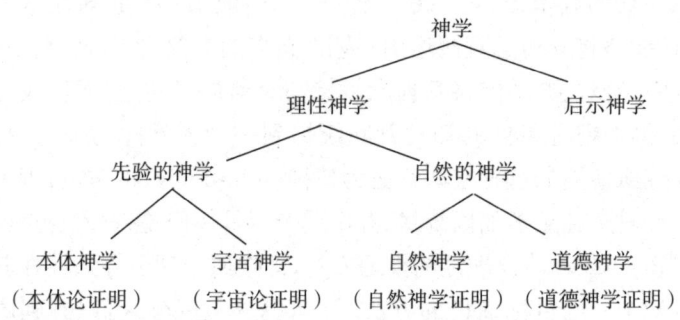

图2-1 批判哲学时期的神学框架

不难看到,在康德的这个图示中,本体神学、宇宙神学、自然神学与道德神学,分别对应的是至上存在者的本体论证明、宇宙论证明、自然神学证明以及他自己所主张的至上存在者道德神学证明。对康德而言,神学的证明只能是道德的,任何基于思辨理性的考察都是非法的僭越。而康德的这一断语,在某种程度上也将他在前批判哲学时期由"可能性"概念而推导出的至上存在者证明包括在内,因为他在那里所做的证明,从本质上看,亦是出于思辨理性的一种错误的至上存在者证明,因为至上存在者作为经验领域之外的理念,它只能被诉诸实践理性的道德证明才能确保它的存在,任何其他的证明路径都是非法的。仅就这一点而言,康德在批判哲学时期对传统至上存在者证明的三种方式给出批判的同时,亦应该对前期的至上存在者证明问题做一提示,进而给予批判才对,但事实上,我们的这一期待并没有出现。

原因何在? 对此,我们的解释是,康德前批判哲学时期基于"可能性"这一概念的至上存在者证明本质上是一种本体论证明,由于他在第一批判中已对后一证明做出了批判,而这一批判自然也体现了他对自己前期那种证明方式的态度,因此没有必要再另立文字来加以特别的说明。其次,1781年康德之所以没有明确批判其前批判时期的至上存在者证明,与他试图勾连前期与后期的神学思想有关,尤其是"必然的存在者"与"最实在的存在"(ens realissimum)之间的关系甚密。比如,它们都是事物的根据,任何事物

---

① [德]康德:《纯粹理性批判》,韩林合译,商务印书馆2022年版,第435页。

都能够纳入至上存在者之中并在其中说明自身;宇宙的生发演变需要按照机械论或自然本身的规律来解释,至上存在者并不直接干涉自然界的事物等。略有不同的是,批判哲学时期的至上存在者是范导意义上的理念或作为"最实在的存在"的理想(Ideal),而前批判哲学时期,康德主张的是建构意义上的万有在神论。仅就这一点来说,康德前后期的至上存在者并不完全一致,但不可否认的是,没有前期在对自然神学批判的基础上提出的"必然的存在者"这一思想,其后来的思想亦无所从出。就此而言,1781年之后康德没有对其前期的至上存在者证明提出明确的批判是可以理解的,因为由康德后来的神学思想来看,事实上他并没有抛弃其前期的至上存在者概念,而是在目的论意义的基础上改造了它,当然这一改造是出于修正的目的,而非出于别的考量。

总而言之,康德批判哲学前期的至上存在者有其独特的价值,与作为内在心理表象之统一的灵魂和作为外在对象之统一的世界这两个理念不同,至上存在者是统摄一切表象和世界的统一原则,为我们提供了一个按照一个系统的统一性的原则来看待一切事物的视角,好像任何对象都全部产生自这一作为至上和无所不包的存在者似的。当然,理性在至上存在者这一理念中的意图在于扩展它的形式原则,而不是追求超越经验的应用,因为至上存在者在这里只具有范导意义而不具有建构价值。换句话说,至上存在者在此做出的那种最高形式上的统一性,是"事物的合目的性的统一,而且理性的思辨旨趣使得有必要如此看待世界上的一切安排,就好像它出自一个至高无上的理性的意图似的。也就是说,这样一个原则为我们被运用于经验领域的理性打开了全新的视域,即按照目的论的规律来联结世界的种种事物,并由此达到事物最大的系统统一性"①。康德认为,建立这一统一性极为重要,就地球、山脉和海洋的形状而言,若是我们事先假定这一作为目的的统一性原则,那么,沿着这条道路,我们就能够得出大量的科学发现。而且,只要我们秉持的是纯然范导性的原则,而不将其与建构性的原则混淆,它就不会干涉自然之机械论的认知方式,以及基于这一方式之上的科学研究,并为科学的发展指出一条前景广阔的道路。

自1747年《关于活力的真正测算的思想》(*Gedanken von der wahren Schätzung der lebendigen Kräfte*)面世,到1804年逝世为止,康德从事哲学运思和写作几达60年。在这一漫长的时间进程中,作为一位从事哲学运思和写作的体系性思想家,康德所关注的哲学议题显然不可能是全然相同、一成

---

① [德]康德:《纯粹理性批判》,韩林合译,商务印书馆2022年版,第464页。

不变的:随着其思想的衍化,有些论题必然会被摒除,而有些论题则非但不会被抛弃,相反定然会被保留下来,并且日益得以深化和加强。在此期间,他对自然神学的关注,无疑是其中的一个重要议题。就其前批判哲学时期而言,康德主要是由本体论证明的向度来对自然神学加以批判的,按照规定理由原则,通过"可能性"这一概念,康德层层推进,得出"必然的存在者"即是至上存在者这一结论,以此解决牛顿力学规律与至上存在者之间存在的冲突问题。批判哲学时期,康德借助道德论证这一全新的证明方式试图对至上存在者的存在加以确证,但这并不意味着他要完全放弃其前期的"必然的存在者"这一概念。相反,在赋予了这一概念以范导意义上的内涵之后,康德将其与"最实在的存在"加以勾连,继而在机械论的层面为自然科学的发展留下空间的同时,又不忘在目的论证明的层面挽救至上存在者的存在。身处启蒙运动时期的康德,他的这一做法是否达到了其预期的目的,诚然不乏争议,但他的这一努力无疑是有意义的,颇为值得记取。

第二节 本体论证明

在对康德之目的论证明的相关思想做了阐释之后,我们现在尝试分疏一下他关于至上存在者的本体论证明。众所周知,"上帝的本体论证明"这一名号始自康德,在此之前,虽有类似证明但显然没有这样的称谓,例如安瑟论(Sanctus Anselmus)就曾把这一类对至上存在者的论证称之为 meum argumentum(我的证明),而非本体论证明。① 那么,何为至上存在者的本体论证明呢? 康德认为,凡是抽调一切经验并完全先天地从单纯概念中推出一个最高原因的存有(gänzlich a priori aus bossen Begriffen auf das Dasein einer höchsten Ursache)的证明就叫至上存在者的本体论证明。与其他的至上存在者证明不同,康德所认定的至上存在者本体论证明必须同时具备两个特征:其一,对至上存在者是否存在的证明与经验没有任何关系;其二,对至上存在者存在的证明只能出自单纯的概念。这一节我们着重考察他的这一论题。

一、安瑟伦的进路

后世不少学者认为,安瑟伦在《宣讲》(*Proslogion*)中对至上存在者的论

---

① Jean-Luc Marion, "Is the Ontological Argument Ontological? The Argument According to Anselm and Its Metaphysical Interpretation According to Kant", *History of Philosophy*, Vol. 30, No. 2, 1992, pp. 201-218.

证是完全契合康德关于本体论证明的界定的,原因在于安瑟伦相信,人人心中都有这样一个命题,即至上存在者是"无法设想有比之更大的存在者"(aliquid quo nihil maius cogitari possit),至上存在者是人们(无论是无神论者还是怀疑论者)可以想象到的最大的存在;由于存在又可以分为观念的存在与现实的存在,因此若是至上存在者只存在于观念(in intellectu)中,则不符合最大存在的要求,只有至上存在者同时也存在于现实(in re)中,它才是最大的,所以至上存在者必然是现实的存在,毕竟一个人若是有了大的至上存在者观念而又否认其现实的存在,这是自相矛盾的。诚然,安瑟伦所表述的"更大"不是在时空或现象中的"更大",而是"更完满、更完美"的意思。对此,约翰·希克在《宗教哲学》中早已指出过:"十分明显,安瑟伦所说的'更大',意思是更完善,而不是指在空间上更巨大。"①就安瑟伦对至上存在者存在的证明来看,他无疑是从"完满的"至上存在者概念出发以导出至上存在者的存在,貌似完全符合康德对至上存在者本体论证明的界定。② 然而,深究之,当不难发现两者还是存在着根本差别的。的确,安瑟伦对至上存在者存在的证明与经验没有任何关系,这一点完全符合康德对至上存在者本体论证明的第一个界定。不过,对于第二点,即由单纯概念推导出至上存在者来中的"概念"到底是什么概念,双方的认知则有较大出入。

与康德眼中的那种推理概念即理性不同,安瑟伦所说的概念为"信仰的理性"(ratio fidei),它与信仰密切相关,而从信仰与人的理解的关系来看,安瑟伦主张信仰寻求理解(Fides quaerens intellectum),而不是理解之后再去信仰。他曾明确指出:"我不是寻求理解以便我信仰,相反,我是相信以便我理解,因为我深信:除非我信仰了,否则,我无法理解。"③之所以如此,与他证明至上存在者存在的目的关联较深。我们知道,安瑟伦证明至上存在者之存在的目的旨在帮助信徒们理解他们信仰的对象,并不是让那些无神论者因其论证而成为基督徒。对于这一点,他也并不讳言,在《宣言》的"序言"中,他把自己的写作意图交代得甚为清楚:"我写下了下面这部小

---

① [英]约翰·希克:《宗教哲学》,何光沪译,高师宁校,生活·读书·新知三联书店1988年版,第37页。
② 笛卡尔对至上存在者存在的证明亦有类似之处,他断言:"即单从我存在和我心里有一个至上完满的存在体(也就是说至上存在者)的观念这个事实,就非常明显地证明了至上存在者的存在"。参见[法]笛卡尔:《第一哲学沉思录》,庞景仁译,商务印书馆1996年版,第52页。
③ [古罗马]安瑟伦:《信仰寻求理解》,溥林译,中国人民大学出版社2005年版,第204页。

作品,试着让一个人振奋他的心灵去静观上帝,让他寻求理解他所信仰的。"①由于在安瑟伦的时代,信徒对自己所信仰的至上存在者虽然深信不疑,但是对这位无处不在的主还是充满着困惑的。比如,他们尚未亲眼目睹过至上存在者的"亲临",也不知道如何"寻觅"他的存有;他们渴慕他的圣容,却并不知道他的所在等。正是为了解答圣徒们类似的问题,安瑟伦才写下了《独白》(Monologion)与《宣讲》(Proslogion)等解疑答惑的著述。就安瑟伦的论著而言,前者倾向于为信徒而作,而后者虽其名义上是为基督徒而写就的,但他宣称任何粗具理性的读者——无论是否认可《圣经》——都会欣然接受他所给出的哲学论证。同时,安瑟伦也承认,前者比后者写的更简洁,论辩也更为统一。诚然,在后来的作品中安瑟伦亦不讳言,他之所以写作《独白》与《宣讲》,其目的还是在于依凭理性来说服那些从不信靠圣典的人信仰至上存在者与道成肉身。

那么,安瑟伦何以非要选择由信仰到理解,而不是相反的进路呢?按照马里奥(Jean-Luc Marion)的说法:"理解之所以由信仰开启,是因为理性只有在信仰中才能识别思维的不变的和根本的条件,正是基于此,理解不仅需要信仰,并且由此才能详细地说明信仰,进而确信:理性必须先信仰才能实现理解。"②对安瑟伦而言,理解的根本前提不是理性,而是信仰,相对人的理性而言,信仰更为基础,因而也尤为重要,它是理解得以展开的前提和基础。③ 当然,这么说并不意味着信仰与理性之间的关系是对立的,安瑟伦认为,存在一种"信仰的理性",它包括"信仰的理性基础"(the rational basis of faith)与"信仰的逻辑"(the logic of faith)两个层面。前者"指向外部的面向,它为某个具有辩护或规劝目标的学理提供论证支持"④。而后者涉及内部的方面,它指的是信仰学理中的一致性,并在逻辑上把一切要点归并为

---

① [古罗马]安瑟伦:《信仰寻求理解》,溥林译,中国人民大学出版社2005年版,第198页。
② Jean-Luc Marion, "Is the Ontological Argument Ontological? The Argument According to Anselm and Its Metaphysical Interpretation According to Kant", *History of Philosophy*, Academic Research Library, Vol.30, No.2, 1992, p.207.
③ 安瑟伦(1033—1109年)的这一观点与四百年之后的笛卡尔(1596—1650年)的主张有很多相似之处。在笛卡尔看来,至上存在者是指一个无限的、永恒的、常住不变的、不依存于别的东西的、至上明智的、无所不能以及我自己和其他一切东西,这是每个人都领会得十分清楚、明白的观念。既然这个我们领会得清楚、明白的观念告诉我们,我自己和其他一切东西都是由至上存在者创造的,即至上存在者是我的存在的作者,那么我们人所具备的认知工具即理性自然也是源于至上存在者的。参见[法]笛卡尔:《第一哲学沉思集》,第45—50页;亦可参见Lawrence Pasternack, "Predication and Morality in Kant's Critique of the Ontological Argument", *Kant Yearbook*, Vol.10, No.1, 2018, p.164。
④ Sandra Visser and Thomas Williams, *Anslem*, Oxford: Oxford University Press, 2009, pp.13-14.

一。在安瑟伦看来,基督教恰好具备上述特点,其教义无论是外在的"信仰的理性基础"方面,还是内在的"信仰的逻辑"方面,都是一个完整的合理体系。作为信仰的基督教教义之所以是符合理性的,是因为它的学理所关涉的就是终极理性,即把至上智慧贯穿于万事万物之中(包括人在内)的至上存在者,正是"对这位终极智慧,并将其至高理性贯穿于万有之中的至上存在者的信仰,才使得人成为理性的"①。换句话说,安瑟伦眼中的至上存在者就是终极理性或终极智慧的化身,而人之所以有理解能力,就在于他对终极理性即至上存在者的信仰。

在某种层面上,由于安瑟伦的"信仰的理性"关涉的是服从某种至上意志的精神,因此我们要想理解世间万物,我们的心灵一定要谦卑,要像晚辈听从长辈的教诲一样去顺从至上存在者的指示。正如安瑟伦所指出的那样:"我们首先应该成为孩子、顺服上帝,并接纳上帝给所予的智慧……因为真实的情况是,我们以顺服的态度从《圣经》中汲取的营养愈多,我们对事情的理解也就愈精准"②。问题是,何以从圣典中吸收得越多,我们的理解就越好呢?对于这一点,安瑟伦断言:"没有信仰的人就没有经历,而没有经历就绝不可能认知。就像经历某件事优位于听说某件事一样,一个经历过某件事的人,其知识肯定比那些仅仅听说那件事的人要多。"③此处,暂且撇开安瑟伦论证信仰与理解关系的神学外衣与宗教色彩不说,仅就我们与世界之间的关联而言,安瑟伦主张信仰无疑是先于认知的。这不仅仅是因为信仰与认知之间隔着经历这一层关系,还在于信仰可以通过三条路径保证理性认知少走弯路,即谦卑、顺服与精神规训。安瑟伦认为,就谦卑而言,我们可以认识到自己心灵的卑微和神圣真理的崇高,这一认识有助于防范我们的推理,并使我们由顽固且盲目的自我辩护中抽身而出;于顺服方面,一旦我们接纳了神圣经典及其教义,它就能为我们的运思指示明确的方向,使理性免于混乱的摸索;最后,借由精神规训,我们可以清除心灵中物质层面的东西,辨明哪些应该是理性自身能够思考的,哪些不是。总之,正是由于信仰有着理性所没有的这些优点,所以信仰必然要先于理解。没有信仰,我们虽有些事情可以得到说明,但有些事情却根本无法理解。

据此,我们可以看到,安瑟伦眼中"信仰的理性"的内容及其可能的条件,与康德用以批驳至上存在者之存在与否的理性概念是有差异的。与安

---

① Sandra Visser and Thomas Williams, *Anslem*, p.17.
② Saint Anselm, *Basic writings*, Thomas Williams (ed.), Indianapolis: Hackett Publishing Company, 2007, p.216.
③ Saint Anselm, *Basic writings*, pp.216-217.

瑟伦的信仰高于理性的看法相左,对康德而言,理性是人所独具的推理能力,它是我们运思的根基,也是我们最高和终极的认知源泉。与作为规则能力的知性不同,理性是一种原则能力,其目的在于为知性有条件的知识提供无条件的基础。美国知名康德专家阿里森曾经指出:"正如知性的功能在于通过把那些在感性直观中所与的原始材料带向统觉的客观统一性中,使它们统一起来一样,理性的功能是通过把知性的那些分离的产物(判断)带入一个连贯的整体(一个系统),使它们统一起来。因此,理性的工作位于知识事业的顶峰,如果我们达到了这个顶峰,那么理性所追求的这种统一就完成了整个知识体系",①也就是说,理性是确保一切认知的终极要件与最终根源。那么,作为原则能力的理性何以具有如此高的功能,其权柄从何而来呢?康德认为这是个超验的问题,它越出了我们的认知能力,我们对此无法给出回答。换句话说,这个原则"与逻辑公理不同,它包含着一个形而上学的预设,即对每个有条件者之完备集合条件的现实性预设,而此集合本身必须被视为无条件的,因为按照假设不可能有什么更进一步的东西作为它的条件了。"②至此,康德的立场十分明显,作为无条件的理性是理解任何别的东西的基础,世间万有之存在的最后根据不在于神灵的庇佑,而只在于它们是否能够经得住理性的批判(分析、考察等),任何脱离理性批判的事物都没有合法性的基础,因而都是可以质疑的。康德曾夫子自道曰,我们的时代是真正的批判时代,一切都必须经受批判。通常宗教凭借其神圣性,而立法,凭借其权威想要逃脱批判。但这样一来,它们就激起了对自身的正当的怀疑,并无法要求别人不加伪饰的敬重,理性只会把这种敬重给予那经受得住它的自由而公开检验的事物。

就我们的论旨而言,如若康德所批判的"至上存在者的本体论证明"就是指"完全先天地从单纯概念"(gänzlich a priori aus bossen Begriffen)中推导出至上存在者之存在的证明,而这个可以纳入广义"理性"③中的所谓"概念"之所指不过是理性存在者的一种认知能力,那么康德就没有真正驳倒安瑟伦对至上存在者的本体论证明。虽说在本体论证明界定的第一个方

---

① Henry Allison, *Kant's Transcendental Idealism*, New Haven: Yale University Press, 2004, p.309.
② Henry Allison, *Kant's Transcendental Idealism*, p.312.
③ 关于理性与知性的区分,杨祖陶与邓晓芒认为:"广义的理性,它泛指以先天原理为依据的一般认识能力,因而是指一切认识能力(感性、知性、狭义的理性)的先天原理的根源……理性一词有时被用来泛指包括知性和狭义的理性在内的思维的自发性能力,有时又被当作知性的同义词使用。"参见杨祖陶、邓晓芒:《康德〈纯粹理性批判〉指要》,人民出版社2005年版,第30页。

面,即与经验了无关涉方面,安瑟伦与康德有相似的认识,然而在第二个方面,即对单纯概念方面,两者的理解有着根本的不同。毕竟,在安瑟伦看来,他对至上存在者之存在的论证仰赖的是"信仰的理性",而非康德哲学意涵上、理性存在者(人)所独具的原则能力的理性,两者的论证手段或工具的差别之大,是不能以道里计的。更何况,就康德对至上存在者之本体论证明的批判本身而言,其所运用的例证或理据也存在着极大的疑点,争议很大。

二、康德的批判及其症结

前面我们是从论证至上存在者之存在与否的两种截然不同的进路,即由证明所使用的工具方面来质疑康德的,如果据此而仓促地断言康德没有驳倒传统的本体论证明未免太过武断,也难逃把复杂问题简单化之嫌。毕竟,由经书到人以证明至上存在者存在与从人到经书以驳斥至上存在者存在之间,两者本来没有什么可比性。现在,我们就从康德哲学体系的外围切入其学理内部,看一看康德对至上存在者之本体论证明的批驳在其学理内部中有哪些问题值得考虑。

康德对至上存在者之本体论证明的批判,主要体现在《纯粹理性批判》之"上帝的存有之本体论证明的不可能性"这一节中。康德指出"是"显然不是什么实在谓词,即不是有关可以加在一物的概念之上的某种东西的一个概念。它只不过是对一物或某些规定性本身的肯定。用在逻辑上,它只是一个判断的系词。"至上存在者是全能的"这个命题包含有两个概念,它们拥有自己的对象"至上存在者"和"全能";小词"是"并非又是一个另外的谓词,而只是把谓词设定在与主词的关系中的东西。现在,如果我把主词(至上存在者)和它的一切谓词(其中也包含"全能的")总结起来说:"至上存在者存在"或者"有一个至上存在者",那么我对于至上存在者的概念并没有设定什么新的谓词,而只是把主词本身连同它的一切谓词,也就是把对象设定在与我的概念的关系中。概念和对象两者所包含的必然完全相等,因此不可能因为我将概念的对象思考为绝对被给予的(通过"它存在"这种表达方式),而有更多的东西添加到这个仅仅表达可能性的概念上去。所以,现实的东西所包含的绝不会比单纯可能的东西更多。一百个现实的塔勒所包含的丝毫也不比一百个可能的塔勒更多。① 康德的这段文字极为重要,值得我们在此详加征引,其核心要点包括两个方面:一是"存在"与"至上存在者"没有必然的关联;二是"存在"是一个"逻辑谓词",而非"实在谓

---

① [德]康德:《纯粹理性批判》,韩林合译,商务印书馆2022年版,第417—418页。

词"。康德认为,传统本体论证明中所津津乐道的"至上存在者存在"或者"有一个至上存在者"的命题,进而由至上存在者的概念推导出至上存在者的存在,就在于他们误将"存在"这一本为"逻辑谓词"视作了"实在谓词",继而把至上存在者之可能性的存在误解为了实在性的存在。

  关于康德的第一个论点,我们可以先来看看来自神学家的相关回应。美国圣母大学的普兰丁格(Alvin Plantinga)认为,康德对本体论证明的批驳未得其要。普兰丁格指出:"本体论证明的主要特征是上帝的'存在'是必然的,而康德显然认为'非存在'的命题也是必然成立的,其理由是,我们否定'存在'并不会造成矛盾。"①对此,他举例说,康德对"至上存在者存在"的反驳,和"单身汉是男的、25岁以上的、未婚的人"类似,而这是没有任何说服力的,因为这两个命题有本质的差异。普兰丁格认为,谓词"男的、25岁以上的、未婚的人"对于主词"单身汉"而言是偶然的,而"至上存在者"与"存在"的关系与此全然不同,因为我们在思维"至上存在者"与思维"单身汉"时,是在做着绝然不同的两件事。通常来说,我们都会把"男的、25岁以上的、未婚的人"等特征附属于"单身汉"之下,但也可以去掉某些属性,如"25岁以上"等特征,但当我们思维一个全智全能的"至上存在者"时,绝对不能不包含"存在",就是说"存在"与至上存在者之间有着必然的关联。

  表面上看,普兰丁格的反驳具有浓厚的宗教气息,貌似是一位神学家对一位哲学家的批判。其实,此乃不必要的误解,因为普兰丁格的批驳依照的完全是康德的既定论证理路,它是在康德之理性概念和经验概念分疏的基础上的反驳,毕竟康德本人就曾以"一百个塔勒"为例来反驳传统至上存在者之存在的论证。我们知道,就康德的哲学体系而言,至上存在者与一百个塔勒是属于完全不同的两类范畴。在康德那里,广义的理性认知及其对象可分为三个层面:涉及经验直观的感性认知、关涉以概念整理感性杂多以产生知识的知性认知,以及指涉至上的存在者、灵魂不朽与自由的侠义上的理性认知。就康德对认知领域的划分来看,一百个塔勒(或单身汉)与至上存在者绝不在一个认知领域,因为在康德看来,至上存在者不是我们直观的经验对象,也不是我们的知性范畴所把握的概念客体,而是理性的理念。相对而言,一百个塔勒(或单身汉)只是一个经验概念,它们与作为理想的至上存在者不在同一个认知层阶。因此,当康德拿一百个现实的塔勒所包含的丝毫也不比一百个可能的塔勒更多等经验概念来说明"至上存在者"这一

---

① Alvin Plantinga, *God Freedom and Evil*, New York: William Eerdmans Publishing Company, 2002, pp.92-93.

理性的理念对象时，无疑犯了一个概念类比的过错，毕竟一百个塔勒（或单身汉）与至上存在者的实际差距是不能以道里计的。康德曾在《纯然理性界限内的宗教》中指出，至上存在者与自然的人的距离无限大，以至那个神性的人对于自然的人来说，无法充当榜样。① 作为自然的人与至上存在者都没有可比性，何况"一百个塔勒"这一经验概念呢？正是基于这一点，普兰丁格指出，假如本体论证明"仅仅是把'存在'这一偶然的属性附加在上帝的概念之上，那么其论证当然理应受到康德的批判，但是它不是。"② "至上存在者存在"和"单身汉是男的、25 岁以上的、未婚的人"是绝然不同的两个命题，分属不同的两个论域，至上存在者就是至上存在者，至上存在者不是没有结婚的单身汉。

现在，在阐述了康德批判"至上存在者存在"这一议题上对概念即经验概念和理性理念的淆混之后，我们再来看一看康德最为核心也最具争议的一对范畴："逻辑谓词"与"实在谓词"。③ 我们先来梳理一下康德的论点。对康德而言，人们可以随心所欲地把任何东西用作逻辑谓词，甚至主词也可以被自己所谓述，因为逻辑抽掉了一切内容不会对主词增添任何实质性的东西，所以根本不会影响人们对主词的理解。相反，实在谓词则完全不同，它在对主词加以规定时增加了内容，为主词赋予了其本身所没有的新信息。当我们说"至上存在者存在"或者"有一个至上存在者"时，这里面的"ist"显然不是一个"实在"谓词，而只是一个"逻辑"谓词，传统的至上存在者之存在的本体论证明之所以由"至上存在者的概念"推导出"至上存在者的实存"，就在于他们把两类在质上完全迥异的谓词混为了一谈，此其一。

其二，就存在作为"实在谓词"来说，在"至上存在者存在"这一命题中，主词与谓词的关系只有两种可能，"至上存在者"与"存在"之间要么是分析的，要么是综合的，不会有别的其他可能。"分析判断"也叫"说明性的判断"，"综合判断"也叫"扩展性的判断"。前一类判断指的是通过谓词并未给主词概念增加任何东西，它只是通过分析把主词概念分解为它的子概念，而这些子概念在主词中已被想到了，虽然是模糊地想到过。因此，如果你所主张的"至上存在者存在"是一个分析判断，那么你通过"存在"没有为"至上存在者"增添任何东西，因为此时你心中的观念要么是该物本身，要么你

---

① [德]康德：《纯然理性界限内的宗教》，李秋零译，中国人民大学出版社 2005 年版，第 51 页。

② Alvin Plantinga, *God Freedom and Evil*, p.98.

③ 英美学界对这一问题的最新关注，可以参见 Lawrence Pasternack, "Predication and Morality in Kant's Critique of the Ontological Argument", pp.149-170。

就预设了一个存有是属于可能性的,然后就以这个借口从内部的可能性中推出这一存有,而这无非是一种可怜的同义反复。反之,如果"至上存在者存在"是个综合判断,那么谓词"存在"就不是绝对地与主词"至上存在者"联系在一起的,就是说,"至上存在者不存在"也是有可能的,毕竟谓词并未如分析判断那样内在地属于主词之中,所以至上存在者不存在是有其可行性的。康德自信地断言,只要人们发现了混淆逻辑谓词和实在谓词的这种幻觉,就可以直截了当地摧毁借由"存在"来证明至上存在者实存的一切"挖空心思的论证"。诚如康德所指出的那样,如果我思维一物,不管我通过什么谓词和通过多少谓词(哪怕在完全的规定中)来思维它,就凭我再加上"该物存在",也并未对该物有丝毫的增加。因为否则的话,所实存的就并不恰好是该物,而是比我在概念中所想到的更多的东西了,而我也不能说实存着的正好是我的概念的对象了。①

  针对康德以"存在"是一个"逻辑谓词"而非"实在谓词",继而以此来否定至上存在者存在的这一主张,伍德提出了自己的质疑。伍德指出,当康德断言存在不是实在谓词,否则它就增添了主词中所没有的东西,这时他的意思无非是说当我们假设一个具有除了"存在"实体之外的"几乎完满的存在者"(almost perfect being)时,如果"存在"被我们纳入了"几乎完满的存在者"之中,那么它就不再是"几乎完满的存在者",而是个"彻底完满的存在者"(wholly perfect being),②而这与我们所思考的那个"几乎完满的存在者"的假设是相矛盾的,因而是荒谬的。对于这一点,伍德认为,如果存在不能充当"实在谓词",那么其他的语词也无法充当"实在谓词"。他举例说:"这次我们假定'万能'(或者其他无可争议的实在谓词)是'几乎完满的存在者'所缺失的实体。在此情况下,我们也必须承认,如果'几乎完满的存在者'是万能的,它就拥有了这个缺失的实体,并由此变成了'彻底完满的存在者'了,而这依然与我们原初的假设,即'几乎完满的存在者'这一前提矛盾。因此如果康德的论证成功地表明了存在不是一个实在谓词,那么它也将成功地表明没有什么会是实在谓词。"③如此一来,康德所作的关于"逻辑谓词"和"实在谓词"之区分就失去了应有价值,成为语词之争的游戏。退一步来说,即使"实在谓词"是有意义的,它在某种意义上也改变了主词,由此我们就可以得出主词就不再是原来的同一个东西了吗?例如,如

---

① [德]康德:《纯粹理性批判》,韩林合译,商务印书馆2022年版,第418页。
② Allen Wood, *Kant's Rational Theology*, Ithaca and London: Cornell University Press, p.108.
③ Allen Wood, *Kant's Rational Theology*, pp.108-109.

果我说某物是红的或全能的,那么我是把这个谓词加在该物的概念上了,但它依然是同一个东西,虽然我以前思考它时没有想到那个性质。然而,如果这对明显实在谓词——例如,"红""全能"——是成立的,那么它对"存在"为什么就不能成立呢?①

因此,正如伍德所总结的那样,无论我们如何理解康德关于"逻辑谓词"和"实在谓词"的区分,以及基于这一区分所作的论证,都不足以表明'存在'不是一个实在、完满性或者真正的谓词。的确,康德试图在"存在"与"谓词"之间给予更为精细的界分,如果"他是正确的话,他就能够一劳永逸地去除逻辑上必然存在的概念,并且去除本体论证明,但是他没有提供充足的理由,让我们认定他的观点就是正确的。"②

显然,伍德对康德的质疑并不是每个人都赞同的,这一点可以从21世纪以来关于此一问题所一再生发出的众多文献中窥出端倪。③ 比如,庞思奋就认为,伍德对康德解读的不足之处在于,他"没有看到视角原则(the principle of perspective)在康德哲学论证中的重要作用。"④而错失这一点将很难在整体上把握康德哲学的品格,因为本质上来说,康德的整个立论或论证方式都源于这些原则在其思想中的应用,也正是这些原则统一构成了其颇具建筑术之特征的哲学体系。

庞思奋指出,康德关于传统至上存在者证明的批判是基于"最实在的存在"这一基本思想之上的,其实这一点伍德也并非没有看出来,但是伍德的失误在于,他没有将此与后面的本体论、宇宙论,以及自然神学证明勾连起来加以系统考察:从某种层面上,可以说康德关于"最实在的存在"的论证已为破除传统的至上存在者证明做好了准备,其后的三种神学批判皆是在这一基础上的具体推进。基于康德哲学,由于对任何一个对象的把握必须在对其"通盘的规定"中来加以说明,而所谓通盘的规定,就是指为了完全认识某一物,我们必须认识一切可能的东西,并由此而对其给予肯定或否

---

① Henry Allison, *Kant's Transcendental Idealism*, p.415.
② Allen Wood, *Kant's Rational Theology*, pp.109–110.
③ 例如,William Forgie 就认为,当哲学家们在对"存在是不是个谓词"并进行争论时,他们忽略了"存在"所拥有的多重涵义:一、对象所具有的一阶(first-level)内涵,如马、石头、你我等;二、概念所具有的二阶(second-level)内涵,即可以例示化的(instantiate)概念的属性。康德哲学中的"存在"指的是后者而非前者。参见 William Forgie, "How is the question 'Is Existence a Predicate?' relevant to the ontological argument?" *Philosophical Religion*, Vol.64, No.3, 2008, pp.117–133。
④ Stephen Palmquist, *Kant's Critical Religion*, Burlington: Ashgate Publishing Company, 2000, p.420.

定的规定。就此而言,一切事物的谓词都可以在这里找到规定,这个基底就是关于一切实在性的大全的理念或一切可能概念的总和,而所有的否定只是对该大全的限制而已。然而,需要指出的是,这一"最实在的存在"概念并非就是经验的实在性,因为现实事物对原始存在者即最高实在性的限制并不是现实的分割,而只是将它作为逻辑上的必要前提。换句话说,作为理性的思维之物,我们不能由"最实在的存在"这一概念推导出其经验实在的存在,而一旦我们混淆上述区别把最实在的存在这个理念实体化,同时将该概念的原始存在者视为绝对唯一的、单纯的,甚至看作完满的与永恒的话,就会形成传统宗教中的至上存在者观念,以及与此相关的各种有关于至上存在者的证明方式,即本体论、宇宙论和自然神学的证明方式。

对庞思奋而言,康德对上述三种至上存在者证明方式的批判,正是基于"最实在的存在"这一概念之上的分疏,但是需要注意的是,康德对传统至上存在者证明采取的批判视角并不相同:对应于本体论证明的是逻辑的视角,对应于宇宙论证明的是先验的视角,而对应于自然神学证明的是经验的视角。现在由于康德在对本体论证明的批判中运用的是逻辑的视角,因此这里的"是"或"存在"只能用于分析判断,它仅具有逻辑功能且只能充当逻辑谓词,永远不能充当"实在谓词",也不能要求它对现实本身有所传达。① 因为"逻辑的视角"本身的应有之义就在于它抽离了一切其他的内容,单是对知识给予先天的分析。② 一旦我们理解了这一点,或者说当康德的视角原则被充分解释之后,我们再断言一个逻辑上的存在可以作为一个实在谓词,这无异于把逻辑的视角与先验的视角混为一谈。③

不可否认,庞思奋对伍德的批驳较有力度,至少他从一个侧面为我们理解康德的至上存在者证明问题赋予了新的诠释维度。当然,这一诠释维度也并不因此就是没有问题的。为了澄清这一点,我们还需对分析判断、逻辑谓词,以及实在谓词之间的复杂关系给予进一步的考察,而在这方面,帕斯特纳克(Lawrence Pasternack)的最新研究成果是我们不应忽视的重要理论资源。前面我们已经谈到,康德认为,任何东西都可以充当逻辑谓词,因为逻辑抽掉了一切内容而与主词关联,并一起构成了一个完整的命题。在此意义上,可以说逻辑谓词反映的是一个完整命题中两个必要元素的句法区别。在这里,内容之所以被抽离,并不是因为充当逻辑谓词的概念没有内

---

① Stephen Palmquist, *Kant's Critical Religion*, p.424.
② Stephen Palmquist, *Kant's System of Perspective: An Architectonic Interpretation of the Critical Philosophy*, Lanham: University Press of America, 1993, pp.138-139.
③ Stephen Palmquist, *Kant's Critical Religion*, p.430.

容，而是因为它体现只是这一概念的句法功能而已。与此相对，实在谓词反映的一个命题的语义功能，涉及的是一个完整命题中概念的含义和关系。由于逻辑谓词和实在谓词是两个层面的东西，两者并不相互排斥。比如，在"拉布拉多猎犬是友好的"这一命题，其中"友好的"一身兼二职，它既是一个逻辑谓词，也是一个实在谓词。说它是逻辑谓词，不为别的，乃是因它在这一命题中构成要素来说的，即它仅凭借其句法功能而是一个逻辑谓词；说它是实在谓词，是因为它涉及到了句法之外的语义内容。正是基于这一分疏，帕斯特奈克指出，实在谓词一定是逻辑谓词，而逻辑谓词未必就一定是实在谓词；逻辑谓词在某些情况下是实在谓词，而在另外一些情况下则未必。据此，若是人们得出康德之所以批判至上存在者本体论证明，是因为他认定存在是一个逻辑谓词，由此而必然不是一个实在谓词的结论，那无疑是错误的。因为存在诚然是一个逻辑谓词，但它是不是一个实在谓词仍然是有待确定的。① 举例来说，在"三角形有三个角"这一命题中，这里的谓词虽然不是实在谓词，但不容否认的是，它仍然具有内容，这一内容体现在它作为逻辑谓词的句法作用上，而为了认识这一点，我们必须对主词的"特征"（Merkmale）问题稍作说明。

那么，什么是特征呢？关于这一点，康德在《逻辑学讲义》一书中指出，人的认知都是经由表象而发生的，表象构成了人们认知的基础，由于认知都是由作为表象之特征构成的，所以我们只能通过特征来认识事物或理解概念，而所谓特征指的就是"事物中构成该事物认知部分的那种东西，或者说——这是一回事——表象，只要这种表象被视为全部表象认知的基础。因此，我们的一切概念都是一些特征，而一切思维无非是由特征而来表象的"②。由于概念都是一些特征，所以对概念的把握无非就是对其特征的理解。在对特征做出如此刻画以后，康德又对概念（主词或谓词）具有的各种特征给予了详细的分类，它们包括分析的和综合的特征、同位的和隶属的特征、肯定的和否定的特征、重要而富有成果的和空洞而不重要的特征，以及充分必然的和不充分的偶然的特征等。③ 对康德而言，当我们在反思概念的语义内容时，我们其实是在考察构成概念的那些特征，概念之间的比对说到底就是特征之间的比对，对同一概念的分析就是构成同一概念之特征的

---

① Lawrence Pasternack, "Predication and Morality in Kant's Critique of the Ontological Argument", p.151.
② Kant, *Kants Gesammelte Schriften IX*, S.58；也可参见康德：《逻辑学讲义》，许景行译，杨一之校，商务印书馆2010年版，第57页。
③ Kant, *Kants Gesammelte Schriften IX*, S.59-60.

分析。在此意义上,我们做出的分析判断也只不过是对包含在主词这一概念中的特征进行选择,换言之,逻辑谓词之所指,也不过是在主词这一概念中识别一个或多个特征,从而呈现主词的不同面向。就此而言,下面的这两个命题即"所有单身汉都没有结婚的人"和"所有单身汉都是男人",虽然同为分析判断,但句中作为逻辑谓词的"没有结婚的人"和"男人"则拥有完全不同的语义内容,因为在这里谓词对主词之特征的指涉的对象并不完全一致,其语义内容取决于它们和主词之间的关系。同样的道理,同一个特征既可以用来指涉实在谓词,也可以用来指涉逻辑谓词,在"所有单身汉都是没有结婚的男人"这一命题中,"没有结婚的人"就是逻辑谓词,因为它关涉的是主词中充分必然的特征;与此不同,在"所有80后都是没结婚的男人"这一命题中,"没有结婚的男人"则显然是一个实在谓词。换句话说,谓词涉及的特征或内容相当广泛,那种仅仅依照分析判断与综合判断来解决逻辑谓词和实在谓词之分的看法,无疑存在是不完整的。

　　基于上述分析,我们认为,庞思奋教授和康德一样,在论证实在谓词、逻辑谓词,以及分析判断之间没有充分考虑两者之间的复杂关系,因而他对康德辩护是有待商榷的。正如帕斯特纳克所指出的那样,要想理解康德的两类谓词,我们不仅要结合他的分析判断和综合判断来把握,还要结合它们的句法和语义功能等特征来查勘。因为在康德那里,同一个特征是否是逻辑的和实在的,以及是否是说明性的和扩展性的,完全取决于它与主词之间的复杂关联。例如,同一个特征在这一命题或场合中有可能是"同位的""重要而富有成果的",以及"充分必然的"特征,而在另一命题或场合中则极有可能是"隶属的""空洞而不重要的",以及"不充分的偶然的"特征。在此意义上,康德面临的挑战是,即使存在某一种情况下不是实在谓词,但他也不能由此得出存在于所有情况下都不是实在谓词这一结论。再者,与逻辑的和实在谓词之截然二分相反,非实在谓词并不是毫无价值的,它在语义方面也不是空无一物的。最后,一旦认识到逻辑的和实在谓词之区分并不是详尽无遗的,那么"存在不是实在谓词"可能就不再对本体论证明具有意义,特别是对于那些把存在作为至上存在者这一概念之内部特征的证明版本,更是如此。①

　　综括前文,针对那种动辄"康德摧毁了传统至上存在者之本体论证明"的论调,我们这里试图指出,当我们评议康德对至上存在者之本体论证明的

---

① Lawrence Pasternack, "Predication and Morality in Kant's Critique of the Ontological Argument," p.153.

批判时,不仅要从外部区分证明至上存在者进路的差异,还要从康德哲学体系内部解读其错综复杂的理论预设。事实上,我们应该看到,与康德的批判进路不同,安瑟伦虽说是从理性出发来论证至上存在者及其属性的,但是他所使用的说理工具"信仰的理性"与康德动用的作为原则能力的"理性"还是有不少距离的。当然,两者的根本区别在于,作为教徒的安瑟伦证明至上存在者存在的运思模式是由至上存在者到人的过程,而康德则是从人走向至上存在者的过程。如若我们的这一断言是成立的,那么康德对传统至上存在者存在证明的批驳应该打些折扣,毕竟两者的介入与论说手段没有太多的交集。就康德哲学体系内部的运思而言,他对至上存在者本体论证明的批判是否就取得了如他所认为的那种效果呢?这也是见仁见智的。比如,深谙神学思想的普兰丁格就认为,康德混淆了理性理念和经验概念之间的区别。我们诚然不能错以为在"经验概念"的账户上增添"一百个塔勒"就真的增加了实际的经济收入,但康德以此为例反驳"至上存在者存在"这一命题确实有欠公允,因为它们在质上是完全不同的两类范畴。毫无疑问,对康德最有力的反驳来自伍德和帕斯特纳克。伍德主张,若是"存在"不是"实在谓词"的话,就没有什么东西能够有实在谓词,他试图破解康德对至上存在者本体论证明的核心观点,即存在是逻辑谓词,而不是实在谓词。针对伍德的反驳,庞思奋则认为他没有充分理解康德在批判至上存在者之本体论证明时所使用的视角原则,因而其驳斥是不充分的。然而,在帕斯特纳克看来,即便康德采用的是逻辑的视角原则,但只要其逻辑谓词和实在谓词的区分还没有穷尽谓词的所有可能性,那么"存在不是实在谓词"这一说法就不再具有本体论证明的核心意义,而康德对此所作的批判也将不再具有终极价值。基于这一认识,我们认为,康德仅仅以"存在不是实在谓词"这一论据来试图破除至上存在者本体论证明的做法还是值得商榷的,而那些试图维护康德这一思想的学人,要想为康德的这一立场给予辩护,他们面临的困难亦不可谓不多。

第三章 道德信念

前面两章我们处理的是思辨哲学中的信念问题，它涉及的主要是信念界说以及康德关于至上存在者之证明的一些话题，虽然在那里康德批判了传统宗教中至上存在者的证明，但这不意味着他要由此否定至上存在者的存在，其主旨与他在1763年《证据》中的立场具有某种程度的相似性，即人们相信至上存在者的存在是绝对必要的，但人们证明它的存在却并不同样必要①。对康德来说，关于至上存在者之存在的理论证明之所以没有必要，是因为信念的对象原本就不是现象领域的客体，相反，它是经验之外的对象。就此而言，基于现象世界的所有至上存在者之存在的证明都是所用手段与所求目的的错位，都是有问题的。与此相对，康德承认至上存在者之存在与否的议题只能由道德的途径来加以确证，关于这一点的相关解读文献已相当多，由于在第一章第二节关于"信念"的部分我们已经做了简要论述，所以我们在这里不再赘述。

在这一章，重点处理两个议题，其中第一节涉及康德的"道德宗教"这一概念的理解问题，康德曾将其关于至上存在的思想界定为"道德宗教"而不是"宗教道德"，那么这是否意味着康德将宗教给予了道德还原呢？这是一个极有必要给予辨别的问题；第二节关乎康德与神秘主义（mysticism）之间的关联问题。人们通常认为，康德的道德宗教思想是基于理性而不是非理性的，这即是说理性是其哲学的基本品格，就此而言，康德似乎自始至终都是非理性宗教的反对者。其实，真实情况并非如此，事实上康德曾经一度迷恋神秘主义，某种程度上甚至可以说其道德哲学就是基于统一人格的神秘直观，虽然康德将其视为道德信念的产物，而他在《纯然理性界限内的宗教》中所说的"旧人"到"新人"的心灵转变，在脱离神秘力量协助的情况下几乎是不可能的。② 在第二节，我们借助斯威登堡（Emanuel Swedenborg）将侧重考察一下康德的道德宗教尤其是其"目的王国"（Reich der Zwecke）这一概念的神秘主义渊源问题。

---

① [德]康德：《康德著作全集》第2卷，李秋零译，中国人民大学出版社2003年版，第167页。
② Stephen Palmquist, *Kant and Mysticism: Critique as the Experience of Baring All in Reason's Light*, London: Lexington Books, 2019, pp.139-142.

第一节 宗教与道德

康德在其一生的著述中多多少少涉及了宗教这一主题,而对这些文本稍有涉猎的读者当不难发现,康德的宗教思想与其道德学说存在着千丝万缕的联系:前者是在后者的基础上确立并延伸开来的,离开后者,前者将无从谈起,用康德自己话说,我们对于一个最高存在者之存在的信念是建立在道德法则之上的,没有道德,宗教的存在绝无可能。沿着这一思路,后世不少学者认为,康德将宗教进行了道德还原,或者说康德的宗教思想无非是伪装了的道德而已,这一主张最为有名的代表为克朗纳(Richard Kroner)。与此相对,有的学者则主张,不能将康德哲学中的宗教思想简单地还原为道德,两者之间的差别还是甚为巨大的,道德为宗教之基,但它本身毕竟并不等同于宗教:道德只是宗教的必要条件,而非充分条件,两者并不完全一致。这一立场的代表为庞思奋。① 在我们看来,庞思奋的立场较为可取,但也不是没有缺陷的,因为从根本上来说康德倾向于采取由圣经神学与哲理神学、启示与理性,以及信仰与道德之争论或商榷的方式来诠释宗教,进而将宗教中所包含的真理与智慧注入民众之心灵的动态过程。表面上看,康德所做的努力是在启示神学之外,开辟一方以理性或道德为基础的解读传统宗教的研究路数,然而,无论如何我们并不能由此得出康德定然抛弃启示等传统的理解宗教的探究方式。诚如伍德所言,康德虽然对基督教教会信仰持有异议,但这并不意味着他要完全弃绝所有的神秘启示、历史奇迹,以及偶然事件,康德对基督教的批判,并不包含哲学家本人试图粉碎其智识世界的意图,也并不以摧毁其思想王国为目的。我们不可以设想康德会游离这个智识世界,就像他不会远离他的故乡哥尼斯堡的周边一样,而完整的和全面的考察可以发现,康德的哲学事实上几乎把基督教思想的传统王国完好地保留了下来。② 为了行文方便,我们把以克朗纳为代表的解读称为宗教的道德还原论,而把与之相对的庞思奋为代表的解读称为非道德的还原论,并在考察这两者的基础上,给出我们自己的一点见解。

一、道德还原论

毋庸置疑,在康德之于宗教的态度这一理解问题上,宗教的道德还原论

---

① Stephen Palmquist, "Does Kant Reduce Religion to Morality", *Kant-Studien*, Vol. 83, No. 2, 1992, pp.149–169.
② [美]艾伦·伍德:《康德的理性神学》,邱文元译,商务印书馆2014年版,第6—7页。

与非道德还原论是比较典型的两种立场或模式,在一定意义上,它们至今依然主导着人们对康德宗教思想的认知与理解,而要辨别清楚康德宗教思想的真实主张与基本立场,我们必须事先破除这两种既有的诠释理路。鉴于非道德的还原是针对道德还原而发的,因此在介绍前者之前,我们极有必要先对后者做一个概要的梳理。因为,相较随后的其他解读而言,克朗纳的宗教的道德还原思想不只是在时间上较为居先,而且在影响上也比庞思奋的非道德还原深远得多,对它的梳理不仅有助于我们厘清后世学者对康德之宗教学说的诠释脉络,更有助于我们把握康德道德宗教思想的本质特征。

克朗纳是由"世界观"(Weltanschauung)这一视角来探讨康德哲学中道德与宗教之关系的,这位出身于德国的新黑格尔主义者认为,在康德庞大的思想体系中有着一以贯之的根本原则,即道德法则,它是其他一切领域得以可能的基石:"道德领域指向了一切存有与一切存在之终极基础。"①道德法则不仅超越了自然的必然性,甚至超越了道德自身的规范性的领域,总的来说,它是有着相对于所有其他存在的优势,指向了那终将统一感性领域与超感性领域的"元一"。依克朗纳之见,道德法则的形而上的性质不单是命令我们自身与外在自然都约束于理性之下,它甚至认定我们的信仰也无法逃脱这一原则。诚然,基于道德上的理由,我们不能把自然同时建构于道德的领域之内,毕竟它与后者还是有着质的差异的,但为了满足理性的需求,我们必须寻求一个更高的综合来统摄两者。对于这一最高综合的寻求,康德并不是在理论理性中做出的,而是在道德的基础上做出的,这一至高的综合,就是至上的存在者。基于康德的思想理路来看,其哲学精神与内在趋向最终是要走向宗教的,而宗教与至上存在者得以可能的前提就是道德。

克朗纳承认,当康德断言就算是至上存在者也要依从于道德法则,而不是道德法则依从于至上存在者时,他的确遭遇到了不少的质疑,因为一方面康德深信宗教必然出自道德,它不过是道德的一种特殊表现形式而已;另一方面康德也似乎潜在地透露,至上的存在者要比道德法则高得多。如此一来,康德的哲学思想就被两种难以结合而又彼此纠缠的基调决定着,这一基调始终威胁着其学说体系的完整性与系统性。不过,对于这一点,克朗纳亦不感到特别难以处理,他认为在康德的道德世界中,道德法则其实已经取代了至上存在者的位置,至上存在者发布命令,它是我们道德行动中做出秩序安排的命令者:"上帝乃是道德的律令,它的意志表达作为吾人的良知之呼

---

① [德]里夏德·克朗纳:《论康德与黑格尔》,关子尹译,同济大学出版社2004年版,第70页。

唤,它的诅咒表达作为吾人内心的懊悔,而它的爱表达为一纯粹的心灵的净福"。① 我们除了对道德法则的服从之外,根本没有别的对至上存在者的事奉,也再也没有别的方式来荣耀至上存在者了。大多时候,康德被人们视为反基督教的思想家,如果我们强调良知作为道德及宗教的最高法庭的话,那么康德无疑走向了传统神学的对立面。之所以如此,乃是与道德法则作为立法者的自律这一特性密不可分。就我们能够践行纯粹实践理性这一点而言,道德法则的立法者并不是至上的存在者,而正是我们自己,我们之服从于道德法则并非为了至上的存在者,而是为了我们自己。在克朗纳看来,人的道德法则以及基于这一认知前提之上的自由,不只是免于自然及其规律的自由,而且也是完全外在于超自然力量的自由,任何外在条件都不可能对作为自由的理性存在者施加确定不移的影响,也不可能摧毁它的尊严。康德以前,从来没有哪位思想家像康德这样褒扬、彰举人自身,赋予人以如此高的独立性与自主性。人,虽来于自然但又超越于自然,而使得这一超越得以可行的基础,就是其为自己创造了一个超感性的道德领域,在这一领域中,人的观念与至上存在者的观念是如此接近,到了几乎重叠的地步,以至于至上存在者也要仰赖与依靠道德。

在某种意义上,可以说克朗纳的诠释理路基本符合康德的思想衍化过程。当然,康德是由道德径直、确定无疑地推导出至上存在者的存在,还是"宛如"(als ob)推导出至上存在者的存在也还是存在争议的。比如,怀兴格(Hans Vaihinger)就认为康德哲学中的宗教诚然源自道德,离开道德的宗教是无法想象的,但基于道德的至上存在者只是"宛如"存在,而非客观实存。在其扛鼎之作《"宛如"哲学》(*The Philosophy of 'As if'*)之第三部分"康德'宛如'方法的使用"(Kant's use of the 'as if' method)一节中②,怀兴格曾经指出,康德哲学中的至上存在者之出于道德的论述虽说可行,但不十分可靠,因为按照康德的论证,对至上存在者的信仰只不过是一些道德上的需要,至上存在者只是一个道德观念而已,作为一种实践上的假设,至上存在者只是好像存在而已,至于至上存在者是否确然存在,归根到底还有待于进一步的说明。③

---

① [德]里夏德·克朗纳:《论康德与黑格尔》,关子尹译,同济大学出版社2004年版,第74页。
② 针对怀兴格的"宛如"哲学,牟宗三嫡传弟子卢雪昆教授亦有详尽的批判,具体可以参见卢雪昆:《康德的自由学说》,中国人民大学出版社2016年版,第404—413页。
③ Hans Vaihinger, *The Philosophy of 'As if'*, C. K. Ogden (trans.), London: Routledge, 1911, pp.271-318.

对于怀兴格的这一诠释理路,克朗纳断然否定,他的反驳主要有两点:第一,康德不会说谎,一个拥有像康德如此这般智慧和道德境界的人如果在说什么的话,那么他必定是当真如此想的,因为他的所有著作与行为都证实了他的虔敬与诚挚;第二,作为自然与自由之统一的至上存在者的信念是康德整个哲学体系的应有之义与必要结果,至上存在者虽然无法给予思辨上的证明(demonstrated),但可以在道德上被确证(assured)。道德上的确证之所以比思辨的证明更有说服力,在于它不仅具备了后者所有的确定性,同时还具备了后者所不可能具备的尊严性内容,而正是这一点使得道德法则可以凌驾于自然法则之上。因为理论上的理由是可以被反驳的,假如至上存在者的存在是出于理论的证明,那么它随时可以遭遇质疑,毕竟理论与其相关的推论都是容易犯错的。而一旦把至上存在者的存在置于道德法则之上,则将是无法驳斥的,因为要否定至上的存在者,除非事先否定道德法则及其效力,但对康德而言,这即等于人要否定自己是人,因此是绝对不可能的。① 在某种意义上,可以说基于道德而被公设的至上存在者,与我们作为理性且道德的存在者一样,都是确实地存在着,从根本上而言,我们自身也是不能在思辨的层面上得以证明的,我们也是在道德的意义上得以确证或被设定的,因此任何对至上存在者之实存的否定都不可避免地影响到对人自身之实存的质疑,而这一点在康德看来是不可想象的。

表面上看,立足于康德的道德人格与思想文本,克朗纳给出的反驳似乎无懈可击,其实并非如此。我们先看看他的第一个反驳,这一反驳没有任何逻辑的力量,几乎全是情感的说教,这与其说是在论辩,不如说是情绪的宣泄,此诚不足与之辩。第二个反驳完全立足于康德的既有著作,着重强调的是至上存在者之公设与人之道德法则之间的理性的事实关系。作为道德信仰之事,至上存在者的存在虽没有知识上的普遍性,也决不能由理论的角度来考察或证明之,但它却有着道德上的实在性,它的这一实在性是奠立在人的自由意志这一层面,进而落实到道德法则这一理性的事实之中的。反驳这一点,等于否认人的理性的规定性,而这是不可接受的。因为,在某种意义上,断言人是理性的存在者,与其说是康德的哲学主张,不如说是他的道德信念。

较于第一个反驳,克朗纳的第二个反驳存在一定的说理依据,基本符合康德的哲学精神,的确也为他的宗教出于道德的主张给出了合理的辩护。

---

① [德]里夏德·克朗纳:《论康德与黑格尔》,关子尹译,同济大学出版社2004年版,第78—79页。

然而,即便如此,作为一个认真、负责的学者,克朗纳并没有由此就对康德哲学中的疑难视而不见,也没否认康德之伦理思想与其宗教神学之间存在冲突问题。相反,他采取的态度是直面这一议题,承认康德在一定程度上被他自己的"公设之信仰"这一学说所累:至上存在者观念失去了固有的尊严与权威,而道德的严肃性与崇高性亦受到了危及。当然,从另一面向来看,克朗纳认为,康德必须采取这一路数,采取这一路数是康德道德哲学的应有之义,因为"道德"一词本身就意味着挣扎与冲突,一旦摆脱这一品性,道德的价值亦将不复存在。用克朗纳自己的话说:"道德之世界坚决不屈地要求与其目标之间存在着一种持久的张力,这一障碍一旦被取消,则道德意志将失去其真正的力量,如果这种张力与这些障碍被抽出,则道德法则本身将失去其意义"。①

客观地说,无论道德还原论如何努力完善其立论基础和论证方式,它都不得不面对或承认一个问题,即完全以道德这一视角来解释宗教将会遭遇很多困难:一方面,作为被道德所公设的至上的存在者,似乎没有获得其应有的神圣地位;另一方面,与至上存在者隔离的道德,也貌似失去了其崇高的威望。结果,至上存在者与道德法则都变得暧昧不清,它们同时都显得既超出于对方之上,又独立于对方之外,都显得既绝对又不绝对。之所以如此,我们认为,克朗纳的道德还原论思想虽说看出了病理征候,但没有查出这一征候的真正病根,这一病根就是,康德不是一个宗教上的道德还原论者。凡是对这一问题视而不见者,都没有真正理解康德及其道德宗教思想。

二、非道德还原论

虽不是最早却较为全面考察这一问题的学者是香港浸会大学的庞思奋。他认为,判断康德是不是一个宗教上的道德还原论者,需首先看一看何为还原论,它包含什么内涵,在此基础上才能具体对康德的思想做出诊断与判别。众所周知,庞思奋在1992年发表于《康德研究》(Kant-Studien)杂志上的《康德把宗教还原为了道德吗?》一文,具体区分了两类还原论,即阐释性的还原论(explanatory reductionism)与消除性的还原论(eliminative reductionism)。其中,前者是指"在某个领域之外,根据一个单一的却可以遍及各处的要素来对这一领域相关的东西做出必要、合理的说明。"②以心灵与

---

① [德]里夏德·克朗纳:《论康德与黑格尔》,关子尹译,同济大学出版社2004年版,第81页。
② Stephen Palmquist,"Does Kant Reduce Religion to Morality",p.129.

大脑的关系为例，庞思奋认为，心灵可以对某些大脑现象加以说明，但这不意味着我们可以将大脑与心灵等而视之，或者仅靠心灵就能够对一切大脑现象都给出令人满意的解释，两者相关但不相同。与此相仿，康德哲学中道德与宗教的关系亦是如此。道德能够对某些宗教问题给予诠释，然而，这不等于说道德可以替代宗教，甚至能够解释一切宗教议题，可以说道德是真正的宗教得以可能的必要条件，但不是充分条件。相反，后者即消除性的还原论则径直以道德代替了宗教，道德是自足的，它不需要其他方式的介入就可以对宗教给予彻底的、事无巨细的说明，在此某种意义上，克朗纳就是这一还原论思想的典型代表。毫无疑问，这一种理解方式是有问题的。针对这一立场，庞思奋以《纯然理性界限内的宗教》一书为核心文本提出了自己的反驳，他的反驳主要集中在以下几个方面。

首先，庞思奋认为，人们以"道德宗教"这一名号来概括康德神学思想的做法易于产生歧义。我们知道，较早将康德的有关宗教的思想界定为"道德宗教"（moral religion）的学者是美国的伍德，早在20世纪70年代，他就从道德宗教的视角阐释了康德的神学思想。① 当然，庞思奋并不反对由道德的维度来介入宗教的研究，但是他尤为强调的是，康德以理性为基础、以道德为核心的研究方式，并不排斥其他的探讨途径与研究方法。以《纯然理性界限内的宗教》为例，康德彰显"纯然理性"的目的，只是想尝试一下或者做一个实验，看一看单是以"纯然理性"来诠释宗教究竟可以达到何种程度，或者用康德自己的话说，我在这里只想介绍一种由相信启示而来的宗教文本中，亦即在经书中凭借纯然理性也能够被认识到的东西。相反，如果人们误认为单凭理性而不需要启示就可以解释宗教，那就太过自负或僭妄了，因为康德并不否认"宗教的学说毕竟有可能出自超自然感动的人们"② 这一事实。对于这一点，在《纯然理性界限内的宗教》一文的题名中，我们由康德刻意选择的两个德语单词即"界限"（Grenzen）与"纯然"（blossen）里就可以看出一些端倪。

仅就"界限"这一语词来说，依庞思奋之见，德语里面有两个表示"划

---

① 伍德曾在20世纪70年代出版了两本大作《康德的道德宗教》（1970年）与《康德的理性神学》（1978年），分别阐述了他对康德宗教学说的看法，扭转了自海涅以来的偏见——认为康德哲学尤其是他的宗教哲学是对基督教的反动这一立场——给予康德宗教研究以全新的方向。当然，伍德的观点也不是一贯的，他对康德宗教思想的解读可以分为前期和后期两个阶段，两者并不完全一致。具体可以参见 Allen Wood, *Kant's Rational Theology*, Ithaca and London: Cornel University Press, 1978; 以及 Allen Wood, *Kant's Moral Religion*, Ithaca and London: Cornel University Press, 1970。

② [德]康德：《康德著作全集》第7卷，李秋零译，人民大学出版社2008年版，第6页。

界"的词语可以动用,康德在《未来形而上学导论》中曾做出过清晰的说明:"界限(Grenzen)(在广延的存在那里)永远以在某个确定的场所之外被发现并包围这个场所的一个空间为前提条件,限制(Schranken)并不需要诸如此类的东西,而仅仅是就一种量不具有绝对完备性而涉及该量的否定。"① 显然,康德用的是第一种意义上的划界,他把所要研究的领域喻为了一个空间,比如宗教就是这样一个场所,它可以被划分为两个不同的领域,人们完全能够由不同的侧面对其加以考察,而康德所要做的就是由纯然理性的视角来探讨之,虽然他并不反对在理性之外以别的方式对此加以研究的可行性。在某种层面上,康德其实是赞同由不同视域来对宗教加以研究的,因为只有如此,这一研究才是完备的、系统的,也才不会堕入"限制"的划界那种不完备的、不系统的否定性研究之中无法自拔。总的说来,"界限"的指向是领域的边界(territorial boundaries),而不是绝对的限制(absolute limits)。

其次,就"纯然"而言,康德对它的选用也是十分讲究的。按照庞思奋的分析,很多英译者就没有充分考虑康德遣词造句的良苦用心,径直将 blossen-Vernunft 翻译为 Reason Alone② 或 Mere Reason③。不可否认,这些译作或有所得,但是其不足也是明显的,它们不仅忽视了 blossen 一词的普通内涵,也错失了原作的精微之义。庞思奋主张,最佳的翻译应该是 Bare Reason,因为 Bare 不仅囊括了 Alone 与 Mere 的意涵,而且还将其与《纯粹理性批判》中的 reinen Vernunft 之间的区别阐释得较为清晰,因为所谓的"纯然理性"指的不是那些不夹杂经验的纯粹理性,纯粹不纯粹对它而言不是重点,毕竟它不涉及对思辨知识的考察,此处所要强调的是它在不牵涉其他方面而单由理性这一方面来对某一事物进行研究的意思。不难看出,康德从理性与道德的角度诠释宗教的做法,并不意味着他要排斥其他的解读进路,然而,一旦我们误解了康德的这一解释方式,则将必然得出道德还原论的结论来,显然,这并不符合康德的旨意与哲学精神。

其次,从康德对宗教这一范畴的理解来看,庞思奋主张,信仰与"纯粹的理性宗教"是康德眼中真正宗教的一体两面,两者彼此相关,不可分割。④

---

① Kant, *Prolegomena zu einer jeden künftigen Metaphysik die als Wissenschaft wird auftreten können*, Stuttgart: Philipp Reclam, 2009, S.130.
② Theodore Greene and Hoyth Hudson, *Religion within the limits of Reason Alone*, New York: Harper and Brothers, 1960.
③ Allen Wood and George Di Giovanni, *Religion within the Boundaries of Mere Reason*, Cambridge: Cambridge University Press, 1998.
④ Stephen Palmquist, "Does Kant Reduce Religion to Morality", p.133.

康德一贯认为,道德或"纯粹的理性宗教"并不就是真正的宗教本身,但它是真正宗教的内核与底色,宗教中的其他非道德的部分诚然是必不可少的,只要它们有助于或能够促进人的道德提升的话。换句话说,康德认定真正的宗教包含两个构成要素:一是恩典、信仰等启示神学的内容,二是自由、理性等道德神学的内容。两者虽然并存在于宗教之中,但后者要居于优先地位。需要指出的是,道德的优先地位绝不意味着它在结果(或目的)系统中的完备性。正像一座大楼的地基一样它本身是自足的,而且优位于地基之上的楼体建筑,但是如果没有楼体建筑,地基要想实现其终极目的与结果也不太可能。道德与信仰、启示的关系亦是如此,道德可以导致宗教,但只靠它自己还不行,必须有道德之外的附属存在物和它一起,才能构建成真正的宗教。因此,"就作为'基础'(ground)而言,道德是自足的,它只需要我们的实践理性即可;但就'结果'(consequence)来说,我们必须超越道德才有可能希望找到'第三者'作为桥梁弥补理论理性与实践理性之间的鸿沟,而这个《纯然理性界限内的宗教》中,这个'第三者'就是宗教。"① 依庞思奋之见,试图将宗教还原为道德的"克朗纳模式"显然忽视了上述"基础"与"目的"的这一区分,没有看到我们只能在道德之外才能抵达幸福这一最终目的。从另外一个方面来说,如果我们不能超越道德,进而在宗教的层面上到达经验的实在性,我们就无法完成"我可以希望什么"这一要求与目标,因为说到底,我可以希望什么,这是实践同时又是理论的,以至于实践方面只是作为引线而导向对理论问题以及(如果理论提高一步的话)思辨问题的回答,而在庞思奋看来,这一目标只能在既综合了经验思辨又包含了道德实践的宗教中方能实现。

  简单比对一下即可发现,庞思奋的非道德还原比克朗纳的道德还原要优越一些,也较为容易地解决了康德思想中道德与宗教的关系。就"基础"层面上来看,其承认宗教源自于道德,道德是宗教的基底;然而,从康德所要实现的目标与"结果"而言,其又主张单靠道德不足以完成"人的希望问题",必须超越道德,立足于宗教的立场才能给予合理的解释,因为这里不仅仅涉及道德的议题,还涉及道德的之外其他建制或辅助问题。如此说来,按照庞思奋的非道德还原,我们只有从两个不同的维度,即"基础"维度和"结果"向度来对待道德与宗教之复杂关系。现在,如果说庞思奋所作的解读是正确的,那么这会不会导致一个骑墙的局面,即康德在回避问题,没有对道德与宗教何者居先的问题给予最终的解答,面对困境,他一会跳到"基

---

① Stephen Palmquist,"Does Kant Reduce Religion to Morality",p.133.

础"层面一会跳到"结果"或目的层面,而没有一个一以贯之的基本立场呢？为了解决这一问题,我们当在庞思奋的基础上再前进一步,进而在哲学学科与神学学科之关系的层面中对此重新加以审查。

三、商榷式诠释

需事先明确的是,康德对宗教的态度不是骑墙的、模糊的,而是确定的、有着一贯之道的,这种一贯之道就是在理性与启示的商谈与争论中将真理与智慧一一注入民众之心的过程,既不能简单地将宗教还原为道德,亦不能完全抛弃道德而任意地解读,相反,在对宗教之解经释义的过程中,两者都必不可少、不可或缺。用康德自己的话说,他所做的努力只是一种商榷,即"神学专业和哲学专业的学者们之间的一种商榷,是为了确定,宗教怎样才能纯洁而又有力地注入人们的心灵。"① 康德这里所谓的"哲学"与"神学"更多指的是两种学科的认知方式,即理性与启示的认知方式,为了更有效地践行这一主张,实现上述目标,康德在《纯然理性界限内的宗教》中又将其与"圣经神学"(biblischen Theologie)与"哲理神学"(philosophische Theologie)加以等同②,而在《学科之争》中他又进一步发挥了这一思想。

康德在《学科之争》一书中将圣经神学等同于以启示为核心的高等学科,而把哲理神学视作以道德为内核的低等学科,并分别对两者的性质、职责,以及研究范围作出了较为详细的分疏。③ 作为由政府背书的圣经神学,它以神圣经典为权威,其规章制度完全来自于一个在上者的任性,而不是源于理性的学说。与此相对,哲学或哲理神学则以民众自己的理性为基础,在这里,理性按照本性是自由的,不接受任何某种视之为真的命令,即不是 crede(你要信),而仅仅是一种自由的 credo(我信)。此处,圣经神学与哲理神学之间的区分是相当清楚的,一个诉诸信仰、启示;一个诉诸理性、道德,而我们一旦把两种不同的事物混为一谈,使其相互交错,就对它们中的任何一个特性都不能形成任何确定的概念。非常明显,面对宗教这一主题,康德主张可以存在两种解读方式,即启示的方式与理性的方式,两者都有自己的

---

① [德]康德:《康德书信百封》,李秋零译,上海人民出版社 2006 年版,第 212 页。
② [德]康德:《纯然理性界限内的宗教》,李秋零译,中国人民大学出版社 2005 年版,第 6 页。
③ [德]康德在《学科之争》中明确主张将"圣经神学"等同于"高等学科"与"神学学科",这一学科的代表为教会信仰的圣经学者;与此同时,他把"哲理神学"或"理性神学"等同于"低等学科"与"哲学学科",这一学科的代表为宗教信仰的理性学者。参见[德]康德:《康德著作全集》第 7 卷,李秋零译,中国人民大学出版社 2008 年版,第 32—34 页。

研究范围,谁也不能越轨,否则必当造成混乱,进而取消各自存在的合法性基础。比如,康德就曾明确反对启示对理性之概念的调用,因为一旦这么做,它在某种程度上就会损害政府的权威、插手了哲理神学的内部事务,而这时哲理神学则将毫不爱惜地拔光圣经神学所有从理性借来的耀眼的羽毛,按照平等和自由的尺度来对待它。因此,康德建议,圣经神学最好小心谨慎,不要与哲理神学陷入不匹配的婚姻,而是要对它敬而远之,以免自己的规章的威望被它的自己的玄想所损害。①

对于上面的阐述,有些学者或许会提出反驳说,康德诚然提出过圣经神学(神学)与哲理神学(哲学)通过商榷的方式来共同诠释宗教的主张,但是康德似乎没有真正地执行他的这一方案,因为他在《学科之争》中处处表现的是他要以理性、道德的解读方式来统合甚至取代启示、神学的解读方式,有时他的这一倾向表现得还特别明显。② 例如,在"事关释经原理的指责及其答复"一节中,有人就认为康德的解经释义原则都是理性道德的判断来执行的,在这里,哲理神学显然干涉了圣经神学的事务。对此,我们的回应是,要想正确理解康德的立场,需要仔细辨析理性的"逻辑在先"和启示的"时间在先"这一对关键概念。

按照逻辑在先的观点,康德主张理性的解释应该先于启示的解释,因为在他看来,一切释经一旦涉及宗教,都必须按照在启示中引以为目的的道德性的原则来进行,要是没有这一原则,就要么在实践上是空洞的,要么干脆就是善的障碍。之所以如此,是因为除了通过我们自己的理性同我们说话之外,我们不理解任何东西,因此就我们的理性的概念是纯粹道德的因而是确实可靠的而言,除了通过它们,一种向我们颁布的学说的属神性,不能通过任何东西来认识。③ 相反,由时间在先的立场来看,我们对宗教的解释必须由神秘启示、历史奇迹等开始。康德指出:"在基督的时代,为了不顾犹太教的对抗,率先开创一个扬弃世上一切训诫的纯洁宗教,并把它传播到广大民众中去,奇迹和宣示秘密是必要的。在这方面,许多 kata anthropon(人为的)论据也是必要的,它们在当时具有很大的价值。"④康德认为,纯然理性的信仰必须以这一神学的历史性信仰为前提,之所以如此,"应该为之负

---

① [德]康德:《康德著作全集》第7卷,李秋零译,中国人民大学出版社2008年版,第19页。
② Lawrence Pasternack,"Kant's 'Appraisal' of Christianity: Biblical Interpretation and the Pure Rational System of Religion", *Journal of the History of Philosophy*, Vol. 53, No. 3, 2015, pp. 485-506.
③ [德]康德:《康德著作全集》第7卷,李秋零译,中国人民大学出版社2008年版,第44页。
④ [德]康德:《康德书信百封》,李秋零译,上海人民出版社2006年版,第44页。

责的人性的一种特殊的弱点。"①原因在于,作为理性存在者,我们知道我们应该过一种道德上善的方式来事奉至上存在者,但是与此同时,作为感性的存在者,我们也知道对至上存在者的信奉并不在于行动的道德价值,而在于虔诚地顺从以讨至上存在者欢心。由于世界的每一位伟大的主人,都有一个特殊的需要,即为自己的臣民所崇敬和通过臣服关系来颂扬,没有这些东西,它就不能体察它的命令在信众中所造成的影响。与此相对,我们作为臣民,不管多么理性,也总能在对至上存在者的启示与神迹中感到一种直接的满足。因此,就宗教的信仰而言,我们发现,事先产生的不是纯粹的道德宗教概念,而是事奉神灵的宗教概念。在此基础之上真正、纯粹的宗教信仰方能渐次展开。

正是在这一意义上,我们说圣经神学对宗教的阐释理应优于哲理神学的诠释,因为从时间上而言,是启示先于理性最早促生了宗教的萌芽与开展。不过,要想在更深的层次上把握这一点,我们尚需重新返回到康德关于"理性主义者"(Rationalist)、"自然主义者"(Naturalist)、"纯粹的理性主义者"(reiner Rationalist),以及"纯粹的超自然主义者"(reine Supernaturalist)这四个范畴的界分之上,只有理解了这一组概念的内涵,我们才能真正把握康德思想中理性、启示和宗教之间的复杂关系。

按照康德的理解,理性主义这一概念强调的是人的义务先于至上存在者的诫命,或者说"在能够承认某种东西是上帝的诫命之前,就知道它是义务。"②换言之先有了人的义务,然后才有至上存在者的诫命,从逻辑上来看,前者优先于后者,没有前者就没有后者。熟悉康德思想的人都知道,其实在康德哲学中"人的义务"和"上帝的诫命"两者是一回事,只不过是看待这同一问题的视角略有不同而已。而在这里,康德之所以如此界定"理性主义",显然是在信仰和理性何者优位方面,将侧重的砝码放置在了理性天秤的一端。与此同时,康德把"自然主义"理解为"否认超自然的上帝启示的现实性"③,这一界定中的"现实性"指的是那些可以在感官世界得以证明的客观存在,凡是能够得到经验确证的——不管是证成还是证伪——概念,都可以称之为现实性,而当"自然主义"拒绝承认至上存在者的启示这一现实性的时候,它无非是说,一切违背自然规律的事件都应一律排斥,因为它们无法用机械的规则加以说明,在此意义上,它们都是不能被我们所理

---

① [德]康德:《纯然理性界限内的宗教》,李秋零译,中国人民大学出版社2005年版,第90页。
② [德]康德:《康德著作全集》第6卷,李秋零译,中国人民大学出版社2007年版,第156页。
③ [德]康德:《康德著作全集》第6卷,李秋零译,中国人民大学出版社2007年版,第156页。

解或把握的东西。再次,是所谓的"纯粹理性主义",对于这一概念,康德的界定是,它允许超自然的启示,但同时又主张认知这一启示对于宗教而言并不完全必要。与自然主义不同,纯粹理性主义并不否定那些违背自然规律现象的存在,甚至是允许它们发生的,但是有一个条件限制,即对于那些启示我们是无法认识的。基于理性的立场,至上存在者的恩典也好、自然的奇迹也罢,或许它们都是有的,但我们不认识它们,或者至少对于宗教来说并不重要。可以看出,较于自然主义,纯粹理性主义在对待非自然的现象或反自然的现象是比较宽容的。与自然主义的那种对自我的自信有所差别,面对一个未知的世界,纯粹理性主义不是一味地坚持自我,反对与自己对立的他者的可能性,而是反身而诚,首先反思自身的有限和不足,至少是认知上的有限和不足。最后,是超自然主义,它的立场是对超自然启示的信仰是宗教所普遍必需、不可或缺的要件,没有启示的宗教是不可思议的,信仰是宗教的内在要求和重要组成部分。

　　基于上述四种立场的区分,人们不禁要问,康德本人秉持的是哪一种立场? 针对这一点,争议较大,其中的原因也是多方面的,或许是由于现实社会环境的考量,在那个对宗教议题特别敏感的时代,出于安全的考量,康德对上面四种立场的描述着墨也不是很多,而只是说,理性主义必然由于它的这一称号,自动地就把自己限制在人的洞察力之内了,因此它绝不会作为自然主义来否认启示的存在,既不会否认一种启示的内在可能性,也不会否认一种启示作为引导真宗教的手段的必要性,因为对于这一点,没有一个人能够凭借自己的理性而有所断定。因此,就某种层面而言,存在争议的问题仅仅涉及纯粹的理性主义与超自然主义在信仰事务上的相互要求,或者涉及一方或另一方认为是唯一真宗教所必要的并且充分的东西,或仅仅是它偶然的东西。① 康德这一论述虽说较为难懂,但是我们还是可以从中看出一点端倪。基于康德的表述,我们可以看出,较于自然主义、纯粹理性主义,以及超自然主义而言,理性主义的范围是最为宽泛的,因为它只表明了一点,即相对于至上存在者的启示而言,理性在先,信仰在后;自然主义则径直否定启示,自然世界没有超自然事件的地盘;而纯粹理性主义虽然主张自然世界允许启示,即启示可以是"现实的",但同时又主张认识这一启示对于宗教而言不太必要;与此不同,超自然主义断言,自然世界中的启示对宗教来说,极为必需,不可或缺。细心的读者不难发现,针对上述四种主张,康德虽

---

① [德]康德:《纯然理性界限内的宗教》,李秋零译,中国人民大学出版社2005年版,第141页。

然明确表明自己支持哪一方,但从上面的简单解读中,我们还是可以清楚地看到,上述四类概念并不是并列关系,而是总分关系,即后三者都坚持了理性在先,启示在后的理性主义立场——如果存在启示的话——所不同的或有争议的是如何看待启示在自然世界的地位问题:自然主义根本不接受所谓启示;纯粹理性主义承认启示对理性神学具有外在、偶然的促生作用,也就是说,没有历史启示,道德宗教不可能迅速产生并得以充分确立;而超自然主义则认为,基于理性之中的宗教,需要历史启示这一必要的、内在的唤醒作用,否则它将永远沉眠于理性的臂弯,得不到苏醒之日。可以看出,自然主义因为完全弃绝了启示的作用,不再是康德的选项,那么在纯粹的理性主义与超自然主义这两者之间,康德倾向于哪一立场呢?① 针对这一问题,"康德没有裁断",②也没有给出具体的答案,而是模糊地指出,"有争议的问题仅仅涉及纯粹的理想主义和超自然主义在信仰事务上的互相要求,或者涉及一方或另一方认为是唯一真宗教所必要并且充分的东西,或仅仅是偶然的东西。"③其实,康德之所以给出这一貌似不太令人满意的答案,也委实不是他的过错,由于这一问题超出了人们的理性界限与理解范围,对此,有限的理性存在者只能付诸阙如。

  对我们来说,虽然康德是支持纯粹的理性主义还是超自然主义的立场还不甚清楚,或许也无法弄清楚,但是他所给出的上述区分,却对我们理解其宗教思想以及把握圣经神学与哲理神学之争执意义重大。我们看到,康德并不否认圣经神学立场在诠释宗教中的重要价值,启示与信仰在解经释义中的作用与地位断不可少,亦不可替代。虽然就逻辑的起点而言,理性的、道德的态度无疑是解读经书的根本立场,也是宗教得以奠定的基础。然而,由时间的起点观之,这一理性的、道德的宗教要么接受启示对理性的外在、偶然的促生作用,要么接受历史信仰对理性的必要、内在的唤醒作用,可是不论哪一种,都离不开神学这一关键的诱因与影响。在此意义上,我们很难说在诠释宗教的向度上神学就比哲学弱,毕竟离开神学的诱导与启发,真正的哲学意涵上的解读也是空无着落的,根本无法实施。

  对康德而言,在追求真理与智慧的道路上,哲理神学是以理性与自由的方式走向宗教的,而圣经神学是以至上存在者之道与灵神的方式趋近宗教

---

① Chris Firestone, *Kant and Theology at the Boundaries of Reason*, Burlington: Ashgate Publishing Limited, 2009, p.152.
② Chris Firestone, *Kant and Theology at the Boundaries of Reason*, p.152.
③ [德]康德:《纯然理性界限内的宗教》,李秋零译,中国人民大学出版社2005年版,第141页。

的,两者都是必不可少的,也是彼此不可取代的方式,离开了哪一个都不行,这里不存在彼此替代、相互贬低的问题。准确地说,哲理神学与圣经神学这两门学科之间的争执不是一种冲突①,诚如我们上面曾提到过的那样,康德在1794年10月12日致国王弗里德里希·威廉二世的信件(草稿)中就已经坦陈过他的真实想法,即他的那些宗教作品之所以被写出来,只是作为"神学专业和哲学专业的学者们之间的一种商榷,是为了确定,宗教怎样才能纯洁而又有力地注入人们的心灵。这种理论当然不会被普通公众所注意,如果要对学校教师和教会的教师讲授这一理论,那就需要政府的批准。但是,建议给予学者们以自由,这并不伤害政府的智慧和权威。"②无论以何种方式来解读宗教,康德的目的都不是完全将宗教还原为道德,因为他始终承认那种由政府背书的高级学科,即圣经神学的存在,康德的真正旨趣,在于借助启示与理性之间的这一商榷行动,将宗教中所体现的智慧与真理合理有序地注入人们的心田。在康德看来,哲理神学与圣经神学的差别仅在于它们的解经释义的方式与手段中,而不是在解经释义的目的与意图上,就启示与理性对宗教的诠释而言,其途虽殊而其归则同,都是为了达致真理与智慧。正如康德在《道德形而上学》中所指出的那样:"宗教并不是从纯然理性中派生出来的,而是同时建立在历史学说和启示学说之上的,而且仅仅包含着纯粹实践理性与这些学说的一致(即它不与这些学说相冲突)。"③

综上所述,就康德是否为宗教上的道德还原论者这一主旨来说,宗教的道德还原论与非道德还原论从两个不同的层面给出了不太完全一致的看法。克朗纳由"公设之信仰"的角度出发,的确可以疏解康德哲学中的部分疑难问题,也基本符合康德道德神学的论证逻辑与演绎方式,但基于这一立场,他无论如何都不能摆脱康德思想体系中"道德意志"与"宗教信仰"之间的悖论与冲突,而这一悖论与冲突的存在几乎可以动摇康德哲学的根基。面对这一解读困境,庞思奋由康德成熟的宗教作品即《纯然理性界限内的宗教》出发,提出了他自己的独到见解,以消除康德哲学中道德与宗教之间的矛盾。从宗教之所从来的基础而言,宗教来自道德,没有道德就没有宗教,这是无可置疑的;但由结果的层面或整体的面向来看,宗教领域要比道德领域宽得多,后者有着前者无法涵盖的机制与功能,道德只是宗教得以可能的必要非充分条件,两者并不完全等同。不可否认,庞思奋的看法极富洞

---

① Chris Firestone, "Kant and religion: conflict or compromise?" Religion Study, Cambridge: Cambridge University Press, Vol.35, No.2, 1999, p.151.
② [德]康德:《康德书信百封》,李秋零译,上海人民出版社2006年版,第212页。
③ [德]康德:《道德形而上学》,李秋零译,中国人民大学出版社2013年版,第260页。

识,也给人以极大的启示。不过,从另一方面看庞思奋对康德的解读难免给人以模棱两可的印象,即在面对道德和宗教何者居先的问题上,康德是较为重视基础层面还是结果层面总是举棋不定,颇难决断。然而,当我们由康德哲学的某一枝节中跳出,纵观他的整体思想,尤其是结合他对哲学、神学,以及宗教之关系的系统分析,我们将会发现,康德既不完全赞同由哲学的路径对宗教来加以单独考察,也不完全赞成单由神学的路径来诠释宗教,相反,他认为应该在哲学与神学的对话或"商榷"中渐次趋近于宗教的真理与智慧,进而将此真理与智慧注入民众的灵魂之中。用康德自己的话说,他既没有贬低启示信仰,也没有高抬道德理性,毕竟后者亦有不足,比如恶产生自何处,恶怎么过渡到善等诸如此类的问题都不是理性只身所能完成得了的。① 在理性无法洞悉恶这一议题上,康德的道德哲学其实亦与神秘主义存在着密切的关系,而要了解其思想中的这一面向,我们还需要对其与斯威登堡之间的联系做一说明。

第二节 康德与神秘主义

作为一位从事哲学思考和写作几近一个甲子的思想家,康德显然不是灵机一动就形成了其哲学思想的,毋宁说其理论的建构是一个漫长的历史衍化过程,在其哲学发展的不同时期或阶段,他的思想在不同程度上受到了前贤或与其同时期学者的影响。对于这一点,康德在其已出版的著作与书信中或多或少地都有提及。然而,即便如此,当我们谈及是哪些人在塑造康德哲学方面起到重大作用的时候,大多数人立刻想到的还是休谟、卢梭等思想家,此外还有莱布尼茨、沃尔夫等唯理论者,除此之外,好像再没有其他人似的。事实并非如此。2018 年剑桥大学组织出版了 2 卷本的《康德及其德国的同时代人》②(*Kant and His German Contemporaries*),该书具体探讨了康德与其同时代各个学者之间的关系与思想渊源问题,其中涉猎的人物相当广泛。比如,门德尔松(Moses Mendelssohn)、赫尔德(Johann Gottfried Herder)、迈耶(Georg Friedrich Meier)、兰伯特(Johann Heinrich Lambert)、温克尔曼(Johann Joachim Winckelmann)、哈曼(Johann Georg Hamann)、莱马鲁斯

---

① [德]康德:《康德书信百封》,李秋零译,上海人民出版社 2006 年版,第 212 页。
② Corey Dyck and Falk Wunderlich, *Kant and His German Contemporaries I*: *Logic*, *Mind*, *Epistemology*, *Science and Ethics*, Cambridge: Cambridge University Press, 2018; Daniel Dahlstrom, *Kant and His German Contemporaries II*: *Aesthetics*, *History*, *Politics*, *and Religion*, Cambridge: Cambridge University Press, 2018.

(Hermann Samuel Reimarus)、鲍姆嘉登(Alexander Gottlieb Baumgartten),以及克鲁修斯(Christian August Crusius)等。据此,不难发现,康德虽然身处普鲁士王国之格尼斯堡一隅,但其哲学体系的形成显然不是他独自苦思冥想的成果,而是与不同学者之思想深度交流和沟通的结果。

  与上述的那些人物相比,这里所要探讨的这位瑞典的思想家斯威登堡①对康德的影响并不比他们逊色多少,但奇怪的是,后世的康德专家对他的关注并不是很多。有的学者对此虽有论述,但大多亦持否定态度,即认为斯威登堡(1688—1772年)对康德的影响没有多少正面价值,他充其量只是为康德批判传统独断的形而上学提供了一个契机而已,这一解读的代表是李明辉教授。我们知道,正是对斯威登堡的阅读促使康德写作了《一位视灵者的梦》②(*Träume eines Geistersehers, erläutert durch Träume der Metaphysik*)一书,李明辉教授翻译了该书,并在导言部分指出:"在康德的全部著作中,《一位视灵者的梦》一书的风格是独一无二;从书名中我们已可看出强烈的讽刺意味:它将形上学家与通灵者相提并论。其笔调亦庄亦谐,类乎游戏之作……然而,只要我们将此书摆在康德当时的哲学发展的背景中,便不难看出在其诙谐的笔调背后实有一项严肃的目的,即批判传统的独断形上学(特别是理性心理学)。斯威登堡的事迹不过为这项批判提供了一个机缘而已。"③不可否认,就某种层面而言,李明辉教授的解读无疑有其道理,但也存在需要补充与推进的空间,因为,毋庸置疑的是,斯威登堡对康德哲学的价值不只在于他为后者提供了一个批判理性心理学的"机缘",更在于他在一定程度上影响了康德道德哲学,尤其是康德的"目的王国"这一概念。

一、1766 年之前

  瑞典的神秘学家斯威登堡对康德的哲学有着重大的影响,正是通过对其八册巨帙《天上的奥秘》(*Arcana coelestia*)一书的阅读,康德于 1766 年出版了《一位视灵者的梦》这一即兴之作。之所以说这部书是"即兴之作",用康德的话说,因为它是"熟识的和不熟识的朋友们的热烈请求;此外,一部

---

① 李明辉教授译作"史威登堡",李秋零教授译作"施魏登贝格",而黄添盛先生译作"斯威登堡",本文采用了最后一种译法。
② 该书全名为《以形而上学的梦来阐释一位视灵者的梦》,李明辉教授将其译为《以形上学之梦来阐释的通灵者之梦》,本文采用的是李秋零教授的翻译。
③ [德]康德:《通灵者之梦》,李明辉译,台湾联经出版事业公司 1989 年版,第 6 页。为了行文的统一,我们在征引李明辉教授的译文时,个别字句做了调整。

巨著已经买来了,更糟糕的是已经读过了,这份力气不应白费。由此便产生了这篇论文。"①由康德的这些言辞不难看出,他写作《一位视灵者的梦》的原因,一是出于友朋的劝勉;二是他自己的问题:斯威登堡的书都已买了、也看了,那就不能不写点什么。反正,无论是出于哪一种理由的考量,康德这一极为独特的作品都与斯威登堡这个神秘的人物脱不开关系。

平实而言,用"神秘"两字来刻画斯威登堡及其思想的确存在简单化之嫌,因为他的身份相当复杂,在某种意义上他不仅是一位著名的科学家,还是一位了不起的发明家和神学家。斯威登堡出生在一个笃信路德教会的家庭,他的外祖父是当时瑞典皇家矿业学院的成员,就其家世与其早年的文化熏陶来说,斯威登堡可以说一直深受宗教信仰和科学思想的双重作用,而这也对他以后在这两个领域的研究产生了潜移默化的影响。尚在孩提之时,斯威登堡就曾在关于灵神问题的思考中对他父母说,至上存在者向他启示了他们想知道的东西,而且坦承,天使需要借助他的口来言说事情。② 1696年,年仅8岁的斯威登堡的母亲去世,旋即他的哥哥也患上了流行性疾病。一年后,斯威登堡的父亲再婚。继母对他比较呵护,关爱亦不比生母减色多少,因此,过了没多久年幼的斯威登堡就走出了丧失母亲的低落情绪,而他对科学钻研的兴趣与探索亦得以保持和继续。斯威登堡毕业于乌普萨拉大学,21岁时他获得哲学博士学位。之后,斯威登堡游学四方,到过伦敦、巴黎、汉堡等地方,热切地学习各类知识。③ 可以这么说,斯威登堡在50岁之前是以一个科学家的身份闻名于世的,他的研究领域不仅包括物理学、化学、生物学、数学,还包括了生理学、地质学等学科,其中尤为值得一提的是,斯威登堡"在今天被公认为神经科学领域的工作被誉为远远超前于他所处的那个时代"④。斯威登堡的成就是多方面的,他不仅撰写了大量的冶金学、矿物学、天文学的作品,而且还在瑞典发表了首部关于代数的学术著作;与此同时,他还与别人联合创办了瑞典第一个科学杂志 Deadalus Hyperboreans。⑤ 后来,斯威登堡成为了皇家矿业学院的顾问,并于1747年被推荐为

---

① [德]康德:《康德著作全集》第2卷,李秋零译,中国人民大学出版社2003年版,第321页。
② E.Swift, *Emannuel Swedenborg*: The Man and His Critics, London: James Speirs, 1883, p.3.
③ Henry Maudsley, "Emanuel Swedenborg", *The Journal of Mental Science*, Vol.xv, No.70, 1869, p.175.
④ Simon R.Jones and Charles Fernyhough, "Talking Back to The Spirits: The Voices and Visions of Emanuel Swedenborg", *History of The Human Sciences*, Vol.21, No.1, 2008, p.3.
⑤ Lucas Thorpe, "The Realm of Ends as a Community of Spirits: Kant and Swedenborg on The Kingdom of Heaven and The Cleansing of The Doors of Perception", *The Heythrop Journal*, Vol.52, No.1, 2011, pp.53-54.

该学院的议员,就他所处的那个时代而言,这是当时非贵族人士所能担任的最高职位。

然而,到了1740年前后,斯威登堡的研究兴趣却从自然科学方面转向了超自然的灵神领域。针对这一现象,作为深受启蒙思想与科学革命影响的现代人,我们的确感到有点不可思议:一个具备如此科学头脑的人怎么会突然走向神秘的宗教之路呢?其实,站在斯威登堡的立场,他的这一转变并不难理解。首先,就斯威登堡所处的时代而言,那个时候并不具有我们现在所理解的科学概念,各门学科在某种层面上还不完善,更谈不上成熟,它们与宗教存在着千丝万缕的联系,科学研究在一定意义上是为了认识至上存在者写就的另一本大书即自然,与斯威登堡所处年代相隔不远的牛顿(1643—1727年)其实亦大致持守这一主张。作为有史以来最伟大的科学家,牛顿与其被称为一位科学家,不如称之为最后一个炼金术士来得准确。① 就这一点而言,我们可以看到,当时的科学与宗教之间的关系并不像我们现在想象的那么隔膜或冲突,它们在追求的目的上——理解至上存在者的作品即自然——具有相似或相同之处。其次,就斯威登堡个人来说,他的向着神秘面向的转变明显与其对"神经科学"的深层研究密切相关。作为一门前沿学科,神经科学就是对现在的人来说还尚有很多未解之谜,而这对科学尚不发达的斯威登堡的那个时代而言更是如此。到了50岁知天命的年纪,当斯威登堡深入其中而又无法给出满意的解释,继而由此将其诉诸既有的文化即传统宗教等形而上的领域时,无疑是非常自然的事情。

1743年,斯威登堡在其著作中公开承认他曾听到过"天使的声音"②,上天对这位学者的呼唤使他作出了一个重要决定,那就是辞去皇家矿业学院的职位,终身致力于对灵神及未知世界的探索。与那些传统形而上学家由理性的路径来对超自然世界的研究不同,斯威登堡借助的并不是纯粹思辨的方法,而是感官经验的方式,即他关于灵神领域之对象的理解,以及他从天使那里得来的信息,都是他看到、听到或体验得到的。正如他在《天上的奥秘》一书中所指出的那样,凡他所记录的那些看似神秘的东西,都是他亲眼所见,亲耳所闻:"当灵神跟我说话时,我听到的声音就像我与世上交谈的人一样清楚明了"。③ 康德把斯威登堡的这一通过感官得到的有关灵神世界信息的思维方式称之为"感性妄想"(Wahnsinn),并认为他的这一关

---

① 参见[美]迈克尔·怀特:《牛顿传:最后的炼金术士》,陈可岗译,中信出版社2015年版。
② S.Toksvig, *Emanuel Swedenborg*: *Scientist and Mystic*, London: Faber & Faber, 1948, p.153.
③ E.Swedenborg, *Secrets of Heaven II*, Lisa Hyatt Cooper (trans.), West Chester: Swedenborg Foundation, 2012, p.361.

于灵神世界的认识是以一种颠三倒四的方式冥思苦想出来的东西,完全是他头脑中的幻象,它们可以被分为三类:其中一类是介于睡和醒之间的那种幻象,在这一幻象中他看到、听到,甚至感触到灵神的状态;另一类是较为清醒时的幻象,在此幻象中他被灵神引诱走到了另一个陌生的世界,最后又返回了原来的状态,例如斯威登堡常说的,他正在大街上行走,神志清楚,但他在灵神上却处在完全不同的地方,清楚地看到了那里的房舍、人、森林等,直到他突然又察觉到自己的真实位置为止;最后一类是他每天在完全清醒时都有的寻常幻象,斯威登堡谈论最多就是这第三类幻象。① 事实上,康德在《一位视灵者的梦》中着力阐释与批判的也是这最后一类。

那么,作为神秘学家的斯威登堡何以会对18世纪60年代初期的康德具有如此大的吸引力呢?我们认为,原因大致来自两个方面:一是外在的;二是内在的。就外在原因而言,康德之所以结识斯威登堡,与民间对后者的灵异逸事的传闻密切相关。我们由索普(Lucas Thorpe)的研究可知,康德对斯威登堡真正感兴趣的时间是1763年至1766之间,而康德对斯威登堡著作的阅读则在18世纪60年代左右就已开始,这时候也是斯威登堡的声名远播、如日中天的时候,于此环境下康德熟知斯威登堡是非常正常的事情,而对其一无所知才是令人感到奇怪的。② 具体而言,1763年,康德在致莎洛特·冯·克诺布洛赫(Charlotte von Knobloch)的信笺中首次谈到了斯威登堡这个名字。康德在这封他所写的为数不多的长信中向克诺布洛赫小姐坦承,对于灵神世界中的现象与活动他知之甚少,虽然他不排除灵神世界存在的可能性,但他总是注意遵从健康理性的法则,对此秉持一种否定的态度。康德强调,他这么做倒不是因为他发现了这些事情之不可能的理由,而是因为他没有找到证明各种灵神存在的证据。此外,康德相信,无端地介入此类问题的探讨,除了编织谎言与人做无聊的争论或者引人上当受骗之外,没有多大的意义,而这些就是康德在"知道斯威登堡故事"之前长期以来坚持的态度。③ 可以看出,康德在认识斯威登堡之前对灵神世界持有一种怀疑的观点,但是几次关于斯威登堡之感性妄想的传闻动摇了康德的既有立场。康德在信中谈到三个关于斯威登堡故事:一个是他从丹麦军官也是他的一个学生那里听来的关于斯威登堡能够与灵神交流的事情,为此,康德曾亲自

---

① [德]康德:《康德著作全集》第2卷,李秋零译,中国人民大学出版社2003年版,第364页。
② Lucas Thorpe, "The Realm of Ends as a Community of Spirits: Kant and Swedenborg on The Kingdom of Heaven and The Cleansing of The Doors of Perception", *The Heythrop Journal*, Vol. 52, No.1, 2011, p.57.
③ Kant, *Kant's Gesammelte Schriften X*, Berlin: Walter de Grunter, 1922, S.22.

去信咨询斯威登堡,但没有得到回复;另一个是,关于斯威登堡能够与死去的灵魂对话的事情,即金匠克劳恩向荷兰驻斯德哥尔摩公使的遗孀讨要打造餐具的酬金问题,这位公使的遗孀相信这笔酬金她的丈夫已经付过了,却没有付款收据,斯威登堡在与逝者的灵魂对话之后找到了那张付款收据;最后是斯威登堡在哥德堡成功预测到了发生在斯德哥尔摩南玛姆城区的一场火灾,而他所在的哥德堡距离斯德哥尔摩竟有50多英里之遥。① 康德在这封1763年的信中所谈及的三件关于斯威登堡的灵异之事,几乎在其三年后出版的《一位视灵者的梦》中原封不动地又重述了一遍。可以想见,斯威登堡的感性妄想事件对康德影响是非常大的。当然,这只是康德关注斯威登堡的一个外在理由,真正诱使康德走向斯威登堡的还要在其思想衍化的理路中去找寻内在原因。

准确地说,这一内在原因与1764年康德思想中的"道德转向"(moral conversion)关系甚大。所谓"道德转向",指的是在18世纪60年代中期,康德由理性主义伦理学和道德情感论的追随者到道德义务论的转向,而他的这一转向为其批判哲学时期成熟的伦理思想设定了基本底色与大致架构。著名康德专家库恩指出:"我们可以确定的是,康德约在四十岁时经历了这样的重生……他努力要建立某些准则,无论事情的大小轻重,作为一切行为的起点以及依归。这些准则渐渐地与他的自我融合在一起,以至于他的行为甚至在无意中也成为准则的自然流露。"②那么,在1764年刚刚进入不惑之年的康德何以会出现这一思想上的"重生"呢?要把握这一点,我们需对康德的伦理思想衍化过程给出一点说明。③

起初,康德在求学时代较为倾心的是以沃尔夫为代表的理性主义伦理学。这一学说以"完满"(Vollkommenheit)为道德的最高原则,由于这个概念是一个纯形式的概念,没有具体内容,无法指导具体的行动,为此沃尔夫又引入了"目的"(Zweck)这一概念,并且指出,人的完满行为就在于达到普遍的目的。但是,如此一来道德行为只有工具价值,没有了内在价值,而这与道德本身所要求的无条件性和绝对性相矛盾。显然,年轻的康德意识到了理性主义伦理学的内在症结,必须另寻解决之道。康德另寻的这一解决之道就是诉诸以沙夫茨伯里(A. C. Shaftesbury)与哈奇森(Francis Hutcheson)为代表的道德情感论,康德对这一道德派别的阅读大约是在18

---

① [德]康德:《康德书信百封》,李秋零译,上海人民出版社2006年版,第12—15页。
② [德]曼弗里德·库恩:《康德传》,黄添盛译,上海人民出版社2008年版,第184—185页。
③ [德]康德:《通灵者之梦》,李明辉译,台湾联经出版事业公司1989年版,第26—27页。

世纪 60 年代初。面对理性主义伦理学的困境,道德情感论者尤其是哈奇森尝试以道德情感(moral feeling)作为道德的践行原则和促发动机,如此既可以维系道德行为中目的与手段的关联,又可以实现道德之普遍绝对化的要求。不可否认,英国经验主义的这一伦理思想对康德具有很大的吸引力。不过,需要强调的一点是,作为一个独立思考的学者,康德既没有完全抛弃道德的理性主义传统,也没有彻底倒向道德的经验主义这一派别,而是在两者基础上进行了重新建构和书写。康德这一举动在1762年完成的《关于自然神学与道德的原则之明晰性的研究》(Untersuchung über die Deutlichkeit der Grundsätze der natürlichen Theologie und der Moral)一文中表现得尤为显豁。在那里,康德把沃尔夫的"完满"概念视为道德的形式原则,而把道德情感视为实质原则:理性与情感都不偏废,它们在同一个具体的道德行为中都各负其责、互不隶属。可是,到了1764年,康德对于他的这一研究并不太满意。而在这一年的4月份,康德的挚友丰克(Johann Daniel Funk)在距其40岁生日前几天去世这一事件,给他以极大的震动。丰克的突然离世对康德影响重大:"丰克的死让他深刻反省了生与死与真正的价值,而这样的道德经验可能是'重生'或者'厌烦了本能的摇摆以后突然引爆'的关键"。①也正是在这时候,康德提出了他的道德"品质"(Character)理论,以整合既有的道德理论资源,而对性格之起源的探索,使得康德对宗教神秘思想抱有极大的兴趣。

康德道德性格理论认为,品质应以准则(Maxime)的支配为基础,它是作为自由行动的人的鲜明特征,即它是一种"思考方式"(Denkungsart),而非"感觉方式"(Sinnesart)。这即是说,品质是人的意志的某种主体性规则,其客观规则包含在道德之中,唯有一个人拥有了稳定的品质,才能算是善的。对康德而言,品质不能建立在感觉之上,必须永远以理性的准则为基础,它有一定的方向,而不是摇摆不定的规则,判断一个人在道德上是不是善的,关键在于看他是否建立了稳定的品质,并以此而生活或为人处世。不可忽视的是,康德关于品质之起源的解释,带有浓厚的宗教寓意,并把它与宗教中的皈依概念加以比附。康德区分了两种关于重生的皈依理论:"施佩纳—弗兰克(Spener-Francke)与摩拉维安—青岑多夫(Moravian-Zinzendorf)。对他而言,两者都有神秘主义倾向,都认为超越感官的即是超越自然的,而要想成为基督徒或是基督徒式的生活发生根本性改变,奇迹都是必

---

① [德]曼弗里德·库恩:《康德传》,黄添盛译,上海人民出版社2008年版,第185—186页。

不可少的。"①关于这一点,我们在第五章还会有详细的论述。诚然,我们把1764年康德的转向视为宗教的皈依,显然是有问题的,因为此时的康德是在寻求道德方面的答案,事实上他主张人要能够发生根本性改变,道德是新人唯一的真正途径。但是无论如何,经过我们上面的一番梳理,康德何以在此期间走向斯威登堡的内在线索已经被我们找到了,即康德的道德转向具有鲜明的宗教色彩和背景,而这一点与斯威登堡的宗教思想中所要处理的灵神问题无疑较为契合。

至此,我们已经看到,在听闻斯威登堡期间,康德之所以对这位神秘学家发生兴趣,与其说是由当时的社会环境而来,不如说是康德自身的思想衍化所致,虽说外在条件也相当必要。1764年,康德在追随理性主义伦理学与经验的道德情感论绕了一大圈之后,重新思考了善(道德)何以可能的问题,借助对"品质"这一概念的分疏,康德相信,品质既不是先天的(逻辑),也不是偶然碰到的(经验),相反它是我们自己的创造。虽然,此时的他还没有明晰品质的起源问题,还将对它的养成与宗教上的神秘"重生"或"皈依"加以比附,但也正是在这一点上,他看到了斯威登堡带给他的思想价值。就康德后来的伦理思想来看,随着他思想的演进,抛弃斯威登堡(包括他自己)的大多见解是必然的,但"灵神世界"概念对他的"理智世界"与目的王国的重要启迪则被保留了下来。当然,此乃后话,康德在1766年的《一位视灵者的梦》中则未必如此主张。

二、写作《一位视灵者的梦》时期

需要说明的是,康德遭遇斯威登堡虽然存在多种原因(外在的与内在的)和解读路径,但所有这些都是围绕着解决"形而上学如何可能"这一更根本的问题而展开的。诚如他在致门德尔松的信中所坦承的那样:"客观地说,我还远远没有发展到那种地步,居然把形而上学本身看作是渺小的或者多余的。一段时间以来,我相信已经认识到形而上学的本性及其在人类认识中的独特地位。在这以后,我深信,甚至人类真正的、持久的幸福也取决于形而上学。"②康德的这一段文字,在某种程度上也解释了他在1766年于《一位视灵者的梦》一书中,为何借助对斯威登堡的这一探讨,不只是批判了"灵神论"(spiritualism),还对传统独断的形而上学给予了彻底的清算。

对康德来说,所谓灵神论,指的是不通过其他手段,而单是借助我们的

---

① Manfred Kuehn, *Kant: A Biography*, Cambridge: Cambridge University Press, 2001, p.150.
② [德]康德:《康德书信百封》,李秋零译,上海人民出版社2006年版,第21页。

感觉就能够认知不可见世界之对象的一种理论。根据这一理论,人能够和鬼魂、天使甚至是和至上存在者的交流,而这种交流与我们在可见的日常世界与普通民众的交流没什么区别。康德把这一理论的代表人物斯威登堡又称之为感性的梦幻者,与之相对,他把那些通过逻辑而不受限制地推导出超经验存在者的思想家称为理性的梦幻者。[1] 前面我们已经说过,康德是由于阅读了斯威登堡八卷本的《天上的奥秘》(1749—1756年)一书才真正熟知了他的思想,彼时的康德并不知道他花重金购买的这套书的主要内容,早已呈现于斯威登堡在1741—1742年间写的另外一本名为《通过表象与通信的方式打开自然和灵神奥秘的难解之谜》(*A Hieroglyphic Key to Natural and Spiritual Arcana by way of Representations and Correspondences*)的小书中。在这本书里,斯威登堡由存在论的层面区分了三个世界,即自然世界、人的世界与神的世界。在他看来,这三个世界中的客体虽有差别,但也绝非完全隔绝和毫无关联的,为此,他曾列举了20个例证来证明它们彼此之间的相似关系。比如,自然世界中的"运动"这一概念,就与神的世界中的"恩典"和人的世界中的"意志"是同一层面的东西,诚然它们之间的相似或相近关系并不意味着它们能够相互还原。对斯威登堡而言,自然世界并不能为我们提供关于人的世界以及神的世界的知识,但人的世界却能够给我们提供关于神的世界的信息,虽然这种信息较于神的赐予而言略有逊色。事实上,斯威登堡认为,关于神的世界的知识我们可以通过两种方式获取:一是与神的直接沟通;另一个是通过阅读《圣经》,显然前者更好一些,但它只属于那些具有特异功能的小众人士,后者则为普通民众走向灵神世界的方便法门。[2] 斯威登堡显然把自己视为了能够与灵神直接对话的小众人士之一。

针对斯威登堡的这一自负,康德的评论较为尖刻:"亚里士多德在某处说过:当我们清醒时,我们有一个共同的世界;但当我们做梦时,每一个人都有他自己的世界。我觉得,人们可以把后一句话颠倒过来说:如果在不同的人中每一个人都有他自己的世界,那么就可以猜测说,他们是在做梦。"[3] 知识,包括不可见世界中的知识都须有普遍性与可通达的品格,不能说这一知识是你的专属领域,别人无权知晓,康德坚决反对这一看法,无论你是灵神论者还是独断的形而上学论者,因为这与做梦没什么区别。现在需要进一

---

[1] Henry Allison, *Kant's Conception of Freedom: A Development and Critical Analysis*, Cambridge: Cambridge University Press, 2020, p.167.
[2] Glenn Alexander Magee, "Swedenborg, Oetinger, Kant: Three Perspectives on the Secrets of Heaven", *Aries*, Vol.9, No.2, pp.276-277.
[3] [德]康德:《康德著作全集》第2卷,李秋零译,中国人民大学出版社2003年版,第345页。

步追问的是,灵神论何以会将他们梦幻的客体视为真实的对象呢? 难道他们不知道其中的根本区别吗? 对于这一点,康德的回应是,他们之所以犯下如此轻率的错误,源于他们的精神"疾病"。用他自己的话说:"如果读者不把视灵者看作另一世界的半个公民,而是总体来说把他们当作医院的候补病人来打发,并由此放弃一切进一步的研究,我绝不会抱怨读者的。"①康德的这一结论明显具有这一时代的思想印痕,并未完全概括出斯威登堡关于灵神世界之起源的心路历程。

琼斯(Simon Jones)与费尼霍夫(Charles Fernyhough)认为,从历史的角度来看,西欧在公元500—1500年这一期间通常不会把个人的灵神感应视为精神疾病,而更倾向于看作实际的知觉经验。在这一时期,若是一个人报告说他见到了或听到了某种灵异的事情,人们一般对此不会大惊小怪,更不会认为他心理存在问题或是脑子出了毛病。到了17世纪末,这一现象有所改变,宗教上的那种认知体验更易于被视作一种幻觉。可在18世纪中后期的斯威登堡与康德的时代,这一幻觉径直被与疾病等同起来。② 之所以出现这种变化,自然与启蒙运动和科学革命对民众之既有信念的冲击密切相关,但奇怪的是,这对当时深陷宗教迷狂而无法自拔的斯威登堡而言,影响并没有那么大。在《天上的奥秘》一书中,他把自己内在视觉的打开与《旧约》先知的经历等同视之,两者没有质的差别。正如斯威登堡所指出的那样:"借助主的光我看到了天上的惊人景象,它们如此之多,数不胜数。它们悉数登场,把主与其王国依次呈现出来,类似于先知和约翰在《启示录》中所描述的场景。此外,还有其他象征性的东西存在。我们不可能用我们的肉眼看到它们,可一旦主打开我们内在之眼——我们的精神之眼——那么我们就能立刻看到它们。先知眼中的那些景象也不过是打开他们的内在之眼之所见而已。"③可以看到,就斯威登堡自身而言,他的灵神之见源于他的超自然的心理体验,这一点是非常明确的。为从灵神论的内部唤醒斯威登堡的迷梦,康德在《一位视灵者的梦》第一部第三章"反神秘宗教:断绝与灵神世界之联系的普通哲学之断简",单列一章来对灵神论思想加以批判。

与那种把"斯威登堡的事迹"仅仅视为批判传统独断形而上学之"机缘"的看法略有不同,康德其实非常重视对灵神论及其背后机理的考察,较于理性的欺骗,感官的欺骗是一种更值得注意的现象。因为,康德认为,理

---

① [德]康德:《康德著作全集》第2卷,李秋零译,中国人民大学出版社2003年版,第351页。
② Simon R.Jones and Charles Fernyhough,"Talking Back to the Spirits: the Voices and Visions of Emanuel Swedenborg",*History of the Human Sciences*,Vol.21,No.1,2008,p.9.
③ E.Swedenborg,*Secrets of Heaven II*,p.309.

性的欺骗大多是可以通过心灵的力量加以调整或借助对好奇心的约束加以防止,但感官的欺骗"涉及一切判断的最初基础,如果它是不正确的话,逻辑规则也拿它没有什么办法。"① 为了揭示灵神论之灵异事件的假象,康德特意将这种灵神的"感觉的梦幻者"(die Träumer der Empfindung)与正常的"清醒的梦幻者"(ein wachender Träumer)做了比较,来揭示其中存在的症结和问题。康德指出,作为正常人的我们与灵神论者一样都会做梦,都会根据梦中的素材虚构一些现实世界中所没有的东西,区别在于:后者与前者不同,它把原本梦中的东西设想为了在自身之外,而不是自身之内,继而把这一自身之外的东西视为他从外部感觉到的对象。之所以导致这一结果,原因在于我们如何看待那些被设想的对象与作为一个人的躯体所处的关系:如果我们在清醒时凭借外部感觉,将自身躯体的现实感受和那些感性妄想加以分别或者对比,那么我们就能够辨别哪些图像是编造的,哪些是现实的感受。相反,若是此时我们蒙眬入睡,那么,呈现在我们意识中的躯体表象将会逐渐消失,剩下的就只有自己虚构的图像,与此同时,其他妄想也被设想为与这个图像处于外部关系之中,在此情况中我们只要还睡着,就必然会被对象欺骗,因为这里没有感觉可与它进行比较来对原型与幻影加以区分。②

十分明显,感觉的梦幻者无论是在程度上还是在种类上都与清醒的梦幻者有别,这是普通常识都能辨析清楚的事情,那么,既然如此,灵神论者何以会犯这么简单的错误?何以竟把一个本应当设想在其自身之内的图像置入一个外部的位置上,亦即置入其感觉之外的对象之中呢?康德认为,要想解释其中的原因,就需要区分两个关键概念,即"幻想中的神经运动"(Nervenbewegung in den Phantasien)与"感觉中的神经运动"(Nervenbewegung in der Empfindung)。③ 在康德看来,"外部感觉"这一概念是我们感觉对象的一个前提条件,没有这一条件,就不可能把事物设想为在我们之外,但也正是因为这一概念,我们的心灵在表象被感觉的客体时,易于把它们置于印象所形成的各条方向线之延伸的会合之处,其中,幻想中的神经运动之方向线通常是在大脑内部会合,而感觉的神经运动的方向线则在大脑的外部会合。因此,由于客体被表象的成像焦点对于醒时的清晰感觉来说在我外面,而我此时有的幻想的成像焦点却被置入我里面,所以只要

---

① [德]康德:《康德著作全集》第2卷,李秋零译,中国人民大学出版社2003年版,第364页。
② [德]康德:《康德著作全集》第2卷,李秋零译,中国人民大学出版社2003年版,第346—347页。
③ Kant, *Immanuel Kant Werkausgabe II*, Frankfurt am Main: Suhrkamp Verlag, 1977, S.956.

是我们醒着的,就能够把自己的幻影的想象与感觉的印象区别开来。康德指出,灵神论的错误之处就在于淆乱了"幻想中的神经运动"与"感觉中的神经运动"之间的界限,继而把后者错视作了前者,而他们之所以犯下如此错误,可能是"由于任何一种意外或者疾病,大脑的某些器官被如此扭曲并失去其应有的平衡,以至于与一些幻想和谐一致的震动的神经的运动沿着延伸后在大脑外部相交的这样一些方向线发生,那么,成像焦点就被置于思维着的主体外部,而且仅仅是想象的一个作品的图像就被设想为一个对外感官来说在场的对象。"①不可否认,这一幻影起初是微弱的、不甚强烈的,但随着我们对这一臆想现象之印象的加深,它们马上就会变得极为生动起来,继而使那些被欺骗的人不再怀疑它们的可能性与真实性。康德相信,上述幻想和欺骗可以发生在任何一种外感官之中,它也是不同时代、不同国度灵异之事一次又一次不断上演的内在根源。

　　除了揭露灵神论的理论错误之外,在《一位视灵者的梦》中,康德还对以沃尔夫和克鲁修斯为代表的独断的形而上学给予了批判。独断的形而上学,在这里,指的是那种在逻辑推理和理性演绎的基础上,断言存在关于超自然世界之知识的一种主张和理论。与灵神论侧重的感觉这一认知路径不同,独断的形而上学对不可知世界的认识是通过理性这一方式来实现的。不过在康德看来,两者使用的方法尽管存在差异,但都注定不能成功,尤其是后者,因为高等学府的那些饱学之士已经惯于凭借多变的词义来逃避难以解决的问题,不大容易听到"我不知道"这句方便且大多数情况下合理的话。与此不同,考辨语词,分析字义,继而在这一基础之上疏通形而上学中存在的义理疑难,正是康德致思的方向。康德对灵神(Geist)问题的考察,与以往形而上学家所做的不同,他没有简单对这一语词界定、遽尔由此推论出去以建构或反对某种哲学体系。相反,为了揭示灵神的隐秘涵义,康德把这一不太确定的语词置于各种不同语境,看看它适用于什么场合,以及与什么场合抵触,来展现它的内在之意。为此,康德认为,把"灵神"这一概念与物质的使用加以比对是理解它的最好方式。由于我们知道,物质具有广延性且服从碰撞等自然规律,那么显然,凡是符合这些规律的对象就是物质,反之就是非物质的客体。对康德而言,就我们的认知来说,灵神无疑没有物质之外的特性,即使我们赋予它以理性的属性亦是如此,因为所有这些只是揭示了灵神逻辑的可能性,并没有证实它存在的实在性,而要把握其实在性,我们必须诉诸经验的确证,可惜的是,我们的经验偏偏不能给出它所需

---

① [德]康德:《康德著作全集》第2卷,李秋零译,中国人民大学出版社2003年版,第349页。

要的支撑证据。即使灵神在不受碰撞的自然规律的支配下,仍然能够对周遭物质对象施加影响,但这亦不是我们的经验所能理解的,因为它超出了我们认知的范围,只能付诸阙如。

基于对传统独断的形而上学所做的批判来看,康德承认,独断的形而上学尽管能够设想非物质性的灵神之存在的可能性而不受反驳,但他们也没有希望能够凭借理性证明这一实在性。① 正是在这一意义上,独断的形而上学与灵神论具有大致相仿的错处,即在于将灵神这一逻辑上的可能性视为了客观的现实性;而事实上,超自然的形而上学并不是关于不可见世界之对象的思辨理论,相反,它是一门关于"人类理性的界限的科学"②。换句话说,形而上学并不是真的要去认识超经验的事物及其性质,而是对人类认知能力之限度的学科,虽然康德这一时候还没明确划定这一界限,却在很大程度上为这一研究指明了方向,而这也在实践理性的维度为康德重新反思斯威登堡提供了一个完全不同的面向。

三、1770年之后

不可否认,上述阐释难免给人这一印象,即斯威登堡给予康德的始终是消极意义上的影响,康德除了看到一些"无稽之谈""胡说八道"的东西之外,所得的其他益处并不太多。③ 然而,需要指出的是,康德的这一概括并不能囊括他和斯威登堡之间的全部内容,其实在某种意义上,康德受益于斯威登堡的地方不少,尤其是其1770年之后的伦理思想与斯威登堡存在着千丝万缕的联系。这一点,西沃尔(Frank Sewall)在1900年《一位视灵者的梦》之英译本的导论中早已指出过,在他看来,该书看似游戏或讽刺之作,但康德后来的道德哲学思想实得益于斯威登堡对他的影响。④ 借助康德哲学中的"目的王国"这一重要概念,我们更易看清楚康德与斯威登堡思想的内在关联。

众所周知,目的王国在康德那里指的是,不同理性存在者通过共同的法则形成的系统思想,在此王国中,由于"法则根据其普遍有效性规定着目的,所以如果抽掉理性存在者的个人差异,此外抽掉它们的私人目的的一切

---

① [德]康德:《康德著作全集》第2卷,李秋零译,中国人民大学出版社2003年版,第326页。
② [德]康德:《康德著作全集》第2卷,李秋零译,中国人民大学出版社2003年版,第371页。
③ [德]康德:《康德著作全集》第2卷,李秋零译,中国人民大学出版社2003年版,第363—364页。
④ 参见 Kant, *Dreams of A Spirit-Seer illustrated by Dreams of Metaphysics*, Emanuel F. Goerwitz (trans.), London: Swan Sonnenschein, 1900, pp.viii-x。

内容,那么,就能够设想一切目的系统地联结成为一个整体(不仅包括作为目的本身的理性存在者,而且还包括每一个理性存在者可能为自己设定的个人目的),亦即一个目的王国。"①与我们所处的经验世界不同,在康德的这个目的王国中,每一个理性存在者都应当绝不把自己和其他一切理性存在者仅仅当作手段,而是在任何时候都同时当作目的本身来对待,也正因为如此,这一王国并不是现实的存在,而是作为一个理性的理想而存在。可以看出,康德的目的王国与斯威登堡的灵神世界极为契合,两者都认为人是两个世界(自然世界与超自然世界)的成员。其中,前一世界遵循的是没有自由和道德责任的自然规律,而后一个世界遵循的则是灵神秩序或道德法则,虽然普通民众未必充分了解到这一点。就此而言,尽管康德与斯威登堡在写作目的、行文风格、阐述方法等方面存在不小的差别,但毫无疑问的是,哲学家的目的王国与神秘学家的灵神世界具有惊人的相似结构和一致性。

针对我们的这一论述,有人或许会反驳说,康德思想的形成诚然与斯威登堡对他的影响存在某种关系,但由此遽然认定其目的王国必然来自灵神世界则不一定正确,因为我们由康德的阅读史和成长背景来看,他的许多哲学概念并不是自己的新创,而是对既有思想的借鉴,都能在传统思想中找到根源。比如,"感觉""直观"和"纯粹"来自于莱布尼茨的《人类理智新论》;"范畴""先验"源自德国的亚里士多德传统,而"理念"则来自柏拉图;此外,如"二律背反""谬误推理"等专业术语在当时德国学界的手册中随处可见,只是康德赋予了它们新的色调与意涵。② 因此,由这一点来看,康德的目的王国这一概念未必不是出于柏拉图的"理念世界"、奥古斯丁的"至上存在者之城",以及《圣经》中的"恩典世界",或者是对它们的改造。

对于上述质疑,我们的回应是,要想真正查勘清楚康德与斯威登堡之间的关系,务必对两者的文本给予翔实分疏和比对,只有如此,我们所下的与此相关的断语和结论才具有合理性与说服力。我们知道,目的王国这一概念所包含的思想,许多哲学家、神学家其实已有所涉足,但在康德之前从没有人用过"目的王国"这一概念,除了斯威登堡之外。事实上,与德语 Reich der Zwecke 这一语词对应的是拉丁语 regnum finium,而这一概念竟在斯威登堡《天上的奥秘》一书中出现过 5 次之多③:"除非主有一定的目的,否则

---

① [德]康德:《道德形而上学的奠基》,李秋零译,中国人民大学出版社 2013 年版,第 54 页。
② [德]奥特弗里德·赫费:《康德的〈纯粹理性批判〉:现代哲学的基石》,郭大为译,人民出版社 2008 年版,第 23—24 页。
③ Gregory Johnson, "From Swedenborg's Spiritual World to Kant's Kingdom of Ends", *Aries*, Vol. 9, No.1, 2009, pp.87-88.

惩罚不可能发生，因为主的国是一个目的王国和功用王国""主的普世王国，既是一个目的王国，也是一个功用王国""主的王国只不过是一个为了人类福祉的目的王国和功用王国""主的王国可以称之为目的王国与功用王国"，以及"作为一个灵神世界的主的王国，它是一个功用王国，功用即目的，因此它是一个目的王国"。可以看到，揭去斯威登堡上述表达中的宗教外衣，所有这些语句中的 regnum finium 与康德的 Reich der Zwecke 没有区别，意思几乎是一致的。在这里，就"目的"本意而言，它指的都是与手段、用途之相关的行动目标；而就"目的"的衍生意来说，它们都与超自然世界的人相关，其中的目的牵涉的不是人和自然的关系，而是人与至上存在者的关系，用康德话说，与作为属于目的王国的"元首"①相关。此外，就超自然世界中的人与人之间的关系而言，两者都认为他们彼此是互为目的或功用的关系，在此领域中，作为灵神或理性的人是不能被还原为一个事物，诚如斯威登堡所言，只有"与人同在的天使本身才是目的"②，而所谓的天使显然不是一个事物，而是一个灵神的存在。

另外，康德也把这一王国称为"理知世界"："现在，一个理性存在者的世界（mundus intelligibilis［理知世界］），作为一个目的王国就以这种方式成为可能，而且是通过作为成员的所有人格的自己立法。据此，每一个理性存在者都必须如此行动，就好像它通过自己的准则在任何时候都是普遍的目的王国中的一个立法的成员似的。"③其实，作为目的王国的"理知世界"这一概念的首次呈现并不在《道德形而上学的奠基》之中，它在《一位视灵者的梦》中早已出现："由于这些非物质性存在者是自己活动的原则，从而是实体和独自存在的物类，所以人们首次得出的结论是：它们彼此之间直接地联合起来，也许能够构成一个人们可以称之为非物质世界（mundus intelligibilis［理知世界］）的大整体。"④在某种意义上，康德这里无意之间已隐约出现了他的后来的目的王国的这一概念，但彼时的他正忙于对斯威登堡灵神论的批判，忽略了他的这一思想的火花。当然他的这一忽视只是暂时的，而在对现象与本体做出区分之后，康德于1770年及其之后的著作中已经非常自觉地阐释并演绎他的这一思想。

1770年，康德在其就职论文《论可感世界与理知世界的形式及其原则》

---

① ［德］康德：《道德形而上学的奠基》，李秋零译，中国人民大学出版社2012年版，第55页。
② Gregory Johnson, "From Swedenborg's Spiritual World to Kant's Kingdom of Ends", p.88.
③ ［德］康德：《道德形而上学的奠基》，李秋零译，中国人民大学出版社2012年版，第60—61页。
④ ［德］康德：《康德著作全集》第2卷，李秋零译，中国人民大学出版社2003年版，第333页。

中对此给予了出色的发挥,我们从这一标题即可发现,康德在这里把"理知世界"与"可感世界"并置,而这在一定程度上已经开启了"目的王国"与"自然王国"之区分的序幕。正如康德所指出的那样:"就理知世界的形式的原则这一问题来说,围绕这一枢纽旋转的显而易见的是:众多实体处于相互的关联中并以这种方式属于一个叫作世界的整体"。① 理知世界与可感世界不同,作为纯粹直观形式即时间和空间不能适用于它,因为经验领域的材料感官诚然可以提供,但本体领域的对象不是基于感觉得出的表象所能把握的。于此我们不难发现,在《一位视灵者的梦》发表四年后的1770年,康德关于斯威登堡之"灵神世界"的看法显然与此前的立场大异其趣,它在这里不仅获得了前所未有的合法地位,更是为其成熟的伦理思想发展指明了崭新的方向,以至十年后的1781年,康德在第一批判中径直把"道德世界"与"理知世界"等同对待。康德指出:"我把符合一切道德法则的世界(如同它按照理性存在者的自由所能够是的那样,亦即按照道德性的必然法则所应当是的那样)称为一个道德世界(moralische Welt)。这个世界由于其中抽掉了一切条件(目的)。甚至抽掉了道德性在这些条件中的一切障碍(人类本性的软弱和不纯正)而纯然被设想为一个理知世界。"②其实,康德在此不只是把理知世界与道德世界加以等同,还进而将它视为了"奥秘团体"(corpus mysticum)③,在此团体中,作为自由的我们,不仅要与自身,还要与每一个其他理性存在者具有完全的系统关联。可以想象一下,作为一个启蒙时代的理性伦理学家,康德在其最为重要的著作中竟然将其道德思想中的核心概念"道德世界"这一概念和奥秘勾连,这不值得我们深思吗?难道说这是康德一时的心血来潮吗?显然不是!没有斯威登堡之神秘思想对其早期哲学的影响和作用,康德无疑不会做此断语。

　　1784—1785年,正当《道德形而上学的奠基》印刷之际,康德曾做了一个关于道德哲学的演讲,该演讲以 *Moral Mrongovius* 为题被编入科学院版《康德全集》第29卷中。在那里,格尼斯堡哲人一度把"目的王国"与至上存在者的"恩典王国"相提并论:"人必须把自己视为目的王国或理性存在的立法成员——莱布尼茨亦将目的王国称为恩典王国的道德原则。"④与此同时,在1788年面世的《实践理性批判》中,康德又把"一切目的的整体"

---

① ［德］康德:《康德著作全集》第2卷,李秋零译,中国人民大学出版社2003年版,第416页。
② ［德］康德:《纯粹理性批判》,第526—527页;为统一行文,译文略有改动,见 Kant, *Kritik der reinen Vernunft*, Hamburg: Felix Meiner Verlag, 1998, S.841。
③ Kant, *Kritik der reinen Vernunft*, Hamburg: Felix Meiner Verlag, 1998, S.841。
④ Kant, *Kants Gesammelte Schriften XXIX*, Berlin: Walter de Gruyter, 1980, S.611。

（das Ganze aller Zwecke）亦即与无条件的道德法则相适合的道德世界和理知世界画上等号。① 不止如此，1797年，康德在《道德形而上学》第二部分"德性论的形而上学初始根据"中再次指出："如果谈的是义务法则（而不是自然法则），确切地说，是在人们彼此间的外在关系上谈论的，那么，我们就是在一个道德（理知）世界中考察我们，在这个世界中，按照与自然世界的类比，理性的存在者们（在尘世）的结合是通过吸引和排斥造成的。"② 就其行文来看，康德这里无疑是把"道德世界"与"理知世界"当作了同一个语词来使用。

行文至此，通过对康德1770年到1797年跨度近30年文本的梳理，我们已经看到，斯威登堡灵神世界的思想对康德道德哲学的影响。非常明显的是，在康德那里，斯威登堡的"灵神世界"与理知世界、道德世界、奥秘团体、恩典王国、理性王国、至上存在者之国，以及目的王国等是同一意义上的概念。③ 较于时空中的自然世界而言，道德世界是超越的存在，在这一领域中，作为自由、理性的人格，我们的行为所遵从的不是自然规律而是道德法则。不可否认的是，康德的目的王国与斯威登堡的灵神世界并不完全雷同，因为与后者的那种借助感知就能认知超自然世界的存在不同，康德意义上的道德世界只是一种理念或理想的存在，它并不是现实存在的王国，我们只有"在一种无限进展的进步中才能达到与道德法则的完全适合"④。不过，需要再次指出的是，康德反对的并不是斯威登堡关于灵神世界的合理信念，而是该信念的神秘论证，及其感觉妄想。

最后需做一点补充说明的是，斯威登堡虽然对康德的道德哲学有着极大的影响，但康德的伦理学说显然不是斯威登堡一人所能成就的，无限制地夸大前者对后者的塑造之功，无疑有欠妥当。事实上，从康德道德哲学演变历程来看，以沃尔夫为代表的理性主义伦理学与以沙夫茨伯里和哈奇森为代表的道德情感论，以及卢梭的伦理思想都曾在不同时期对康德给予过影响。根据阿利森的研究，卢梭的写作风格与论证方式深刻影响到了康德《一位视灵者的梦》这一著作，虽然该书通篇没有提到卢梭这个名字，但忽略这一点，我们对文中何以频繁出现的"私人意志""普遍意志"等概念的问

---

① ［德］康德：《实践理性批判》，李秋零译，中国人民大学出版社2010年版，第82页。
② ［德］康德：《道德形而上学》，李秋零译，中国人民大学出版社2013年版，第226页；译文略有变化，见Kant, *Kants Gesammelte Schriften VI*, Berlin: Walter de Gruyter, 1914, S.449。
③ Gregory Johnson, "From Swedenborg's Spiritual World to Kant's Kingdom of Ends", *Aries*, Vol. 9, No.1, 2009, p.98.
④ ［德］康德：《实践理性批判》，李秋零译，中国人民大学出版社2010年版，第115页。

题,就无法给出合理的解释。① 关于这方面的研究较多,限于篇幅,我们这里不再展开论述。结合前述,以《一位视灵者的梦》这一文本为中心,围绕着康德与斯威登堡之关系的勘察,通过对既有文献的细致梳理,我们翔实展现了康德因何要走近斯威登堡,继而何以要拒斥他,最终为何又以自己的方式再次接纳他的心路历程。从中我们不难发现,康德庞大的哲学体系绝不是一朝一夕之间的构建,相反,它是在汲取了众多思想之源的基础上,借助自己的独立思考逐渐衍化而成。仅就这一层面而言,康德自始至终都不是一个正统观念的沃尔夫主义者,而且他也未曾成为心悦诚服的经验论者:无论在何种意义上,康德都不是一个盲目的跟从者,而是与他那个时代的大部分学者一样,他始终是一个独立的思考者。上述我们对康德思想的这种追踪考察,无疑再次证实了这一事实。

---

① Henry Allison, *Kant's Conception of Freedom: A Development and Critical Analysis*, Cambridge: Cambridge University Press, 2020, pp.162-175.

第四章 恶的问题

　　善恶问题一直都是神学家与道德学家面对的核心论题，这一点对康德及其道德宗教而言亦是如此。关于恶的问题，康德在前批判哲学时期其实早已有所探讨。1755年，里斯本发生了欧洲有史以来最大的一次地震，这次地震在现代人看来或许只不过是一次自然灾害而已，但对当时的欧洲思想界而言却是一场思想的风暴。当时几乎所有学者都对这次地震给予了极大的关注，伏尔泰、卢梭等思想家自不待言，他们还特意进行了书信来往探究这次地震对当时以及未来的影响。非常明显，这一自然的恶对康德的影响更是巨大，为此他曾在次年即1756年专门连续写就了3篇反思里斯本地震这一自然的恶的文章，分别从神学与物理学的角度研究了地震的发生、预防，以及与此相关的"神正论"(theodicy)等事项。显然，康德关于恶的问题的反思并不止于前批判时期，他在批判哲学时期也一直对此保持着浓厚的兴趣，事实证明，他对恶的问题的认知并不是一成不变的。关于这一点，我们从其对恶的起源的阐释上可以得到具体的体现。

第一节 恶 的 起 源

　　恶的起源问题，是一个古老而常新的哲学议题。自古以来，曾有不少学者对这一问题做出过深入的思考，积累了大量的理论成果。在这众多的理论成果中，康德的研究可谓独具一格：身处传统宗教和理性启蒙风云际会的时代，他既没有堕入狂热的虔敬教派，完全以路德新教的学说来诠释恶的起因；也没有彻底倒向时兴的启蒙思想，盲从理性的权威，简单地认定理性可以解决包括恶源自何处在内的一切问题。众所周知，按照《圣经》上的记载，恶或原罪[1]始自人对至上存在者之诫命的逾越，人在没有堕入恶之前，一直生活在天真无邪的状态，由于蛇的引诱，亚当违背了至上存在者的禁

---

[1] 康德哲学中的"恶"或者说"根本恶"与《圣经》中的"原罪"思想到底是什么关系，众说纷纭。此处，笔者采纳的是卡尔·洛维特的观点，即"原罪"与"恶"的区别不大，康德首创，且被马克思承继的"根本恶"概念不过是基督教"原罪说"的改版与再造而已。参见[德]卡尔·洛维特：《世界历史与救赎历史》，李秋零、田薇译，上海人民出版社2005年版，第69页。

令,吃了辨别善恶之树的果实,自此以后人便背负了恶或原罪。然而,在康德看来,恶的这一缘起说是很成问题的,他甚至认为,无论人心中的恶源自何处,在所有涉及恶之起因的叙事中,最不适合的一种方式,就是把恶设想为我们始祖之原罪的遗传。因为关于道德上的恶,人们完全可以说:族类、祖先以及那些不是我们自己创造的东西,都不能把它们算作我们自己的(genus et proavos, et quae non fecimus ipsi, vix ea nostra puto)。① 与此相对,康德也从另一个方面断定,恶的理性上的起源亦是我们所无法理解的,因为所谓恶不过是指人们违背了道德法则,并把自然偏好高置于道德法则之上的结果,而人何以要违背道德法则,何以要颠倒两者之间的秩序,则是无法再深究的奥秘了,在此意义上,可以说我们没有任何确切的理据来说明道德上的恶最初是从哪里来的。那么,此处康德所说的恶之起源不可知指的是什么意思?它是康德的一贯之道,还是存在一个认知上的发展过程呢?按照康德对这一议题所作处理的时间顺序,同时结合当前康德研究的最新成果,我们将分别介绍康德哲学中恶之缘起的三种说法,即恶作为善的不完满状态、非社会的社会性,以及原则次序的颠倒,以期对康德哲学尤其是其宗教思想提供一个整体观照的线索。

一、作为善的不完满状态

通常说来,就对宗教问题的研讨而言,最能代表康德之成熟思想的著述当属《纯然理性界限内的宗教》一书,因为康德曾不止一次说过:很久以来,在纯粹哲学的领域里,我给自己提出的研究计划,就是要解决以下三个问题,亦即我能够知道什么(形而上学)、我应该做什么(道德)、我可以希望什么(宗教),在现在给您的著作《纯然理性界限内的宗教》中,我试图实现这个计划的第三部分。② 毫无疑问,《纯然理性界限内的宗教》对康德而言相当重要,在某种层面上,它的地位几乎可以与"三大批判"比肩。不过,这一代表康德之"宗教批判"的作品并不是凭空出现的,仅就恶的起源这一点来说,它批判哲学时期远肇于《康德哲学神学讲演录》(Immanuel Kants Vorlesungen über die Philosophische Religionslehre)一书。

该书是在康德逝世 13 年之后,由其学生普利茨(Karl Ludwig Pölitz)于 1817 年在康德授课记录的基础上整理而成的。大多数学者认定,康德讲授

---

① [德]康德:《纯然理性界限内的宗教》,李秋零译,中国人民大学出版社 2005 年版,第 25—26 页。
② [德]康德:《康德书信百封》,李秋零译,上海人民出版社 2006 年版,第 199 页。

第四章 恶的问题

这一内容的时间应该是在1783年至1784年之间,是康德进入批判哲学时期以后,较为自觉地反思神学的结晶与阶段性成果,也是我们了解康德宗教思想,尤其是其关于恶的看法的必要一环。① 康德之所以会在此时谈及恶的问题,是因为他认为,在对至上存在者的存在给予了道德确证(assured)之后②,必须对恶之所从来给出合理的说明。既然至上的存在者是存在的,而且还是圣洁的,那么恶是从哪里来的?既然至上的存在者是仁慈的、善的化身,那么为什么会有恶,而且它为何要把恶置于人性之中?

康德在其关于哲学神学的演讲录中明确指出,恶是对善的限制:"世上的恶应被视为向善的种子在其发展过程中的不完善状态,恶没有专门的种子,它仅仅是消极意义上的、对善的不完满状态。"③换句话说,相较于恶,善尤为本根,恶是以善为基础的,它是善根(the seed of goodness)之实现、充实自身过程中的副产品。康德指出,善有专门的种子,它是至上的存在者亲手植入人的心灵之中,除了至上的存在者之外,也没有任何力量能将它从人的心灵中剔除出去。与此不同,恶"产生于人自身的有限性,它是人与自身本能相斗争的附带结果。"④因为在所有被造物中,人是唯一具有理性且追求完满的生物,它不只是有着善的种子,具备趋向于善的可能,更有着实现善的要求与能力,作为理性的存在者,人应该运用至上存在者所赋予的才能与理智,实现弃恶向善的目的。不过,与此同时,我们也不应忘记,人虽说具备实现善的才能与理智,但其毕竟还是有死的动物,动物所拥有的贪求、本能,以及物欲之弊、气禀之私等也都是人避免不了的。在此意义上,人如何摆脱粗野的和未开化的习气,以达到完满的状态,就成了人的庄严使命。然而,人终究不是至上的存在者,作为有限的理性存在者,人对这一重要课题的实现绝不是一蹴而就的,相反它始终是一个艰辛而漫长的过程,而所谓恶,指的就是这一漫长过程中善之未充分实现的状态。

将恶视作善的不完满状态或对善的限制这一观点,绝不是康德的独到见解,更不是他的新创,几乎是当时学界的一个共识。比如,与康德同时代

---

① Kant, *Lectures on Philosophical Theology*, Allen Wood(trans.), Ithaca: Cornell University Press, 1978, p.15.

② 与其他作品相比,康德对至上存在者之存在的道德证明在《康德哲学神学讲演录》中体现较早,也较为清晰。我们知道,康德在1781年已经出版了他的《纯粹理性批判》,在该书的"纯粹理性的理想"部分他主要批驳了传统的三类至上存在者存在的论证,而在该书的"纯粹理性的准则"部分,他已经为至上存在者的道德确证指示了方向,而这一确证的落实在《实践理性批判》和《判断力批判》中得以更充分地展现。

③ Kant, *Lectures on Philosophical Theology*, p.117.

④ Kant, *Lectures on Philosophical Theology*, p.118.

的舒尔茨大致亦持类似的观点。舒尔茨以造物为例来阐述他的善恶思想。在他看来，所谓生命指的无非就是关涉一切造物的一个概念，尘世上的万物无一不是造物链条上的一个必不可少的环节，每一物无不与另一物比邻，在这个巨大的阶梯中，真正说来，并不存在无生命的东西，各个物类只是生命程度的区别罢了。正如真理与错误之间不是类的不同，而是度的差别一样，德性与恶习在根本上亦非决然迥异，本质上来看，它们都是完善之概念的不同层级的展示，而恶说到底只不过是善的低级程度而已。舒尔茨的这一思想，在康德的转述中得到了进一步的确证："道德上的善或者恶，所指不过是完善性的一种较高的或者较低的程度。"① 人与天使相比是恶，天使与至上的存在者相比也是恶，究其实质而言，两者之间没有绝对的界限，皆为完善在不同阶段的呈现而已。显然，就恶之为善（完善）的相对不足这一点而言，康德与舒尔茨是有着相似之处的，但也仅此而已，两人的看法并不完全一致。因为康德认为舒尔茨太过于强调宿命论，而忽视了人自身的自由与理性。用康德的话说，任何一个没有成见的且在思维上训练有素的读者将不难发现，普遍的宿命论思想充斥着舒尔茨的名著《不分宗教适用于所有人的道德学说的一种指南尝试》之始终。舒尔茨完全把人的一切行动都转化为了纯然的木偶的举止，彻底取消了责任与义务的观念。这一宿命论把自由视为了荒诞不经的儿戏，人们唯一可为的就是等候或者观看至上存在者在我们心中所做的事功，而不是我们从自身出发作为当事人能够做的，以及应当做的事情。② 对于一位深受理性启蒙影响的思想家康德而言，舒尔茨略显过时的宿命论思想自然无法让他满意，但无论如何，他们在对恶之起因这一点上的认识，大体是一致的，而这种一致性毫无疑问导源于他们的共同精神导师奥古斯丁。

作为教父思想的集大成者，奥古斯丁的著作堪称神学的百科全书，在这些卷帙浩繁的著述中，《上帝之城》极受后人推崇，而他在该书中对恶及其根源的宏富论辩，更是影响深远，尤为后学克绍箕裘、踵武赓续的典范。我们知道，是奥古斯丁较为系统地提出并阐释了恶之根源问题："这世上没有任何东西生来就是恶的，所谓'恶'无非就是善的缺乏。"③

对奥古斯丁而言，一切由至上存在者而来的都是善的，不止是人，就算是恶魔在被造出来的时候也是善的，但恶魔出于自愿而成了邪恶的，迈向地

---

① ［德］康德：《康德著作全集》第8卷，李秋零译，中国人民大学出版社2010年版，第18页。
② ［德］康德：《康德著作全集》第8卷，李秋零译，中国人民大学出版社2010年版，第19页。
③ ［古罗马］奥古斯丁：《至上存在者之城》，王晓朝译，人民出版社2006年版，第472页。

狱之门的动力是恶魔自己的意志,是它的意志违背了本然的秩序,偏离了最高的存在而转向了较低的存在。如此说来,那么,恶魔的罪恶意志之动因又来自何处呢?对此,奥古斯丁告诫我们,不要试图寻找它的动因,因为这一原因是找不到的,"罪恶意志本身不是某个事物,而是一种缺失,源自最高存在的某种缺失,相对于最高存在而言,具有较低的存在,就是拥有罪恶意志的开端。"①举例来说,寻求罪恶意志的动因,如同看到黑暗和听到寂静一样,我们只有通过了解它们的缺乏之处才能抵达它们。黑暗与寂静都是为我们所知的,我们知道前者凭借眼睛,知道后者凭借耳朵,然而我们知道它们,不是由于它们的显现,而是由于它们缺乏任何显现。所以,我们不能向知道的事情中找寻不知道的事情,"因为这些事情被人们知道不是凭借着它们的显现,而是凭借着它们缺乏显现,只能通过对它们的不知而知(如果事情能够以这样方式来表达和理解的话),因此我们关于它们的知识本身是一种不知。"②当我们的眼睛关注有形事物时,当且仅当开始看不到的时候,它才看到黑暗。同样的道理,当我们的耳朵感受寂静时,也仅当听不到任何声音的时候,才能感受到寂静。以此类推,我们对恶之起因的探究,导源到罪恶意志是对最高存在的一种缺失,即善的缺失的时候,才真正通达到了恶的最终根源。

行文至此,我们大致可以断言,康德在进入批判哲学以后的最初几年里,其宗教学说并没有完全与传统的神学思想脱钩,这一点由上述关于恶的阐述中呈现得较为显豁。诚然,由于深受启蒙思想的影响,康德的视角多多少少与奥古斯丁的立场存在差别,比如,康德的宗教理论里已经萌发了在其后实践哲学中所着重阐释的"完满"这一概念;③作为范导性的理念,康德思想中的至上存在者也不能等同于奥古斯丁眼中的耶和华。但无论如何,1783年时代的康德,就其对恶之根源的理解而言,并没有彻底摆脱奥古斯丁的拘囿。不过在另外一个层面,我们也应该看到,康德在这一时期提到的相对模糊的概念,在他随后的宗教作品中亦有着重大的影响,在历经了某种阐释与衍化之后,直接塑造了康德后期有关恶之起源的趋近于成熟的理论,而"粗野"或者"未开化状态"等范畴就是这样的概念。

---

① [古罗马]奥古斯丁:《至上存在者之城》,王晓朝译,人民出版社2006年版,第502页。
② [古罗马]奥古斯丁:《至上存在者之城》,王晓朝译,人民出版社2006年版,第503页。
③ 康德与奥古斯丁关于恶之看法的具体区分可以参见 James Wetzel, "Augustine on the original of evil: myth and metaphysics", *Augustine's City of God: A Critical Guide*, ed., James Wetzel, Cambridge: Cambridge University Press, 2012, p.181。

二、非社会的社会性

对《康德哲学神学讲演录》中"粗野"或"未开化状态"这一概念给予深刻阐发的是康德的另外两篇文章,即《关于一种世界公民观点的普遍历史的理念》(1784 年)和《人类历史揣测的开端》(1786 年),它们分别由人类学与历史学的立场对此给出了进一步的发挥,从社会与历史的角度提出了恶的根源在于"非社会的社会性"(unsociable sociability)这一观点,用伍德的话说,"非社会的社会性"是恶得以可能的前提要件。① 在这一社会境遇中,交织着人的社会化与个别化的焦灼,而这一焦灼更多地体现在理性与本能的挣扎之中。

康德指出:"自然用来实现其所有禀赋之发展的手段,就是这些禀赋在社会中的对立……我把这种对立理解为人们的非社会的社会性,也就是说,人们进入社会的倾向,但这种倾向却与不断威胁要分裂这个社会的一种普遍对抗结合在一起。"②换句话说,康德认为,人性中存在两种截然不同的倾向,其中一种是社会化的偏好,只有在这一偏好中,人才能感受到自己是一个真正的人,它是人的社会化的属性;而另一方面,人也有一种个别化(孤立化)的倾向,即他想仅仅按照自己的心意处理一切事情,摆脱任何人的控制,随心所欲地占有甚至破坏任何东西的本能,无疑这是人的非社会化的属性。依康德之见,正是这一对抗,唤醒了人心中的一切力量,促使他克服自己的懒惰本性,在名利欲、统治欲,以及占有欲等作用下使他在那些他无法忍受,但又无法离开的伙伴中为自己赢得一席之地,而这就迈出了从野蛮到开化的关键一步。诚然,这一过程对作为类的人而言是善的,但吊诡的是,恶恰恰就产生于作为类的人趋善的进程之中。就此而言,可以说人的向善的自由的历史就是一部人性觉醒的历史,离开人之为人的社会背景与历史来理解恶将是不可能的,恶之所从出只能在人由本能的、非社会化状态走向理性的、社会化状态这一整体善的进程中才能得以切实地把握。③

首先,就人的饮食与性而言,人开始的时候完全听从本能的要求,而本能也基本体恤了人的相关需求,无须在此之外,诉诸其他的力量就能够满足人们的自足生活与后代的繁衍。然而随着自然的演进,理性开始躁动起来,试图把人们对食物与性的知识扩展到本能的界限之外。对于这一尝试,只

---

① Allen Wood."Kant and the Intelligibility of Evil", in *Kant's Anatomy of Evil*, Sharon Anderson-Gold and Pablo Muchnik (eds.), Cambridge: Cambridge University Press, 2010, p.161.
② [德]康德:《康德著作全集》第 8 卷,李秋零译,中国人民大学出版社 2010 年版,第 27 页。
③ Allen Wood."Kant and the Intelligibility of Evil", p.163.

要本能不完全反对(尽管它可以不赞成),理性就能够在想象力的协助之下,渐次出离本能的管辖,甚至做出违背自然的冲动。这一冲动起初并不明显,却进而由此逐渐炮制出一大堆不必要的,以至悖逆自然的偏好的东西。显然,背弃本能的机缘也许可以视为小事一桩,然而,这一尝试对于理性来说却意义重大。因为它第一次意识到了自己的能力,它能够把自己扩展到一切动物拘囿的界限之外,摆脱自然的束缚,"并且不顾自然的反对,而第一次去尝试做出一次自由选择,这尝试作为第一次尝试,其结果可能与预期不符合。不论这种损失是如何的微不足道,人毕竟对此睁开了眼睛。他在自身发现一种能力,即为自己选择一种生活方式,不像别的动物那样受制于唯一的一种生活方式。"①这一生活方式的转变,不仅使人从纯然感受的吸引力过渡到观念的吸引力,而且也从纯粹动物性的欲望逐渐过渡到了爱,甚至通过爱从纯然快意的情感过渡到了对美的欣赏,起初是对人自身的美,后来则是对自然的美,以及庄重与崇高的赞叹。

其次,是对未来的期待。康德认为,在理性介入了对本能的最初的需求之后,它的下一步就是期待未来的东西。人不是仅仅像动物那样,只是停留在对当下生活瞬间的享受,而是要想到更为遥远的、未来的某个时刻,为的是哪一天能够实现这一未来的目标而提前做好准备。当然,在达成这一目标之前,他的生活中时刻充满着不确定的忧虑和苦恼,毕竟他也不知道是否有足够的把握实现它。作为男人,他能够预见到自己日益辛苦的生活,他必须供养家庭,以及家庭中的妻子连同未来的孩子;而作为女人,则要为自身的性别承受麻烦,还要为以后繁衍后代、教养子孙付出艰辛的巨大的牺牲。与此不同,动物则因为没有这一方面的预见,相应地就免除了由于未来的观念而引起的困惑和繁难。也许它们生存的环境中每一刻都存在令人恐惧的遭遇,但无论如何,只要那些恐惧还没有来到面前,就不至于引起它们的担忧。因此,在这一层面上而言,理性在为人带来自由的同时,也为自身带来了极大的不幸与困扰,虽然这并不是其起初的愿望。

最后,理性把人完全提升到动物之上的最后一步是认识到,只有人才是自然的终极目的,与人相比,其他别的生物都没有资格与人说短论长,更不可能与人比肩。尘世上,只有人可以自由地支配其他事物,动物不再被视为平等的一员,而是被看作听凭他的意志指使的、为达成他的目的的工具和手段,唯一可以与我们一较高下的只能是别的理性存在者。在这后一群体中,

---

① [德]康德:《康德著作全集》第8卷,李秋零译,中国人民大学出版社2010年版,第115页。

我们每一个人都是目的,我们不能恣意妄为地统治他人,把他人仅仅作为手段以实现自己的目的是不道德的,也是不允许的。然而,由于在人类社会中,我们只有与他人相比较,才能断定自身处境的幸福或者不幸,由此而来,又产生出一种在人与人之间才能有的独特现象,即在其他人的看法中获得一种价值。起初,大家都还是平等的,不允许别人占有优势;继而,每个人都谋求一种优先于他人的欲求,它们不仅涉及嫉贤妒能、争强好胜,还涉及忘恩负义、幸灾乐祸,甚至其他或明或暗的敌意。① 用康德在《纯然理性界限内的宗教》中的话来说,这里所说的嫉贤妒能、争强好胜等品质就属于人的本性中第二种趋恶的倾向,即它是"人的心灵的不纯正"。虽说人们执行的准则是善的,并且也有足够的力量去实施它,但由于在与他人的比较中产生了功名欲、权力欲等其他非道德的动机,因此人们在这里虽有善举显然已是合乎义务的行动,而不是出于义务的行动。②

基于上述,表面来看是理性使人由粗野的动物的状态中超脱出来,由纯然的动物性过渡到人性,由本能的奴隶过渡到掌握自己的命运的主人,成为了尘世的主宰与自由的存在者;而实际上,诚如康德所言,这一过程"虽然可敬,但也充满了危险的变化,因为大自然把人逐出了无忧无虑的和安全的襁褓状态,仿佛是逐出了一个无须他辛苦就供养他的园地,并且把他推进广阔的世界中,那里有诸多忧愁、辛劳和未知的灾祸在等着他"。③ 或许未来也有一个可以期待的乐园,但这只是人借助想象许诺的一个美好的愿景,在实现和到达这一美好的愿景之前,理性一直驱使着人不知疲倦地一路前行,而且它也不再允许人重新返回到粗野的、未开化的状态之中了。由人的类的规定来看,这一过程无疑是在向着完善性的进步,人类是在从较坏的境地迈向较好的领域。但是,也正是在这一过程中,人性中的嫉贤妒能、忘恩负义等恶出现了,它出现于人由非社会的状态走向社会性的状态的演进过程之中。理性在觉醒之前,一切不过是在按照本能与自然的程序进行而已,而"当理性开始自己的工作,并且无论怎样孱弱也与动物性及其全部力量发生冲突时,就必定产生灾祸"。④

至此,可以看出恶是人在类的完善过程中所带来的必然结果,它是理性在克服本能,由粗野走向开化过程中的一种"非社会的社会性"矛盾所

---

① [德]康德:《康德著作全集》第6卷,李秋零译,中国人民大学出版社2007年版,第26页。
② [德]康德:《纯然理性界限内的宗教》,李秋零译,中国人民大学出版社2005年版,第15—16页。
③ [德]康德:《康德著作全集》第8卷,李秋零译,中国人民大学出版社2010年版,第117页。
④ [德]康德:《康德著作全集》第8卷,李秋零译,中国人民大学出版社2010年版,第118页。

致。而人的由饮食和性到对于未来的期待，再由对未来的期待到自然的目的的过程，也正是人之恶渐次产生的过程。用库恩(Manfred Kuehn)的话来说："当理性开始发生作用时，便与顽强的兽性展开搏斗，因而恶也必然随之产生，对于像我们这样的理性存在者(至少康德似乎是这么相信)，这是不可免的第一步。"①在此意义上，恶的出现离不开人的社会现实这一历史土壤，它是源自在既有的语境中的产物，脱开这一语境，我们就没有办法对恶之所从出给出合理的解释，起码这是康德在这一时期的一个主张。

三、原则次序的颠倒

当然需要指出的是，将恶的产生诉诸社会背景，进而将其起源还原为"非社会的社会性"这一现象，并非康德的一贯立场，相反，在形而上或先验的基础(transcendental grounding)上给问题以终极的解决，始终是康德哲学的底色。② 比如，在《纯然理性界限内的宗教》之第一篇"论恶的原则与善的原则的共居或论人性中的根本恶"中，康德就曾指出，人们之所以称一个人是恶的，并不是因为这个人做出了什么恶的行动，而是因为"这些行动的性质使人推论出此人心中的恶的准则。"③换句话说，恶之本身不是一个社会或历史问题，我们不能从别人是不是做了所谓恶的事情推导他是不是一个恶人这一结论，因为对恶的社会的或历史的研究，只能解决恶的广泛性(widespread)问题，而没有解决它的普遍性(universal)问题。④ 而要想解决这后一问题，必须从哲学的高度，从一个人有意为恶的意念出发方可，即"以先天的方式推论出一个作为基础的恶的准则，并从这个恶的准则出发，推论出所有特殊的道德上恶的准则的一个普遍地存在于主体中的根据。"⑤

那么，何为道德上恶的准则，它具体又包括哪些要素呢？要回答这一问

---

① [德]曼弗里德·库恩：《康德传》，黄添盛译，上海人民出版社2008年版，第416—417页。
② Jeanine Grenberg, "Social Dimensions of Kant's Conception of Radical Evil", in *Kant's Anatomy of Evil*, eds., Sharon Anderson-Gold and Pablo Muchnik, Cambridge: Cambridge University Press, 2010, p.174.
③ [德]康德：《纯然理性界限内的宗教》，李秋零译，中国人民大学出版社2005年版，第4页。
④ Paul Formosa, "Kant on the radical evil of human nature", *The Philosophical Forum*, 2007, p.237.
⑤ [德]康德：《纯然理性界限内的宗教》，李秋零译，中国人民大学出版社2005年版，第4页。

题,首先须先对康德哲学中的两对概念略作区分,它们是 Wille(意志)与 Willkür(任性),以及自爱原则与道德法则。按照阿利森观点,意志与任性这一对概念在康德哲学中的使用比较复杂,它们在《实践理性批判》《纯然理性界限内的宗教》《道德形而上学的奠基》,以及《道德形而上学》中的意涵,并不完全一致。① 不过,虽说如此,从整体上来看康德对这两个概念的运用还是清晰的,即意志刻画的意愿能力的立法机能,而这一立法机能可以等同于实践理性或道德法则本身;而任性所指涉的是执行机能,它是对意志之规定的接受与拒绝的选择能力。任性之所以有时接受、有时拒绝意志颁布的法则,则又与康德对人本身所受的规范原则认知有关,即与自爱原则与道德法则有关。在康德看来,作为有限的理性存在者,人与至上存在者不同,他本身既要受到自然偏好的牵制,同时又要受到自由禀赋的约束,也就是说,当人在进行活动或选择时,他会同时受到自爱原则与道德法则的束缚与规约。作为一个道德上的严格论者,康德承认,人的道德准则中只包含上述两类可供选择的规则,而恶的产生就基于我们如何对其中的原则进行抉择,即"人是善的还是恶的,其区别必然不在于他纳入自己准则的动机的区别(不在于准则的这些质料),而是在于主从关系(准则的形式),即把二者中的哪一个作为另一个的条件。"②准确地说,人之所以是恶的,不在于他是不是将自爱原则或道德法则接纳进了自己的准则,而在于他在将这两种动机纳入自己的准则时,颠倒了它们的道德次序。显然,人的任性地接纳自然偏好与道德法则时,完全意识到了两者是不同的两类东西,他必须把其中的一个当作最高的行为规范来持守并加以执行,他却错误地把违背了道德秩序,把前者当作了道德至上条件。从行为的结果来看,即使这样做是符合法则所要达到的目的的,也是不允许的,因为它只有经验后果上的善,但其实质没变,依旧是恶的。

然而,恶之起因问题并没有因为上述的讨论而得以解决,相反,它使问题变得更为复杂了,因为人们在此难免仍有一问:任性为什么要将自然偏好置于道德法则之上呢? 要回答这一问题,我们就不得不对康德思想中的另外一个核心范畴即"意念"给出说明,因为它不仅涉及自由行为者的基本秉性(underlying disposition)或品质,还涉及了进一步阐明恶之概念的基础。③

---

① 参见[美]亨利·阿利森:《康德的自由理论》,陈虎平译,辽宁教育出版社 2001 年版,第 187—198 页。
② [德]康德:《纯然理性界限内的宗教》,李秋零译,中国人民大学出版社 2005 年版,第 22 页。
③ Henry Allison, *Kant's theory of freedom*, Cambridge: Cambridge University Press, 1990, p.129.

众所周知，Gesinnung①（意念）一词于康德哲学，尤其是对康德后期道德思想与理性神学意义重大。据庞思奋的统计，Gesinnung 及其德语变形在《纯粹理性批判》中出现过 15 次，在《判断力批判》中动用过 17 次，在《实践理性批判》中使用达到了 60 次，在《道德形而上学的奠基》中起用过 6 次，总共 98 次；而在《纯然理性界限内的宗教》中则足足出现了 169 次，后者几乎是前面四部著作的两倍。② 上述数据表明，较于康德的知识理论与审美学说，意念对其宗教思想与伦理学说尤为必要。诚然，意念一词呈现频率的多寡与它在思想研究中的轻重地位并不完全相同，统计学毕竟不就是哲学，它也不能取代后者的位置，可毋庸置疑的是，在一定层面上我们也的确可以借由这一语词的运用，察知康德思想中的某种隐微变化。

第二节 意 念

意念这一概念不仅牵涉对康德"三大批判"中的相关论题，同时亦涉及康德晚年的道德宗教议题，问题庞大而芜杂，因此我们这里打算把所要阐述的主题聚焦在意念之意涵的分疏上。换句话说，我们关于意念的探讨，主要涉及康德对这一概念所作界定的两个关键词上，即"根据"和"主观"。基于此，我们这里大致分为如下内容：首先，在问题的导入部分，主要考察意志、任性，以及意念之间的关系，引入意念这一议题；其次，具体阐释意念之定义中包含的内在意蕴，即分析作为 der erste subjective Grund der Annehmung der Maximen③（采纳准则的原初主观根据）之界定中的"根据"一词的意涵到底是什么，它是经验性的还是理智性的，若是后者，它与亚里士多德的 hexis④（品质、习惯、性格等）有何差别；再次，则是辨析意念中的"主观"选

---

① 德语 Gesinnung 一词的中文翻译不尽一致，有的将其译为"意念"（李秋零），有的则把它译作"意向"（邓晓芒）。其实它不仅在中文世界中如此，在英语学界中亦有多种翻译，比如 disposition（T.K.Abbott, *First Part of the Philosophical Theory of Religion in Immanuel Kant's Critique of Practical Reason and Other Works on the Theory of Ethics*, London: Longmans Green, 1873）；attitude（Werner Pluhar, *Critique of Pure Reason*, Cambridge: Hacket Publishing Company, 1996），以及 conviction（Stephen Palmquist, *Comprehensive Commentary on Kant's Religion Within the Bounds of Bare Reason*, Oxford: Wiley Blackwell, 2016）等。

② Stephen Palmquist, "What is Kantian Gesinnung: On the priority of Volition over Metaphysics and Psychology in Religion within the Bounds of Bare Reason", *Kantian Review*, Vol.20, 2015, p.252.

③ Kant, *Die Religion innerhalb der Grenzen der bloss Vernunft*, Stuttgart: Philipp Reclam, 1974, S.28.

④ 亚里士多德 hexis 的意涵较多，本文采用的是"品质"这一译法。

择这一语词的歧义,它指涉的究竟是道德心理学意义上的"主观",还是道德确信意义上的"主观";最后,我们将结合最近的一些研究资料,再对"意念"之起源问题给出一点说明。

作为一个重要的哲学范畴,意念这一语词并不是康德在《纯然理性界限内的宗教》中第一次提出来的,但对这一概念的深刻剖析与详细阐发却是这一著作的核心论题之一。正是在这一著作中,康德对它给了明确的界定,在康德看来,所谓意念指的就是"采纳准则的原初主观根据"①,它是一行为者最持久的性格与品质,是具体行为选择的前提要件,并在具体行为的选择中得以反映。康德对意念②的这一界定,初看之下是明晰的、毫无异议的,然而对这一范畴及其周边议题稍加考察,则不难发现其中存在着诸多令人困惑的地方。作为采纳准则的原初主观根据,意念普遍地指向自由的全部应用。也就是说,意念指涉的范围不仅关系到自由任性的运用,甚至关涉整个自由领域,只有基于意念,任性的选择才具有其可能性。在此意义上可以说,人是愿意把道德法则置于自然偏好之上,还是乐意把自然偏好置于道德法则之上,是由意念给出资讯、提出利弊权衡,然后以供任性做出最终的判断或裁决。现在,如果我们的这一解读符合康德文本原意的话,那么很明显,意念是一个什么东西又是亟待说明的问题了。然而,对此问题,康德显然有点语焉不详,给出的具体阐述更是付诸阙如。正如彼得斯(Julia Peters)所正确指出的那样,意念对晚期康德的哲学思想相当重要,构成了个人道德人格的基础,人之行为的道德品性完全取决于他所具有的意念之善恶,可令人遗憾的是,康德对意念这一重要范畴的言说十分模糊,极难把握。③

诚然,意念的这一不太易于人们把握的特征,并不意味着它就是神秘的或不可思议的,相反,基于康德的已有文本和后世学者的探索,我们还是可以从中寻出某些线索,勾勒出它的基本轮廓的。大体而言,首先,由行为者的选择"根据"来看,意念是一种理知"品格"(Charakter),它与人的经验品

---

① [德]康德:《纯然理性界限内的宗教》,李秋零译,中国人民大学出版社2005年版,第9页。
② 诚然,Gesinnung的引入并不始于康德的宗教哲学,却在其《纯然理性界限内的宗教》中给予了最为丰富的阐发,不过,康德的这一阐发与其说是将Gesinnung概念表述得更为清晰了,不如说是赋予了它更多的复杂性和歧义性,使本来就不太明晰的陌生概念,变得更加模糊了。参见Alison Hills, "Gesinnung: responsibility, moral worth, and character", in *Kant's Religion within the Boundaries of Mere Reason: A Critical Guide*, Gordon Michalson (ed.), Cambridge: Cambridge University Press, 2014, p.80.
③ Julia Peters, "Kant's Gesinnung", *Journal of the History of History*, Vol.56, No.3, 2018, p.497.

格无关;其次,从行为者的"主观"选择来看,意念是道德确信,它与人的心理情感和态度了无相涉。

一、理知品格

前面我们已经提到,意念指的不过是一行为者之持久的品质或性格,它是行为者之具体选择的原初根据与前提,而它本身的特性又在这一具体选择中得以呈现。作为理性的存在者,任性所作的每一项选择与每一次行动,其背后的终极根据都要落实到意念的层面之上,正是意念通过它的一系列的具体选择和具体行动,形成了我们各具特征的生命人格与道德气质,并且最终将"自我"和"他者",甚至将"彼时的我"与"此时的我"区分开来。在这一意义上,就人的道德生命而非自然生命而言,可以说意念的作用不可小觑,某种程度上正是它塑造了我们自身,继而使得我们成为可以归责的道德个体。

不过,事先需要明确的一点是,由于康德哲学中的意念与性格、品质、态度,以及倾向等范畴关联甚深,这就使得人们尤其是西方学者很自然地将其与亚里士多德的 hexis 等同视之。某种层面上,正是由于意念所提供的那种性格特征,使得人们联想到了亚里士多德哲学意义上的品质这一概念。表面看来,两者的确相仿,但细究起来将不难发现,它们之间的差别还是比较明显的,后者毕竟与内在于康德自由概念之中的意念无法相容。但无论如何,在这里将康德与亚里士多德关于品质的思想加以比对,无疑更易于我们理解康德哲学中的"意念"这一概念的本质特征。

亚里士多德认为,我们的品格不是受动的情感,而是因以某种方式对待事物而形成的固定倾向,它对我们的具体选择与行为深具指导与引领作用,而德性与邪恶正是人的这一品质的展现。[①] 具体说来,亚里士多德思想中的"品格"包括两个方面的内容:其一,我们可以借助某人的品质来对其已有的具体行为给予说明。比如,"张三每年都(不)向慈善基金会捐款,因为他是一个(不)良善的人";其二,我们可以根据某人的品质来预测其将要发生的具体行动。比如,"因为张三是一个(不)良善的人,所以他明年(不)会向慈善基金会捐款"。在上述命题中,张三的品格就对他为什么会采取这一行动,而不采取那一行动给出了合理的说明,甚至对他的未来即将发生的事情做出正确的推断。以此类推,在宽泛的意涵上,我们可以确切地说,凡

---

① [古希腊]亚里士多德:《尼各马可伦理学》,廖申白译,商务印书馆 2005 年版,第 44 页。

是具备某一品格的人,都可以也应该由其品质来加以说明,因为品格决定行为。① 也就是说,一旦我们知道了某个人的性格或品质,我们就能够预判他会以某种方式行动,选择某一立场,并且能够顺利地推断出他在未来的某个时日会出现什么事情,以及采取什么行动。

与亚里士多德思想中所呈现的具有现象、经验品格不同,康德所说的意念显然与自由的任性休戚相关,就这一点而言,人们只能在本体、理智性的层面上来把握它。行为者在意念中的选择虽说是由主体做出的,却不是随心所欲的,更是与人的自然冲动相隔悬远,因为后一观点明显将善或恶的议题归结为偶然性这一因素,进而摧毁了道德的根基。在康德看来,亚里士多德所极力刻画的人的品格,在某种程度上正是他要反对的且与之对立的立场,因为亚氏的品格说到底只不过是人的欲望、喜好、习惯等各种感觉机能的综合,事实果真如此的话,那么对此机能,我们不仅不能控制,还会滥用,进而将深具道德意义的善恶问题变为儿戏。也正是在此意义上,一旦我们将康德的意念误读为了亚里士多德的品格,那么就意味着理性行为者是在一个因果链条中锻造自我,以及与自我切身相关的品质,而因果链条的选定,也就同时宣告了人之性格的确立与固定,在此基础上,自由将没有遁形之所。毫无疑问,康德是断然不会接受这一主张的。

当然,上述误读之所以会发生,也不全是后世学者的粗心之过,康德本人亦有推卸不掉的责任。仅对意念的界定而言,康德认定它是准则之采纳的主观"根据",而明眼人于此不难看出,其中的"根据"明显可以做出两种意义完全不同的解读②:一种是因果关系(causality)上的说明;一种是理性(reason)上的逻辑辩护。不幸的是,康德在其已出版的著作中并没有给予特别的提点。而在《纯然理性界限内的宗教》一书中,上述两种意义上的"根据",竟然在他的行文运思中交互使用,这就难免给人造成一种混乱的印象,康德似乎没有对作为"根据"的因果性说明与作为"根据"的逻辑性辩护给出区分,以至于使得人们将前者的那种具有亚里士多德意义上的品质等同于康德思想上的意念。不过,我们也应该看到,康德的思想并不是僵死的,而是一直在变化着的。就在《纯然理性界限内的宗教》面世的第四个年头,康德在其出版的《实用人类学》一书中,对"根据"这一概念的表述则较《纯然理性界限内的宗教》已有很大的差别。在那里,康德指出:"绝对地具有一种品质,则意味着意志的这样一种属性,按照它,主体把自己束缚在某

---

① Julia Peters, "Kant's Gesinnung", p.500.
② Julia Peters, "Kant's Gesinnung", p.498.

些实践原则之上,这些原则是他通过自己的理性不变地为自己规定的。"① 话虽如此,康德在此还是没有鲜明地点出他的思想与亚氏的相异之处,而这对这一问题给予最为切当、最为清晰之阐释的当属康德的未竟之作《〈人类学〉反思录》(Reflexionen zur Anthropologie),该书收录在德文《康德全集》学院版第15卷。② 在这一作品中,康德明确指出,他所说的意念关涉的是"思维方式"的品格,而非"感觉方式"的品格,正是前者而非后者真正构成了人在意念上的根本特质。我们判断一个人的道德人格,一定不能只看他已做或将做了什么事情,而是要考察其所作所为之背后的道德品质是什么,现实中许多生动的案例告诉我们,出于卑劣动机的行为,其结果照样也是可能符合道德法则的。也正是基于这一点,如果我们认定康德是在选择整个因果链条中来构建自我的话,那么这一见解无疑忽视了康德极为重视的实践语境,以及与此相关的且应为之负责的意志品格。诚如康德自己所言的那样:"人在道德的意义上是什么?以及,他应该成为什么?是善还是恶?这必须由他自己来造成,或者必定是他过去所造成的。善与恶必须是他的自由任性的结果,因为若不然,他就不能为这二者负责。"③此处的关键词语是"在道德的意义上"这一限制性的表述,因为它说明,只有在这一最基本的层面上,人才会被视为是在自我选择和自我构建。

综括前述,借助亚里士多德的伦理思想资源,特别是与其思想中的重要概念 hexis 的比照与分疏,我们可以清楚地看到,康德哲学中的意念完全是一种理知品格,与亚氏的不同之处在于,它完全是基于"思维方式"(Denkungsart)而非"感觉方式"(Sinnesart)之上的一种气质或性格。我们要想对它有一个正确的理解,只能诉诸实践的逻辑关系,而不能诉诸经验的因果关系。诚如阿利森所正确指出的那样,由于"作为意志的普遍规定的准则和较为具体的实践规则,以及在诸规则之下的具体行为之间的关系属于逻辑关系而非因果关系,因此,意念所作的基本选择和理性行为者依照他们的意念所作的具体选择之间的关系,同样也是广义上的逻辑关系而非因果关系。所以,我们不能把理性行为者的具体行为……看作是行为者的意念在因果关系上的结果。"④之所以说它属于广义上的逻辑关系,是因为从意念到由此而来的行为之间不是简单、僵化的机械演绎过程,其中还有任性的采纳问题,意念只规定了行为人的基本取向而不是整个行为过程,毕竟它还为任性

---

① [德]康德:《实用人类学》,李秋零译,中国人民大学出版社2012年版,第171页。
② 参见 Kant,*Kants Gesammelte Schriften XV*,Berlin:Walter de Gruyter,1923,S.511。
③ [德]康德:《康德著作全集》第6卷,李秋零译,中国人民大学出版社2007年版,第44页。
④ Henry Allison,*Kant's Theory of Freedom*,p.142.

的实践判断留下了足够的选择空间。

二、道 德 确 信

通过对行为者之选择"根据"这一核心语词的澄清,我们大致勾勒出了康德哲学思想中意念的理知品格这一重要特质,以及它与其他思想家尤其是亚里士多德的区别,无疑这十分有助于我们对康德哲学之特征的认知和理解。不过,要想深层把握意念的确切涵义,我们还须对意念之界定中的"主观"这一关键语词给出进一步的说明。作为任性之选择的前提条件,意念毋庸置疑是自由领域的概念,对它的探讨自然应该在道德的论域中展开,然而一旦将其与"主观"一词并置,意念还会是任性所作选择的最高准则和根据吗?"主观"的加入是否在某种层面上会减弱道德的纯粹性和实在性?事实证明,我们的疑虑不是多余的,后世学者就有不少试图从道德心理学的视角来对此诠释的,其中较为著名的是普卢哈尔(Werner Pluhar)。

普卢哈尔承认,康德之意念中的"主观"与我们日用常行意义上的主观随意不是同一层面的概念,其意涵也不是现在的心理学这一学科所能穷尽的。然而,话虽如此,从康德的行文以及他对意念之使用来看,意念的主观特性主要还是偏向道德心理或心理情感(psychological feeling)[①]这一维度。基于这一认识,普卢哈尔主张,Gesinnung 这一德文词与其翻译为 disposition(倾向),不如译作 attitude(态度)更为契合康德的思想原貌。因为意念标识的不过是人心中一连串变动的状态,它决定着我们看待自我与他者的态度,并从根本上决定着我们行为的最终根据。而且,事实一再证明,我们的所作所为无不和我们因之采取的态度密切相关,而我们的行为也在不同程度上印证了我们的态度是否正确,并为我们接下来的进一步活动给出方案,或提出警告。在普卢哈尔看来,作为人之行为背后的态度,意念包含如下几个方面的内容:第一,针对某一事实与事态的看法,或对于某一事实与事态的情感;第二,以某一心态或方式面对应激事件的立场;第三,它是心灵中的消极的、敌视的状态,比如冷酷、高傲等。[②] 可以看出,基于康德之意念概念语词上的多维意涵,普卢哈尔试图从中辨析出意念的道德心理学上的意义来,但是需要强调的是,意念本身所包含的内容与普卢哈尔的"态度"并不

[①] 参见 Werner Pluhar 英译本 *Religion Within the Bounds of Bare Reason*, Indianapolis: Hackett, 2009, pp.xi-xiii。

[②] 转引自 Stephen Palmquist, "What is Kantian Gesinnung: On the priority of Volition over Metaphysics and Psychology in Religion within the Bounds of Bare Reason", *Kantian Review*, Vol.20, No.2, 2015, p.256。

完全雷同，稍作解读即可发现，普卢哈尔道德之心理学向度的诠释不能与康德思想中的意念等量齐观，因为他虽然察觉到了意念之"主观"界定中道德情感层面上的内涵，却错失了"主观"一词所携带的道德化的"确信"这一层面上的意思，这显然有违康德思想之原貌。

在第一章中，我们曾经说过所谓"确信"指的是一种"视之为真"的主观认知，当我们断定某物为真时，必然涉及主观判断，假如这一主观判断不仅对下此判断者当下有效，并且一直普遍有效——只要他具有理性的话——那么它的根据就是客观上充分的，这样的判断就是确信；反之，若其普遍必然性只是暂时的或偶然的，则可称之为置信。换言之，确信做出的判断虽说是由自己的"主观"而来，但其使用范围不限于行为者的当前语境，还涉及它的普遍适用和一贯之道。按照庞思奋的解读，康德哲学中的"确信"有两种不同层面上的运用，一是认知或思辨层面上的使用，一是行动或道德层面上的使用，而"意念"指的就是这后一层面上的意涵。为了彰显认知上的"确信"和行动上"确信"之间的关键差别，庞思奋甚至建议用 convincement 来翻译前一概念，而将 conviction 留给后一概念。① 而作为道德层面上的确信，意念具有的鲜明特征，就在于它是一种内在的、主观的特殊原则，正是基于这一原则，真正的宗教信仰才得以产生。

可见"道德确信"与"视之为真"关系至为密切②，与主客观都充分的知识以及主客观皆不充分的意见（如"其他星球上有理性的存在者"）等不同，道德确信虽是主观的，却具有主体之间普遍有效的规定性和约束性，显然意念作为主观选择的根据和准则，只能坐落于道德确信领域，而道德意念只不过是道德化了的主观确信而已。只要随意浏览一下《纯然理性界限内的宗教》，我们将不难发现，作为道德确信之意义上的"意念"，在康德的这一最重要的宗教学术著作中随处可见。就至上存在者应该被如何敬拜这一议题而言，康德就曾指出，真正的至上存在者崇拜应该基于人之主观普遍必然的道德意念，人应该把这一意念体现于他们的善的生活方式之中，并在现实生活世界中活出至上存在者的样式来。虔诚的信徒绝不是整天喊着"主啊主啊"的人，而是内心虔敬，并且身体力行以尊奉至上存在者之意志的人。对至上存在者口头上的承诺和赞颂可以说是极为轻巧的一件事情，世上奉至上存在者的名义以逞其私的人比比皆是，但所有这些都与对至上存在者的

---

① Stephen Palmquist, *Comprehensive Commentary on Kant's Religion Within the Bounds of Bare Reason*, Oxford: Wiley Blackwell, 2016, p.54.
② Lawrence Pasternack, "Kant on Opinion: Assent, Hypotheis, and the Norms of Genereal Applied Logic", *Kant-Studien*, Vol.105, No.1, 2014, pp.46–49.

敬拜无涉,因为纯粹的宗教信仰一定与在道德意念中对至上存在者的诚命即义务的遵循紧密相连。不唯如是,那些供职于圣洁事业的祭司,以及献身于至上存在者的教宗、牧师等神职人员,他们身处的场所即教会也应该是一个用于在道德意念方面进行教导和激励的聚会场所,否则他们的这种信仰只能说是历史性的信仰,而不能称之为纯粹理性的信仰。为了揭示这两种信仰的本质差别,康德还对犹太教和基督教进行了一个简单的比对。康德认为,犹太教本质上并不是一个宗教,而是一群人的联合,①因为犹太教的信仰是基于外在的规章和制度,而不是人们内心的道德意念,虽说犹太教中也有至上存在者,但是至上存在者在那里只是作为一个世俗的君主来被加以敬重的,人们并不对自己的良知提出道德上的要求。比如十诫,毋庸置疑会对人们的行动施加道德上的约束作用,然而,在康德看来,即便如此,十诫也只是外在力量对人的强制而已,它们"根本不是伴随在遵循它们时的道德意念(后来,基督教把它的主要工作就建立在这里)的要求一起被给予的,而是绝对地仅仅着眼于外在的遵守。"②因此,犹太教就其本身的性质而言,根本只能被视为历史性的信仰。与此相反,基于人之道德意念上的基督教与纯然理性的道德信仰最为契合,并为未来真正的宗教的确立准备了必要的条件。

由上论述,不难看出是人的道德意念成就了宗教,真正的信仰是基于人的道德意念之上的。对此,庞思奋指出,正如科学是出于逻辑确信的知识一样,宗教则完全是出于道德确信的信仰。③ 因为,在某种意义上,正是由于人们无法自己实现那与道德意念不可分割地结合在一起的至善的理念,而尽管如此,我们却在自身中发现了必须致力于此的义务,所以,人们发现自己被引向了对一个道德的世界统治者的信仰,只有借助他的协助和安排,至善的目的才能实现。仅就这一点而言,我们完全可以说,意念是真诚致力于一种信念的道德实践,正是在此道德实践的过程中,人们构筑了一种属于自己的生活方式,且不管这一生活方式是善的还是恶的,都是自己的选择所致。例如,关于人之本性的根本恶思想,康德就曾不止一次地指出,它源于

---

① [德]康德:《纯然理性界限内的宗教》,李秋零译,中国人民大学出版社 2005 年版,第 113 页。
② [德]康德:《纯然理性界限内的宗教》,李秋零译,中国人民大学出版社 2005 年版,第 113 页。
③ Stephen Palmquist, "What is Kantian Gesinnung: On the priority of Volition over Metaphysics and Psychology in Religion within the Bounds of Bare Reason", *Kantian Review*, Vol.20, No.1, 2015, p.249.

人的自由选择,是人咎由自取、自我招致的,也正是在此意义上,这一恶才被称为根本意义上的恶。相对恶而言,向善的禀赋更为根本,它是人与生俱来的、不可剥夺的原初特质。然而,在康德看来,当我们说善是人自由选择的结果时,与这里所说的人性中的、与生俱来的向善的禀赋之间并不存在矛盾,因为"人被造就为向善的,人的原初禀赋是善的,但人还没有因此就已经是善的,而是在他把这种禀赋所包含的那些动机接纳入自己的准则(这必须完全听任于他的自由选择)之后,他才使自己成为善的或者恶的。"①

至此,我们不难发现,就意念的"主观"特征而言,它只能坐落于视其为真的"确信"的范围,尤其是行动层面上的确信论域,它是人之道德化的确信。它与认知上的确信不同,更与道德心理学上所说之偶然的、特殊的"主观"天地悬隔。相反,它是人持之以恒的一贯之道,而所谓的宗教信仰以及善恶的生活形态,只有基于道德意念才能得以合理的解释。在此意义上,可以说意念不仅仅是人之性格的基础、行为的理据,更是人之持守的基本信念。作为人之选择的主观准则,意念与随心所欲无关,就某种层面而言,这里的主观与思辨领域中的先天认知形式极为相仿,不同的是,在这里它是人之道德人格的基本框架和内在结构,而不是使知识得以可能的先天条件。不过,要想充分理解这一点,我们不得不对意念之起源问题给出进一步的说明。

三、意念起源

经由上面的简单探讨,我们对意念大致已有所了解,不过这一了解也仅限于对意念之属性或特征的描述层面,而其属性与特征之背后的深层问题,比如意念是如何产生的这一议题,尚未给予明确分疏,依旧属于未明的隐晦状态。我们知道,意念这一概念的引入,旨在为选择的合理性以及行为的可归因性奠立基础,为任性的抉择提供最终的理据,没有这一原初理由(meta-reason),我们的选择要么是无穷回溯,要么就是没有根据的、荒谬的,而这两种情况都是我们不可接受的。因为既然恶的根据只存在于意念所给出、且被任性所采纳的原则之中,那么意念是根据什么准则来对各种不同的原则排序的?它的最终根据又是什么?对于这些问题,康德认为是无法回答的,尽管这些问题是合理的、不可避免的。

对康德而言,采纳道德准则的原初主观根据之所以是无法探究的,主要在于:"这种采纳是自由的,因而必须不是在本性的一种动机中,而总是又

---

① [德]康德:《康德著作全集》第6卷,李秋零译,中国人民大学出版社2007年版,第45页。

要在一个准则中寻找这种采纳的根据(例如,我为什么采纳了一个恶的准则,而不是采纳一个善的准则又由于);又由于就连这个准则本身也必须有它的根据,但在准则之外却不应该也不能够提出自由任性的任何规定根据,因而人们就会在主观的规定根据的系列中越来越远地一直追溯到无限,不能达到原初的根据。"①初看起来,康德的辩解似乎是出于避免恶性的无穷倒退进而拒绝对意念的进一步探究的,其实不然。按照距康德时代不远,且被康德欣赏的哲人费希特的分析,要理解一种自由的活动是绝对自相矛盾的,因为恰恰是在很多据说可以理解这种活动的地方,这种活动就将不再是自由的活动了,这一点在康德阐释恶的根据时尤为明显,因为恶之本身就是自由任性的结果,对于恶之所出,源自何处等问题,我们根本没有办法给出确切的答案,而只能说,恶是与生俱来的,然而又在自由中有其起因。②

那么,意念到底是如何获得的呢?康德给出的答案很简洁,意念是天生的,是人与生俱来的。③ 不过,这里所说的"天生"不是指时间上的"与生俱来",而是理性或概念上的"与生俱来",正如康德在解释"恶"的起源时所做的那样,恶的根源是不能归因于现象或时间领域的,它只能在理性的、自由的范围内给出合理的解释。用康德自己的话说,人之所以天生具备善的意念或恶的意念,并不意味着这一"意念根本不是由怀有它的人获得的,即是说,人不是意念的造成者,而是意味着,它只不过不是在时间中获得的(即从幼年就一直是这样的或者那样的)罢了。"④换句话说,意念的获得离不开特殊的实践语境与伦理场域,善恶的意念只能在这一语境与场域中给出解释,它与行为者的自由实践密切相关,决不能将其根源诉诸因果链条的学说之上。因此,当康德断言意念是有着"前时间"或"无时间"的起源时,实质上他的意思不过是说,人的意念是与人的道德生命一起产生、成长起来的,即它是与自由运用共同延展开来的,而不是在时间或现象的维度中"与生俱来"。

进而言之,如若我们将意念的获得与纯粹直观形式以及知性范畴的产生略作比对,则将更为切实地明了康德对于意念之根源的态度。由《纯粹

---

① [德]康德:《纯然理性界限内的宗教》,李秋零译,中国人民大学出版社2005年版,第5页。
② [德]费希特:《费希特著作全集》第3卷,梁志学译,商务印书馆1997年版,第187页。
③ [德]康德:《纯然理性界限内的宗教》,李秋零译,中国人民大学出版社2005年版,第9页。
④ [德]康德:《纯然理性界限内的宗教》,李秋零译,中国人民大学出版社2005年版,第9页。

理性批判》中的"先验感性论"与"先验逻辑"部分可知,纯粹直观形式与知性范畴是我们的先天认知结构,它们像知识之网一样,负责对感性杂多的质料进行整合与归摄,没有它们,我们就不可能认知世界,它们是我们的知识得以可能的前提要件。然而,当我们继续追问:纯粹直观形式与知性范畴又是从何而来的呢?为何前者只有两个,而后者却有十二类,为什么就不能多一个或少一个呢?这时我们就遇到了一个棘手的问题。虽说康德对这一问题也有回应,它们也许来自于某种共同的、但不为我们所知的根基。但对于某些学者而言,康德这一回应跟没有回答毫无差别,因为康德的意思无非是我不"知道",作为人类认知的先天结构,纯粹直观形式与知性范畴是"不为我们所知"的。当然,不为所知(know),绝不等同于我们对它们的不可思议(think)。按照齐良骥先生的看法,纯粹直观形式与知性范畴是康德之"新生论"的主要内容,它是在反对既有之"预成论"和"自生论"的基础上提出来的。① 首先是所谓的"预成论",它的主张在于认定有机体在性细胞中就已经以现有的胚胎存在了,有机体其后的发育不过是预先存在的各器官在量上的增长,这一主张在 17 到 18 世纪的西方生物学界占统治地位,当然它也是至上存在者创造世界的一种神学立场的变种。将这一立场用在康德的哲学语境中,无异于是说纯粹直观形式和知性范畴来源于至上存在者,康德肯定反对这一看法,因为它不过是康德早先就已经批判过的神学上的天赋学说。其次是"自生论",它原本指生物体从无生命物质自然发生的一种主张,这一观点较为早出,亚里士多德在其所著的《动物史》中就已经提出鱼源自泥沙、昆虫始自腐土的观点。在康德的思想语境中,"自生论"的哲学意涵等于主张纯粹直观形式和知性范畴来自经验,是经验使得概念得以可能。毋庸置疑,这一观点与康德的基本哲学立场,即概念使得经验成为可能的哲学立场相矛盾:毫无必然性和严格普遍性的经验怎么可能会产生具有必然性和严格普遍性的纯粹直观形式与知性范畴呢?最后是"新生论",它断言性细胞中并不存在任何雏形,生物体原先并不存在的各种组织和器官都是在发育过程中逐渐形成的。以此作为参考和对照,康德认为,我们的纯粹直观形式和知性范畴既不是异类的过渡,也不是至上存在者的恩赐,而是同一种之内每一新的个体的发生、成长的结果,它是自然在发展过程中每一个体有机物内在的能动性和创造活动,这种内在的能动性和创造活动完全合乎理性,是理性的要求。也就是说,时空直观与知性范畴是人之理性自我产生、自我发展的结果,它们与自身之外的事物无关,亦不能向自身之外的

---

① 齐良骥:《康德的知识学》,商务印书馆 2000 年版,第 129—136 页。

事物求取。

按照阿里森的解读,与时空的直观形式和知性范畴一样,康德哲学中的意念学说也应该站在"新生论"的立场上来理解,我们不能将它的起源问题诉诸人的主体之外,意念的主观特征并不意味着肆意妄作,本质上它也是人之理性的先天结构,只不过与时空和范畴的先天结构不同的是,这一先天结构不是思辨的、认知的,而是道德的、行为的,它与我们作为道德行为者的本性不可分割,同时又是构成这一本性的要素,即它是我们的道德人格的构成要素。康德之所以一再重申它不是"在时间中"获得的,其目的不过是想强调它是在道德和精神的发展进程中获得的而已,甚至可以说它是道德和精神之发展的先决条件,进而是那种可以在道德范畴内加以设想的生活之可能性的前提要件,正如时空以及范畴是经验之可能的先决条件一样。①

不可否认,康德通过主张一个人的意念必须被视为获得的,但又拒绝视为从时间中获得的这一看法,不过是给意念的起源问题一个理性或概念上的解决方案,其解决之道离不开对归因之可能性条件的反思,以及对道德主体人格的凸显。在某种程度上,康德认定,是人自己要成为他自己,人在道德意义上的为善与为恶之因最终只能诉诸自身。作为理性的存在者,我们应该出于对道德法则的尊重而行动,关于这一原则,康德不仅将其贯彻于人们的具体行动中,还扩展到了对意志的普遍规定中,在此意义上,似乎可以说康德对意念之学说的论述是否成功完全取决于他对道德法则以及义务之奠基的处理是否稳固。当然,康德在《纯然理性界限内的宗教》中提出的意念学说,能否完全从《道德形而上学的奠基》与《实践理性批判》中的道德法则和义务学说中推导出来,或者说,前者的有效性是否要以后者的有效性为充分条件,依然是一个需要进一步商讨的议题。

可以看到,作为康德后期哲学中一个极为核心的范畴,意念不仅深化了意志与任性之间的复杂关系,还推动了道德与宗教之间的内在联动,某种程度上它甚至标识出了康德实践哲学的独特品格,并由此而与传统思想尤其是亚里士多德的道德哲学区别开来。关于意念所具备的理智性的品质、道德化的确信,虽然基于思辨理性的立场尚无法加以认知,但是这并不影响它的客观"实在性"(Realität),以及见之于经验世界的"现实性"(Wirklichkeit)。与作为纯粹的直观形式和知性范畴一样,意念也是先天的,稍微不同的是,它不是经验或知识得以可能的前提条件,而是人之道德

---

① [美]亨利·阿利森:《康德的自由理论》,陈虎平译,辽宁教育出版社2001年版,第212页。

行为的(善的或者恶的)先天结构和内在形式。诚然,康德对意念的这一论述未必人人认同,加之他对这一学说的阐释时间跨度较大,论点亦较为分散或模糊,这在某种程度上也加剧了后世学者的梳理和解读难度,但无论如何,康德对人的道德之行为归因的反思,以及由此而形成的意念学说依然是值得我们认真汲取的学术资源,因为在某种层面上对康德之道德意念学说的否定,只能要么走向神义论的路数上去,要么堕入相对主义的深渊,而要想避免这两种命运,康德的研究工作还是不容忽视的。

综括前述,从康德对恶之起源探讨的时间上来看,无论是1784年他在《关于一种世界公民观点的普遍历史的理念》中提出,并在1786年在《人类历史揣测的开端》进一步阐发的"非社会的社会性"说,还是1794年他在《纯然理性界限内的宗教》中提出的"原则次序的颠倒"说,都与1783—1784年期间他作的"哲学神学讲演录"中"善的不完满状态"存在着密切的关系,前者是在后者基础上的进一步延伸与发展。如果说"哲学神学讲演录"中对恶的探讨还没有完全脱离传统宗教的窠臼,还留有基督教神学印记的话,那么随着时间的演进,以及他的思想的进一步成熟,康德逐渐提出了有关恶之缘起的、独具特色的学说,这一学说与他的批判哲学的底色一脉相承。基于上述可知,康德对恶之根源的认识,既是一个从启示神学到道德宗教的过程,也是一个由传统宗教学说走向外在社会历史理论,进而由外在社会历史理论走向先验哲学的过程。在先验哲学中,理性诚然可以对恶的产生给予必要的探究,但需要坦陈的是,康德并不认为单是理性本身就足以实现对恶之起因的考察,借用一句他致普鲁士国王信中的话来说,在恶的起源、从恶到善的转变,以及人处在后一种状态之中的确定性等诸如此类的问题上,被视为偶然的信仰学说即启示并不是不必要的和多余的,因为启示可以用来弥补连纯粹理性本身也并不否认的理论缺陷。① 在这一层面上,康德哲学中启蒙思想与传统宗教之间的冲突,又不可避免地展现为理性与启示的争执,而如何具体、翔实地揭示康德思想中道德与信仰、自由与恩典彼此之间的内在矛盾和关联,仍然是我们在康德哲学研究领域中的一个课题。

---

① [德]康德:《康德著作全集》第7卷,李秋零译,中国人民大学出版社2008年版,第9页。

第五章 超验理念

在康德批判哲学体系中,思辨哲学涉及的是从科学的角度来理解信念及其客体即至上存在者的存在问题,在这一点上,康德认为既有的神学证明都无法成立,因为这些证明方式本身与它们所要实现的目标之间存在错位问题。实践哲学中的道德宗教议题,旨在借助由道德通过自身而来的至上存在者理念对人的意志施加影响,继而使人完成其应尽的义务与职责。① 虽说康德在处理这些问题时引起过不少争议,比如逻辑谓词与实在谓词的区分问题、至上存在者的神圣性与道德的崇高性之间的张力问题等,但不可否认的是,所有这些问题都能够在理性的范围内得到某种程度的解决或提示。然而,康德在其宗教哲学的代表作即《纯然理性界限内的宗教》的附录部分处理的一些几乎完全是超验的理念,而这些理念貌似是纯粹理性所无法触及的议题。既然如此,康德何以非要对此加以探讨呢?显然,康德之所以致力于此,无疑与他在宗教上的道德意图密切相关。

事实上,我们知道康德在1792②年到1794年写作出版的《纯然理性界限内的宗教》一书是由4篇系列文章构成的,它们涉及的是根本恶(Radical Evil)、基督论(Christology)、教会学(Ecclesiology),以及末世论(Eschatology)等议题。其中,在每一篇文章后面,康德又相应地增添了一个附释作为补遗,它们分别处理的是恩典(Gnaden)、奇迹(Wunder)、奥秘(Geheimnissen)和邀恩的手段(Gnadenmitteln)。在康德看来,这些补遗并不属于纯粹理性界限内的事务,却与它接壤。理性意识到自己无法满足自己的道德需求,就扩张自己,一直扩展到似乎能够弥补那种缺陷的超验性的理念,但它并不把这些理念当作扩展的领土据为己有。诚然,纯粹理性无法证伪这些理念对象的可能性或现实性,却不能把它们视为自己的思维与行动的准则。对理性来说,这些理念的作用在于它们能够弥补我们在道德上的无能或坚定我们的行动意志,就此而言,康德哲学的确存在某种宗教道德化的倾向,但正如我们在第三章第一节已经指出过的那样,道德宗教与把宗教给予道德还

---

① [德]康德:《论教育学》,赵鹏、何兆武译,上海人民出版社2005年版,第77页。
② Stephen Palmquist, *A Comprehensive Commentary on Kant's Religion within the Bounds of Bare Reason*, Oxford: Wiley Blackwell, 2016, p.3.

原是两码事,这一点是我们在解读康德宗教哲学中需要注意的事情。由于"奥秘"与"邀恩的手段"我们在前面探讨康德神秘主义的时候多少有所涉及,所以在这一章我们侧重处理作为宗教之"内部经验"的"恩典"与作为宗教之"外部经验"的"奇迹"这两个问题,从中查勘一下康德关于宗教哲学的一点深层思考。

第一节 恩 典

通常而言,"恩典"(Gnade)或者说"神恩"一直是道德宗教中一个极为重要也极富争议的概念。对它的研究,不仅关涉到怎么看待康德宗教哲学的问题,也涉及如何评价其道德哲学,以及恩典与道德自律两者之间何者优位的问题。我们知道,以道德为基础的康德宗教神学面临着这样一个悖论,即在弃恶趋善之时,人们更应该注重自身的道德法则,还是更应该注重至上存在者的恩典?如果把重新向善的理据放在道德自律上,那么在本根上已经堕落的人,如何凭借自身的力量实现心灵的转变呢?反之,如果将去恶向善的希望寄托于至上存在者的恩典中,这显然又有悖于自由的道德法则,破坏了理性的道德自律。诚如利文斯顿所言:"康德面临着一个两难的处境……要么必须否定自律的自由,要么必须否定根本的恶。"①不管哪一种情况都有违,甚至破坏康德的整个哲学架构。因此,无论是从宗教思想还是道德哲学上看,如何把握"恩典"这一概念对理解康德的思想体系来说都至为关键。下面,我们首先对"恩典"与"道德自律"之间的悖论做一解答;然后再对康德何以必然要公设"恩典"的缘由给出说明。

就"恩典"这一概念的词源而言,其意义是多重的,其中最为接近神学之观念意涵的是"恩泽、慈悲,以及宠爱",它来自于尘世之外,来自于人所无法理解的某种至上力量。康德在其《纯然理性界限内的宗教》一书中将这一具有多重意涵的恩典概念,划分为"圣化恩典"(sanctifying grace)与"称义恩典"(justifying grace)②两类,以对应于传统的"祈求恩典的宗教"和他所极力建构的"道德宗教",进而化解至上存在者恩典与道德自律之间的悖论。

---

① [美]詹姆斯·利文斯顿:《现代基督教思想》,何光沪译,四川人民出版社1999年版,第145—146页。
② Leslie Stevenson, "Kant on Grace", *Kant's Religion within the Boundaries of Mere Reason: A Critical Guide*, Gordon Michalson (ed.), Cambridge: Cambridge University Press, 2014, p.122.

一、两类恩典

康德在《纯然理性界限内的宗教》第一篇之"恩典的作用"部分,区分了"祈求恩典的宗教"与"道德宗教"。① 其所谓的祈求恩典的宗教是指,人们借助谄媚、邀宠,甚至迷信以期获得至上存在者赦免罪责和赐予永福的宗教,实际上这些人除了祈祷之外从没有任何德性可言,也没有践行过任何良善的生活方式。在康德看来,这种人是不可能得到至上存在者的恩典与眷顾的,毕竟对于洞悉人心的至上存在者来说,祈祷实际上什么事功都没做,倘若恩典的获得单凭纯粹的愿望就可以办到,那么世上将再无恶人,每一个人都可以是善的了。与祈求恩典的宗教不同,在道德宗教中,每一个人都必须倾其全力去成就一个更善的人,只有当他不埋没自己天赋才能,利用自己向善的原初禀赋,以便成为一个更善的人时,他"才能够希望由更高的协助补上他自己力所不及的东西"②,才配享有至上存在者的恩典。道德宗教的原理是:知道至上存在者为人的永福在做或已做了什么,并不是根本的,因而也不是对每个人都是必要的;而为了配得至上存在者的恩典与援助,每个人自己必须做什么却是根本的,因而对每个人都是必要的。就宗教与恩典的关系来说,康德认为,与"祈求恩典的宗教"相应的是"圣化恩典",而与"道德的宗教"相应的则是"称义恩典"。

对康德而言,圣化恩典与理性接壤,但本质上却不在纯粹理性的界限之内,它是理性向外扩展的衍生物。我们知道,理性本身具有一种从有限走向无限,由有条件趋近无条件的命运。为此,它就一再地扩展自己,一直扩展到似乎能够弥补其缺陷的超自然理念方才止息。对于理性来说,它并不否认圣化恩典的可能性,然而它却不能将其纳入它的思维与行动的准则中来,因为它超出了理性可以解释的范围。康德指出:"如果理性坚守其界限,恩典作用就不会被纳入理性的准则,正如它一般不会接纳任何超自然事物一样,因为正是在超自然的事物这里,理性的一切运用都终止了。"③康德此处所说的"理性一切运用的终止"中的"理性",不仅指思辨理性,也指实践理性。换句话说,圣化恩典不仅从思辨理性方面没办法得到说明,就是从实践

---

① [德]康德:《纯然理性界限内的宗教》,李秋零译,中国人民大学出版社 2005 年版,第 37 页。
② [德]康德:《纯然理性界限内的宗教》,李秋零译,中国人民大学出版社 2005 年版,第 37 页。
③ [德]康德:《纯然理性界限内的宗教》,李秋零译,中国人民大学出版社 2005 年版,第 37 页。

理性方面也没法给出合理的解释。因为作为实践的运用，它需要设定一种法则来规范我们以成就善或达到更善，而期待恩典的作用则恰恰与此相反，在那里道德上的善不是通过我们的行为来实现的，它是至上存在者及其恩典的结果，而这显然与道德自律本身相冲突。因此，对圣化恩典而言："我们可以承认，它是某种不可理解的东西，但是无论是为了理论上的使用，还是为了实践上的使用，我们都不可能把它纳入我们的准则。"①毋庸置疑，当康德说圣化恩典不能纳入理性的实践运用中时，他完全意识到了后世学者所指责的那种恩典与道德自律之间的矛盾，一旦将圣化恩典这一外在于人的力量视为人之成善的一种必不可少的要素，将直接危害道德法则本身的完整性，而自由王国的独立性亦将由此塌陷。在一定意义上，我们可以说，后人之所以误认为康德面临道德自律与恩典的悖论，其缘由正是基于将"恩典"偏狭地理解为"圣化恩典"所致，他们忽视了康德之所谓恩典不是"祈求恩典的宗教"之"圣化恩典"，而是"道德的宗教"中的"称义恩典"，后者与自由的道德若合符节。

关于称义恩典，康德在《纯然理性界限内的宗教》之"第二编"阐释道德上不完满的人与完满的理想（Ideal）之张力时给出了较为详细的论述。康德认为，作为不完满的存在者，我们普遍具有趋恶的倾向，与此同时，出于道德义务的要求，我们又有着弃恶向善、以趋于实现完满人性的可能性。在一定意义上，可以说完满的理想不仅为我们的努力指明了方向，也为我们提供着进步的力量，同时它也是我们去恶向善的评判尺度。康德指出："把我们自己提高到这种道德上的完善性的理想，即提高到具有其全部纯洁性的道德意念的原型，乃是普遍人类的义务，为此，就连理性交付给我们、要我们仿效的这个理念，也能够给我们以力量。"②在基督教学理中，这一所谓完善的理想就是至上存在者。对此，康德的解读与基督教不完全一致。康德认为，作为道德上完善的理想，至上存在者诚然可以充当善的拟人化了的理念，但这并不必然意味着至上存在者的超自然性，因为按照法则，每一个人都完全应当在自己身上，为这一理念提供一个榜样，这样做的原型总还只是蕴涵在理性之中，因为没有任何外部经验中的榜样适合它。也就是说，康德主张作为理想的至上存在者只具有内在性，而不具备超越性。不过，与基督教思想较为接近的是，康德承认，即便我们选择了向善的道路，也愿意接受至上存

---

① ［德］康德：《纯然理性界限内的宗教》，李秋零译，中国人民大学出版社 2005 年版，第 38—39 页。
② ［德］康德：《纯然理性界限内的宗教》，李秋零译，中国人民大学出版社 2005 年版，第 47 页。

在者的公正审判,我们依然应该受到谴责,因为无论一个人秉持哪一种善的信念,也不管他如何坚定不移地奉行善的生活方式,其出发点毕竟是恶的,对他来说,永远不可能抹去这种罪债。康德把这一由人自己招致的且必须为之负责的趋恶倾向,称之为根本恶。对人而言,它是不可转嫁的债务,也是最为个人性的罪债,也只有那应受惩罚的人才能承担。不唯如是,康德还认为,任何惩罚的实施只能从被告的意念做出,而不能从意念见之于现实的行为做出,因为相较于后果的行为,其意念或动机更为隐微,也更为关键。

那么,对于一个将弃恶以趋善的人,这一惩罚当如何施展呢?康德指出,这一惩罚既不能在思想改变之前,也不能在思想改变之后做出。惩罚之所以不能在"思想改变之后"做出,容易理解,因为一个旧人一旦成了一个新人,过渡到新的生活,他在道德上已经是另一个人了,自然不再需要惩罚。然而,惩罚为什么不能在"思想改变之前"做出呢?对于这一点,康德认为,在思想改变之前,人心中已经"假定了一种对事先在他里面起支配作用的恶的原则拥有优势的善的意念"①,也就是说,在思想改变之前,那个将弃恶以趋善的人的意念已经是善的了,且是在恶的原则之前就具备了的善的意念。可以看到,康德在这里展现了其道德宗教中的一个十分重要的思想,即相较于恶的倾向,善的禀赋更为本根,因为在康德看来,善的意念是永远也不会丧失的,要是会丧失的话,我们也就永远不能重新获得它了。我们知道,恶的倾向与善的禀赋之区别在于,前者"虽然也可能是与生俱来的,却不可以被想象为与生俱来的,而是也能够被设想为赢得的(如果它是善的),或者由人自己招致的(如果它是恶的)。"②既然善的意念是不可能丧失的,那么对于一个有着善的意念且被至上存在者所悦纳与恩宠的人,惩罚自然没有再施加的必要了。在此意义上,我们可以说,恩典与人的道德或德性在本质上是彼此相契、完全一致的。

由传统宗教的视角观之,凡是人们凭借自己的道德原则能够做到的都可称之为德性;相反,凡是人们依靠道德能力无法做到,且只能想望和祈求超自然的力量以补偿人的各种道德不足者可名之为恩典。在康德看来,以往的宗教要么相信单是在自身中就可以造成恩典的作用,要么把人的德性与至上存在者的恩典截然二分,他把这两类妄想称之为宗教上的狂热,它们都是不对的。康德指出,人们是不能凭借自然的手段对超自然的至上存在

---

① [德]康德:《纯然理性界限内的宗教》,李秋零译,中国人民大学出版社 2005 年版,第 59 页。
② [德]康德:《纯然理性界限内的宗教》,李秋零译,中国人民大学出版社 2005 年版,第 14 页。

者施加影响的,作为有限的理性存在者,我们怎么可能在经验中感知无限的至上存在者,并对其产生作用呢?毕竟两者之间的距离是不能以道里计的。当然,康德断言有限的人不能在经验、自然层面上对无限的至上存在者产生影响,并不意味着德性与恩典的截然对立。恰恰相反,正是由于摆脱了经验、自然条件的束缚,人们才能在道德层面上真正打通德性与恩典的关系,并将其贯通起来。在康德看来,没有理性就根本不可能有宗教,和所有的道德性一样,宗教一般必须建立在一些基本原则之上。宗教基于道德,与道德密不可分。就康德的道德宗教而言,人的德性与恩典在理性的层面上是彼此一致的,它们都是基于道德法则之上的,"德性意念关注的某种现实的、自身就是至上存在者喜悦的、于世上的至善一致的东西。"①康德指出,正是由于道德宗教是植根于道德法则之上的德性与恩典的统一,所以它才有可能具备其他自然宗教没有的优点。首先,它不会导致那种基于自然手段的宗教狂热与盲目迷信,虽然德性的人为了弥补自己的自然无能也指望某种超自然的东西,但它不是指望某种由人通过影响至上存在者的意志造成的东西,而是指望某种他应该接受到的东西,某种他可以希望却不能造成的东西;其次,因为它拒绝了德性与恩典的截然二分,故能免除那种放弃善的意念和行为而一味逢迎、谄媚以邀至上存在者之恩典的虚假事奉。

前述可知,与那种无法纳入思维与行动的"圣化恩典"不同,植根于道德法则的"称义恩典"和人的道德或德性彼此相契、若合符节,是完全可以被接纳到人的善的意念及其生活行为中的。不唯如是,在一定意义上,康德承认这一"称义恩典"也是归于我们自己的功劳的,然而,之所以说"好像我们拥有了它",而不说是"我们创造了它",这里自然有摆脱宗教狂热与迷信之嫌的考量,但是深层的原因则在于,作为有限的理性存在者,基于自身的局限,我们根本无法洞悉整全、无限的全部秘密,亦无法使德性的人公正地配享应得的福祉,这只有全能的至上存在者才能做到。因此,当理性将这一恩典置于至上存在者的恩泽、仁慈,以及宠爱之中而非有限的人之中时,是完全符合公平正义的本性的。正如康德所言:"这里谈到的……是一种由恩典归于我们的功劳,因为要把我们这里在尘世生活中永远处在只是生成之中的东西(即,做一个至上存在者所喜悦的人)归属于我们,就好像我们在这里已经完全拥有了它似的,对此,就我们对自己本身的认识而言,我们毕竟没有任何合法要求……因此,这永远只是一种出自恩典的判决,尽管如

---

① [德]康德:《纯然理性界限内的宗教》,李秋零译,中国人民大学出版社2005年版,第159页。

果我们为了信仰中的那种善而放弃一切辩白,也完全符合永恒的公正。"①简言之,在称义恩典中,至上存在者所喜悦的东西,即善的意念,已经被我们完全所拥有,人的德性与至上存在者的恩典、道德自律与恩典完全契合。然而,为了摆脱传统宗教迷信的狂热,同时也是基于理性的特殊命运,我们必须为有限的存在者公设一位全能、全善、全在的至上存在者以终结理性的推论,否则理性的诉求将永远处于运动之中,没个止息处,而称义恩典正是这一神圣的立法者、仁慈的统治者与公正的法官之不可或缺的属性。

从正面来看,如果说公设恩典完全是基于理性自身的特殊命运,是为了给有条件、有限者提供无条件、无限者的依据,它不得不如此的话。那么,从反面来看,恩典的公设是否一定有其存在的必要呢?康德承认亦确有必要,而且相较于正面的阐述,其反面的归谬论证也更为有力。对康德而言,拒绝至上存在者及其恩典的存在将会不可避免地导向理性的实践悖谬这一境地,从而导致道德上始终一致的思维的失败,而这是任何理性的存在者都会极力避免的。我们知道,恩典是至上存在者的关键属性,康德对它的处理与其对至上存在者的论证密不可分,我们在解读其恩典思想时将不得不参照他对至上存在者之道德证明的表述。而在康德的道德证明中,最重要的一点是要区分"客观上的充分"与"主观上的充分"之分这一概念。

二、主客观上的充分

在第一章中,我们已经指出,信念与意见、知识不尽一致,它们既有相像之处,又不完全相同。意见是一种自觉其既在主观上又在客观上都不充分的视之为真,信念是主观上充分、客观上不充分的视之为真,而既在主观上又在客观上充分的视之为真叫作知识。康德对意见的看法相对明晰,在他看来,意见之事无论在主观上还是在客观上都是程度最低的,属于此类事物的例证有物理学中的"以太"和"其他行星上的理性居民"等。其次,就知识与信念的区分而言,前者应该远比后者真实也更可靠得多,毕竟它在客观上也是充分的,而这一点恰恰是信念所不具备的。然而,事情并非如此,因为康德在使用"主观上的充分"与"客观上的充分"时,都动用过"普遍有效"和"必然性"这些概念。比如,他曾将"客观上的充分"等同于"对每一个只要具有理性的人都是有效的",②然而与此同时,他又把道德信念之"主

---

① [德]康德:《纯然理性界限内的宗教》,李秋零译,中国人民大学出版社2005年版,第61—62页。
② [德]康德:《纯粹理性批判》,李秋零译,中国人民大学出版社2011年版,第533页。

观上的充分"称之为必然的,且"这种必然性是绝对的和对任何人都是充分的"①。

其实,基于前面几章的叙述,我们现在对康德的这些说明并不会感到意外,对康德而言,在某种程度上论证视之为真的方式有且只有两种:要么是一种澄清对象就自身而言是什么的证明;要么是一种澄清对象按照我们对它所做判断来说是什么的证明,即一种就真理而言的证明或者一种就人而言的证明。换句话说,康德主张,与"客观上的充分"对应的是就对象自身而言的证明,它是逻辑上的、客观真理的证明;而与"主观上的充分"相对的是就人而言的论证,则是道德上的、纯然信仰的论证。关于这一点,美国著名康德专家伍德曾有精彩的分疏②,在他看来,"客观上的充分"涉及思辨理性,主要处理在知识层面上对每个理性存在者都必然有效的问题,它不仅关注知性的先天认知结构,还要关涉认知结构所要统摄的感觉与材料,作为知识,它们在主体之间是可以普遍传达的,因而是客观的。与此不同,"主观上的充分"对应的是实践理性以及基于此的信念,它意识到了自己所主张的对象的"客观上的非充分性",也明了它们未必存在于经验领域,然而它并不在乎理性客体是否在现象世界中得到验证,它注重的是信念的主观根据,只要某一信念被理性的存在者普遍采用,它就是主观上的充分的。诚然,没有一个人可以自诩认知至上存在者及其恩典,对恩典的主观上的确信指的是道德上的确定性,其依据只能是主观的道德意向,人们虽不能在逻辑的、思辨的层面上说存在至上存在者恩典,而只能说在道德上确信它们的实在性,但对人而言,它依然是普遍的、必然的,不容置疑。

当然,当我们说康德对恩典的解读是道德上的而非逻辑上的阐释,并不意味着他的这一论证是非逻辑的或非理性的。相反,康德哲学是以理性为根本基调的,而且他一再强调其所处的时代是理性的批判时代,一切都必须经受批判,如果宗教借助其神圣性,法律依靠其权威躲避理性的批判,那么它们自身是否正当就应该受到质疑。同样,对我们而言,基于道德论证之上的至上存在者及其恩典也是合理的,因为它是对每个理性的存在者的必然要求,一旦人们背离或否定这一点,则将会导致理性上的实践悖谬。

现在的问题是,既然恩典涉及的是主观上的充分,那么在脱离经验证据和事实支持的前提下,主观上的充分的道德信念如何对每个理性的存在者都是有效的呢?它所具有的那种普遍性和必然性源自何处呢?换言之,主

---

① [德]康德:《纯粹理性批判》,李秋零译,中国人民大学出版社2011年版,第624页。
② Allen Wood, *Kant's Moral Religion*, pp.15-16.

观上的充分何以可能？对此问题,康德使用的方法不是正面的问题阐释,而是反面的谬误推理,也就是说,假如主观上的充分对每个理性的存在者不具备普遍的有效性与无条件的必然性,那么它将会造成一个人们都拒绝接受的荒谬结果,进而论证主观上的充分的合理性。在康德看来,"主观上的充分"论证又可以分为偶然的"实用的信念"与必然的"道德的信念"。

从康德的界定来看,信念一词仅仅"关涉一个理念给予我的指导,关涉对我的理性行动之促进的主观影响,这种促进使我坚守这个理念,尽管我在思辨方面没有能力对它做出解释。"① 也就是说,信念与其所信的对象能否呈现和现实无关,它只与主观以及主体的行动相关,假设某个东西的存在是真实不虚的,然而只要它对主体没有造成影响,没有促使我们践行它的动力,那么从信念的角度来看,它就不能对我们的行动产生作用。可以看出,信念对人的影响在此意义上并不全是必然的,康德把那种"偶然的、却为现实地运用手段于某些行动奠定基础的信念称为实用的信念。"②

为了使这一概念易于理解,康德给出了一个形象的例证。假设一个医生突然遇到一个重病患者,对于患者的病情他毫无把握、没有任何头绪,由于情势严峻,时间紧迫,也不容许他对患者的病情作详尽考察,但是出于职业的操守与良知,医生对一个处于危险中的病人必须有所作为,略作分析后,他断定病人得的可能是肺结核。在这一案例中,康德认为,医生的诊断,以及在情急之际所作判断背后的信念几乎都是偶然的,但是它为现实地运用手段于某些行动奠定了基础。的确,从现实的层面上看,在此例证中,诊断现象背后的信念与基于此信念之上的医疗行动是脱节的,因为,为此信念提供真正的辩护的不应是不确定的观察与草率的决定,而应是基于患者实际情况的病情,否则这一信念以及随后的医疗救助行为都是或然的,甚至是荒唐的;或者说,当医生遭遇急事而又没有客观充分的根据时,他本该悬置判断、停止行动才对。

然而,这一出于理论的辩护是没有任何力量的,在上述案例中,康德讨论的不是信念与其辩护之间的关系(思辨知识),而是信念与行动之间的关系(道德实践)。问题的核心,不在于医生有多少证据来证明病人患有肺结核,而在于彼时彼他必须采取行动,即使这一行动背后的信念存在偏差,他也不得借口不了解患者的病情而放弃或延缓对急症病人的救助,此其一也。其二,尤为重要的是,康德认为,作为理性的存在者,我们在具体语境下

---

① [德]康德:《纯粹理性批判》,李秋零译,中国人民大学出版社 2011 年版,第537页。
② [德]康德:《纯粹理性批判》,李秋零译,中国人民大学出版社 2011 年版,第535页。

不得不做出的行动总是预设了或暗示着某种可行性的信念,这一信念使我们可以运用某一手段以实现既定目的,在此案例中,医生的处境正是如此。对康德而言,当某个人打算追求或者想要实现某一目的时,实际上他就预先向自己假定了或承诺了一种信念,即他是有可能通过有效的行动实现那一目的,虽然并不一定能够实现。反之,如果一个人想要达成一个目标,但与此同时他又相信那一目标是不可能实现的,那么康德会说这个人是非理性的,其行动是荒谬的。对于一个坚信人是理性的存在者的思想家来说,康德认为,后一种情况是断然不可能发生的。

与医生对患者的那种未必完全可能实现的"实用的信念"不同,"道德的信念"则是必然可以践行的。我们知道,实践目的有且只有两种,即要么是(技巧的)实用的目的,要么是道德的目的,前者关涉任意的和偶然的目的,后者则关涉绝对必然的目的。对康德而言,一旦我们把目的设定了,就意味着"达到该目的的条件就也假设为必然的了。这种必然性是主观的,但只要我根本不知道该目的的其他条件,它就毕竟是相对而言充分的;然而,如果我确切地知道,没有人能够认识导致所设定的目的的其他条件,它就是绝对充分的。"①诚然,医生相信急症病者患有肺结核只是一个偶然的判断,因为别的医生未必如此诊断,在这里,医生的信念只是种相对较为充分的实用的信念,不具有必然的普遍性。与此相反,"道德的信念"关涉的是与道德法则不可分割的意志的先天对象至善,只要人们服从道德法则就定然不会放弃和违背对至善的追求,两者是相互关联着的。康德指出:"至善……与道德法则有不可分割的联系,所以,前者的不可能性也证明后者的谬误。因此,如果至善按照实践规则是不可能的,那么,要求促进至善的道德法则也必定是幻想的,是悬于空的想象出来目的之上的,因而自身就是错误的。"②结合康德的恩典思想,具体来说,假设恩典不必然存在会导致理性推理上的实践悖谬。对康德而言,一旦我们否定至上存在者及其恩典的存在,就意味着至善是不可能获得的;一旦承认至善是不可能获得的,也就暗示了我们不再追求至善,因为没有人会追求本来就无望的东西;而对至善的放弃,则等同于人们不再按照道德法则行动了。因此,拒绝至上存在者及其恩典的存在就等于否定了道德法则。立足于康德的道德哲学,我们知道,道德法则是绝对不能否定的,因此为了避免"实践悖谬",坚持道德上的始终一致的思维,我们必须承认至善,以及至善得以实现的条件即至上存在者及

---

① [德]康德:《纯粹理性批判》,李秋零译,中国人民大学出版社2011年版,第535页。
② [德]康德:《纯粹理性批判》,李秋零译,中国人民大学出版社2011年版,第107页。

其恩典的存在。

由此可见,恩典的存在与道德法则不可避免地互为关涉,对其中一方的否定必然导致对另一方的拒绝。那么,现在的问题是,道德法则为什么就不能质疑?它何以必然存在呢?关于这一点,我们又不得不回到道德法则与自由之间的"交互论"以及"理性的事实"这一论证的理路。当然除了这一理路之外,康德在其著作中也有这个疑难的其他不同处理方式,比如,康德在《纯粹理性批判》中就认为,一旦否定道德法则,我们就不可能不在我们"自己的眼中是可憎的。"① 在《道德形而上学的奠基》中,康德也不断指出,没有人会反对道德上的那些法则,也不会怀疑它们的有效性,至少是怀疑它们的纯粹性和严格性,那些为了顺应自然偏好而败坏德性与尊严的事就连普通的理性"也不可能同意的"。相较于上面的这些解释,康德在《哲学神学讲演录》中的说明则更为清楚,他在那里明确指出:"我们的道德信仰是一个实践公设,任何人只要否定它就将导向实践悖谬。逻辑悖谬指的是判断上的悖论,而实践悖谬指的是,一旦人们否定道德法则,自己将会成为一个十足的恶棍(Bösewicht)。"② 至此,康德的解释已经非常明白了,在他看来,我们之所以不能否定道德法则的存在,在于我们无法接受否定道德法则之后所衍生而来的后果,即拒绝理性的人堕于禽兽之域,沦为毫无廉耻的卑鄙之徒。正是鉴于这一点,康德认为,我们必须承认道德法则,认可建立在道德法则之中的至上存在者与恩典,以及基于这些条件之上的至善的存在。相反,如果我们遵循道德法则的同时否定至善的可获得性以及恩典的存在,那么就将导致理性上的实践悖谬推理,我们在道德上一致的思维也就不能成立了。需要注意的是,在此,康德对至上存在者及其恩典的道德论证不是结果论者意义上的论证方式,而是一种归谬法(reductio ad absurdum)。除此之外,仍需强调一点的是,即康德论证的重心亦不是形式逻辑上的归谬法(reductio ad absurdum logicum),而是与人们日用常行的实践行动密切相关的道德归谬论证,作为理性的行为者,人们的道德行为如果是合理的,就不能违背这一论证,否则将会导致实践推理上的悖谬。

总而言之,与18世纪启蒙思想家的那种对理性盲目崇信的乐观派不同,也与那种认为理性对堕落的人类毫无作用的虔敬教派迥别,康德对恩典,以及恩典与道德自律之关系的处理,反映了他既想为信仰保留空间,同

---

① [德]康德:《纯粹理性批判》,李秋零译,中国人民大学出版社2011年版,第537页。
② Kant, *Lectures on Philosophical Theology*, trans., Allen Wood and Gertrude Clark, New York: Cornell University Press, 1970, pp.122-123.

时又想融合理性思潮的一种哲学努力,其根本目的在于试图打通路德虔敬主义与启蒙理性主义之间的隔阂。相较于传统神学中的"圣化恩典""启示信仰"观念,康德尤为重视"称义恩典""道德信仰"等思想。诚然,"圣化恩典"与道德自律是截然对立、难相契合的,但是这并不意味着至上存在者恩典与道德本身存在不可调和的矛盾。相反,一旦将恩典理解为"称义恩典",或者基于"称义恩典"的视角来看,那么作为信念之对象的恩典就与道德自律完全一致。虽说这一信念是主观的,不具有知识的客观普遍性,但是对理性的存在者而言,它依然具有普遍的有效性和必然性,任何对这一信念的否定都不可避免地会导致实践上的悖谬与错误。简单言之,康德之所以主张至上存在者及其恩典是实在性,在于他认为,他的这一道德的论证不是要提供至上存在者及其恩典的一种客观有效的证明,不是向信念不坚定的人证明有一个至上存在者及其恩典的存在,而是要向他证明,如果他想在道德上始终一致的思维,他就必须把这一命题的假设接受进他的实践理性的准则中来。只要康德在这一点上成功了,那么任何对此的攻击都是软弱无力的。

第二节 奇 迹

与恩典一样,"奇迹"这一概念也是康德在《纯然理性界限内的宗教》中特意点出,且着力加以论述的四个重要概念之一。同样的道理,奇迹虽与纯粹理性接壤,但并不属于纯粹理性,它是理性为满足道德需求扩张自己,直至抵达连自己也无法掌控的超验的理念。较于康德哲学中的先验的理念,奇迹是不可认知的,也是不能用来规范人们的行为的,无论是为了理论上的使用,还是为了实践上的使用,我们都不能把它纳入我们的准则之中。在某种意义上,如果说"恩典"的弊端在于导向宗教狂热,"奥秘"的弊端在于产生幻觉,"邀恩的手段"的弊端在于促生魔术,那么作为只知其结果而无法探知其原因的奇迹,其弊端就在于易于使人走向迷信。诚然,康德哲学中的奇迹未必都是消极的意涵,在某种层面上,奇迹不仅有助于恢复神学的权威,还为道德宗教的确立作出了有益的引导。下面,我们结合康德前期作品《一位视灵者的梦》,以及其晚年著述《纯然理性界限内的宗教》《学科之争》,具体分析奇迹的多重意涵,全面把握康德宗教思想的复杂性,进而加深人们对理性神学或道德宗教的认知与理解。为此,我们打算先对其理论认知中关于奇迹的看法做一陈述,再对其道德宗教中的奇迹思想给出解读,以此展现康德思想中有关于奇迹的不同面向。

从既有的文献来看，康德关于奇迹的论述大多较为零散、驳杂，对奇迹本身做出整体、全面阐述的文本更是难得一见。就我们的阅读所及，除了《纯然理性界限内的宗教》第二篇"论善的原则与恶的原则围绕对人类的统治权所进行的斗争"中有关于"奇迹"的阐释外，《康德全集》中仅存的不到两页的"论奇迹"(Über Wunder)①一文，是我们迄今所能见到的弥足珍贵的文字。就该文的思想实质而言，它表明康德的科学知识还停留在传统经典力学阶段，尤其是以感性世界中的作用与反作用规律作为其运思背景。

一、经典力学的解读

众所周知，经验领域中的一切事物以及现实世界中所有运动都处于相互作用之中，整个宇宙是一个彼此联系、变化、运动的统一体，没有什么东西可以脱离其他事物而单独存在。如果世界中某一物的位移与变化不是由另一物或实体推动的，而是由非物质的东西引发的，那么我们就无法理解这一现象，因为我们只能知道它展现在世界中的结果，对其产生的原因则付诸阙如。换句话说，这一运动与物质世界的自然规律不相符合：人们认知的只是相互作用的一方，对另一方则毫无察知，且永远无法洞悉。康德把这一非物质的东西称为奇迹的东西，因为在康德看来，所谓奇迹，指的无非就是那些"尘世中的事件，关于这些事件的原因，我们绝对不知道并且必然始终不知道其起作用的规律。"②对于无法知解其原因的问题与事件强作解释，只会导向迷信之途，极难取得一致的认可或共识。

对康德而言，物质之间的相互作用原则之所以非同寻常，与其作为科学家与哲学家的身份密不可分。众所周知，康德不仅是一位哲学家，在某种层面上，就其最初的身份而言，将其定位为一位科学家或许更为合适，能证明这一点的不仅是他的广为人知的"星云假说"理论，还有使这一理论得以可能的物质之间的斥力与引力之作用原理。用黑格尔的话说，康德对自然科学的最大贡献，在于他"完成了物质的理论，因为他认为物质是斥力和引力的统一。"③此外，较于牛顿的对万有引力的器重，作为哲学家的康德则把斥力看作比引力更为根本的物质规定。在他看来，物质本身所具有的广延就是斥力造成的，至于不可入性则不过是物质的斥力在某种程度的表现而已。

---

① Kant, *Notes and Fragments*, Paul Guyer (ed.), Cambridge: Cambridge University Press, 2005, pp.290–291.
② [德]康德:《纯然理性界限内的宗教》，李秋零译，中国人民大学出版社2005年版，第75页。
③ [德]黑格尔:《小逻辑》，贺麟译，商务印书馆1980年版，第216页。

所谓引力，只不过是斥力之所以能起作用的必要补充，是物质得以可能的第二种基本的力。如此一来，位移、变化，以及运动"便以一种吸引和排斥、既相互矛盾又彼此统一的方式，被赋予了物质。"①可以看出，物质之间的斥力与引力的作用关系与非物质，如奇迹或精灵所引发的变化是决然不同的，后者很难在物质间的自然规律中得到说明。

基于这一科学认知，康德指出，我们无法洞悉其原因的奇迹可以分为"外在奇迹"与"内在奇迹"两种，前者发生于空间之内，而后者则出现在时间之中。② 如果空间中的奇迹是可能的，那么将会导致这一结果，即现象中的作用与反作用规律就会失效，因为在经验世界中寻找其所以可能的原因无异于缘木求鱼，必无所得。反过来说也是一样的，如果外在奇迹所以可能的原因无法得到规定，那么我们就不能将它们纳入现象的规则之下，并以自然的规律去说明之。因为，作用与反作用之所以一贯可行，屡试不爽，就在于因果定律的适用范围不能超越现象领域，它只能在经验可以把握的"相对空间"（relative space）或经验空间中呈现，并展示其影响。换句话说，外在奇迹如果是可行的，那么它就不可能出现在相对空间之中，而只能出现在现象领域之外的纯粹空间或本体空间中。然而，在康德看来，这一情况显然是不可能的，因为那意味着把现象中事物之所以可能的原因导源于非认知领域，而这是知性的人所无法洞察的。同样，依照这一方式，时间现象中的内在奇迹也是不可能的，对我们而言，它之所以发生的原因也是不可知的，人们要想从内在奇迹的后果推导出其生发的前因，别无他法，只能跳出"相对时间"（relative time）的拘囿，进入到绝对时间或纯粹时间中方可，然而对于有限的存在者来说，我们根本不可能知解并通达这一超自然领域。

需要明确一点的是，断言认知领域中奇迹的不可能性，并不等于对它的彻底否定与完全弃绝。对康德而言，说奇迹是不可能的，只是意味着它是无法证实或证伪的，囿于人本身的局限，我们不可能给予对象以洞彻、周遍的考察，因为这超出了我们的认知范围。在这一层面上，我们最理智的，也是最诚实的态度，应该是承认自己的无知，即奇迹对我们而言是不可知的。与此相对，"冥界是幻想家的乐园，他们在这里发现一片自己能够任意耕作的无边无际的土地。忧郁症的气息、无根据的故事和修道院的奇迹，使得他们不乏建筑材料。"③康德时代，较有影响的幻想家或神秘学家非瑞士的斯威

---

① [德]康德：《自然科学的形而上学基础》，邓晓芒译，生活·读书·新知三联书店1988年版，第4页。

② Kant, *Notes and Fragments*, p.290.

③ [德]康德：《康德著作全集》第2卷，李秋零译，中国人民大学出版社2003年版，第320页。

登堡莫属,其影响是如此之大,以至于格尼斯堡哲人专门托人订阅了他的书籍,还特意写就《一位视灵者的梦》一文作为回应。斯威登堡与众不同的奇迹之处在于,他能够与不可见的、非物质的灵神世界交往,同逝者的灵魂对话。

前面第三章第二节部分,我们已经谈到过斯威登堡的三个灵异事件,康德那个时代关于斯威登堡的神奇能力被大家传得神乎其神,即便如此,康德对此还是持怀疑态度。康德指出,对于精灵世界(非物质世界)的现象、人神对话的活动,以及与此相关的其他奇迹事件,尽管我们不能断定是否确有此事,但是我们总是应该从遵从健康理性的法则入手,站在怀疑的一边。之所以如此,倒不是因为我们自认为发现了奇迹的不可能性的根据,而是因为总体说来,我们没有找到它们可能发生的足够证明。出于对真理的负责精神,康德虽然怀疑这些奇迹的可能性,但他并没有采取粗暴的态度简单地将此问题打发掉,相反,为了避免成见与独断,他给出了一个细致、详尽的阐释。正如康德所指出的:"既然对诸多以一些真理的外衣讲述出来的东西没有根据的丝毫不相信,与对一般传言所说的东西不加检验地全盘相信一样,是一种愚蠢的成见,则本文作者为了避开第一种成见,就让自己部分地被第二种成见牵着鼻子走。他怀着某种屈辱来承认,他曾如此真诚地探究一些上述那类故事的真实性。他发现——就像通常人们什么也不想寻找时那样——自己一无所获。"①

康德是以灵神的(Spiritual)和物质的(Material)概念为例,来说明奇迹的不可知性的。我们知道,物质概念是一个相对易于了解的范畴。通常而言,一个对物质概念有所把握的人,不会被认定为是一个具有神奇功能的人,他的认知能力自然也不会被视为奇迹的一种表现。举例来说,假如我们取一个一立方尺的空间,如果有某物填充了该空间,也就是说,阻挡了其他别物的进入,那么,将没有人把以这样的方式存在于空间中的存在者称之为灵神,它显然是物质的,因为"它有广延、不可入性,并且像其他一切事物一样服从于可分性和碰撞规律。"②一旦人们把握了空间中物质的这些属性,那么我们就可以说他真正理解了物质这一概念。

与此不同,一个具备神奇功能或可以识别奇迹事件的人则不仅能够认识物质概念,而且也能够认识非物质概念,即认识灵神一类的事物。那么,

---

① [德]康德:《康德著作全集》第 2 卷,李秋零译,中国人民大学出版社 2003 年版,第 321 页。
② [德]康德:《康德著作全集》第 2 卷,李秋零译,中国人民大学出版社 2003 年版,第 323—324 页。

如何理解灵神呢？作为一个富有理性的、单纯的非物质实体，它与物质一类的东西有什么不同呢？从灵神的外在关系来看，作为一个实体，一旦我们把它置入充满物质的一立方的空间中，在此情况下，物质的一个单纯元素就必须腾出位置，以便让这个灵神填充该位置，为了接纳第二个灵神，空间必然失去物质的第二个单纯元素。以此类推，最终一立方尺的空间就会被灵神完全占据，灵神的团块就会像空间中充满物质时那样，凭借其不可入性阻挡外物，并且由于灵神的不可分性符合碰撞规律，它们之间也是彼此排斥的。在此意义上，虽说灵神自身内部富有理性，但就灵神的外在关系而言，它们与物质的元素没有任何区别。因为就物质的元素来说，我们也只能知道其外在的在场的力量，至于其内在的属性，也是付诸阙如的。据此，康德指出，如果人们对灵神的认知仅仅是停留于外在关系的理解上，那么灵神与物质的不同只能是语词上的，而其实质没什么差别。因此，可以说，灵神要么与物质毫无二致，要么就是一个没有任何意义的字眼。①

对此，反驳的意见可能会说，诚然，从灵神的外在关系来看，它很可能会落入康德所指责的那种与物质不分的困境，但是由其内在性质观之，作为非物质性的灵神还是有其存在的可能性的。因为灵神本身完全可以是一些丧失不可入性、碰撞性等特质的实体，它没有广延性、阻挡性，而且在它们中间，无论有多少灵神存在，也绝不会结合起来构成一个如物质一样的坚固的整体，灵神的这些特质或许是不可被认知的，却是可以被理解的和被思议的。我们知道，物质本身所具有的那些特有属性不过是一些属于普通经验概念的东西，人们通常习惯于把它看成是可能的，也是可认知的。与此相对，凡是与经验概念不同，且不能通过经验，甚至也不可能根据类比加以说明的东西，人们当然也就不可能对它形成概念，因而它们就会被人们视为不可能的东西而予以否定。我们不能因为灵神这一范畴不符合我们的经验概念与理解常识就把它视作荒谬的和不可能的，进而将其抛弃。

康德承认，前述反驳是合理的，人们可以假定灵神或非物质性东西的可能性，假定单纯的它占有一个空间（即能够在空间中直接活动），却不填充这个空间（即不在空间中阻挡物质实体），但是，康德同时也指出，即便如此，人们还是不能据此凭借理性根据证明这种可能性，因为对灵神的承认在一定程度上不但没有消解原有问题，反而加剧了我们的固有疑难。假如灵神是存在的，那么一个物质的东西（比如躯体）与一个灵神的东西（比如灵魂）之间的结合岂不是变得太过神秘莫测了吗？换句话说，有形的事物又

---

① ［德］康德：《康德著作全集》第2卷，李秋零译，中国人民大学出版社2003年版，第325页。

是如何能够对无形的存在施加影响与作用的呢？例如，灵魂位于人的躯体中的什么部位，将是一个十分棘手的问题。通常而言，我们会说，我的运动就是我的躯体的运动，而我的躯体的位置就是我的位置，这是人们都可以理解的事实。现在，我们继续追问：你的灵魂在躯体中的哪个位置？这一问题之所以不易回答，在于它表面上是个经验问题，而实质上是建立在想象的推论之上的东西：即思维着的我与作为躯体的我不在一个位置上，而确立前者与后者的关系又是经验所无法认知的。因为我们的常识告诉我们，作为人，我们是可以确定自己与周围环境的方位与远近的，但是对灵魂却没有那么清晰的意识。我们可以凭借过往经验与习惯，通过感知大脑的不适、牙齿的酸冷，以及指尖的疼痛等，但是很难说此时的大脑、牙齿与指尖就是灵魂的居住之所与存在位置。毕竟，没有真切的经验教导我们把"自己的感觉的若干部分视为远离我，把不可分割的我封锁在一个用显微镜才能看到的小位置中，以便由此出发启动我的躯体机器的杠杆，或者由此而被触及。"①在此意义上，笛卡尔的那种相信人的灵魂与躯体是由"松果腺"所控制的学说就显得相当荒唐，因为诸如此类的命题要么只能得到肤浅的证明，要么根本无法证明，而由于灵魂的本性在根本上没有得到认知，因此这样的命题也只能得到同样软弱无力的反驳。之所以如此，是因为"这些问题连同其他不同的问题远远地超越了我们的认识。"②

前述可知，在理论认知层面上，康德之所以坚决反对以斯威登堡为代表的幻想家的那种对奇迹的神秘体验，缘由是我们对灵神的本性没有真实确切的认知。诚然，作为一种可思维的奇迹，灵神是我们所无法拒绝的一种存在，但是在理论、现象的认知意义上，我们的确是没有办法对它加以证实的，虽然在同等层面上，我们也无法否认它的可能性。因此，从思辨理性的角度来看，关于奇迹之有无这一问题，我们既不能证明它是存在的，也不能证明它是不存在的，奇迹不可知的。毫无疑问，由理论认知的视域来理解奇迹，并不是康德解读奇迹的唯一角度，亦非其终极立场。虽说奇迹不能纳入人们的知识范围，也不能作为规范纳入人们的实践领域，但是这并不意味着奇迹一无是处、毫无价值。在道德宗教中，康德认为，奇迹的意义不容忽视，基于人性的软弱和思维惯性，奇迹有助于人们由旧的宗教走向理性神学，为真的宗教的确立给予引导作用。

---

① ［德］康德：《康德著作全集》第2卷，李秋零译，中国人民大学出版社2003年版，第328页。
② ［德］康德：《康德著作全集》第2卷，李秋零译，中国人民大学出版社2003年版，第332页。

二、奇迹与人的弃恶趋善

我们知道,就对奇迹的本质看法而言,康德的观点并不新奇,给他以"哲学转向"并将他从教条的迷梦中唤醒的休谟在《人类理解研究》中早已经指出过这一点。休谟认为,凡是寻常的在自然中出现的东西,通常都不会被人们视为奇迹,比如一切人都是要死的、铅自身不能悬浮在空中、火会焚烧木头,以及水能够熄灭火等现象都是极为正常的、被人们广为接受的常识,并不是奇迹,因为这些事情是同自然法则相契合的。不止如此,即使一个健壮的人忽然死了,也不是什么了不起的事情,因为这样一种死亡虽然比别种死亡较为不寻常,毕竟我们也见过类似事件的发生。然而,如果某一天我们看到一个死人突然复活了,那么我们便认为是一件奇迹,因为人们无论在何处、在何时都不曾见过这样的事情。因此,在休谟看来,奇迹一定是与恒常一律的经验相对,否则便不配以奇迹二字称之,在一定意义上,"奇迹就是对自然法则的破坏。"①基于其经验论的哲学基础,休谟断言,由于任何奇迹的证据连可能性的程度都没有达到,至于对它的证明更是纸上谈兵,根本无法兑现,所以"任何人类的证据都没有充分的力量来证明一个奇迹,使它成为任何宗教体系的一个正当基础。"②

与休谟的观点相仿,康德也认为奇迹不可能作为宗教的正当基础,不唯如此,康德还进一步主张,奇迹连作为使人由恶以趋善的契机资格都不具备。我们知道,康德时代存在两个宗教派别试图从奇迹入手,解决人如何由原罪(根本恶)之人成为至上存在者悦纳之人的转变这一问题。他们断言,一个恶人要想成为一个善人,必须经历奇迹,没有这一体验,人不可能实现灵魂的转换,不可能由一个"旧人"变为"新人"。这两个宗教派别为施佩纳—弗兰克派和摩拉维安—青岑多夫派,这一点我们在第三章第二节其实略有所述,但并没有详细展开。

在施佩纳—弗兰克看来,起初善恶在人的本性中是圆融一体的,彼此毫无区别地存在着。为了摆脱这一善恶莫辨、人禽不分的原始状态,至上存在者对人的本性施加力量,使得善恶一体的人性出现断裂,此后,"渣滓虽然还围绕着他,却不能将他污染,他现在可以熟练地在一种良好的生活方式中为至上存在者所喜欢的事服务。"③施佩纳—弗兰克认为,这一极端的转变

---

① [英]休谟:《人类理解研究》,关文运译,商务印书馆2007年版,第101页。
② [英]休谟:《人类理解研究》,关文运译,商务印书馆2007年版,第112页。
③ [德]康德:《论教育学》,赵鹏、何兆武译,上海人民出版社2005年版,第94页。

始自奇迹,而终结于道德上良好的生活方式,也就是说,借由奇迹一个恶人才能成为一个善人,一个罪人才能被至上存在者所悦纳、所接受。然而,在康德看来,人心的这一转变方式不管看起来多么合理、多么自然,都不能视作理所当然的事情。因为须作进一步追问的是:如果把人的善恶之变、弃恶趋善完全当成至上存在者的功劳与恩典,那么人与机器还有什么区别呢?人本身的意志自由将体现在何处呢?此外,作为有限的存在者,人又是如何能够辨别哪一种奇迹是无限之至上存在者的真正恩典,哪一种奇迹是迷信的狂热呢?毕竟,作为奇迹,我们只能识别其在经验中造成的结果,不能洞察其生发的原因,可是在现实生活中我们不乏见识借至上存在者恩典之名以行个人之私的事情,我们怎能保证我们所见到的奇迹又不是另外一个见不得人的阴谋呢?

与施佩纳—弗兰克过度强调至上存在者之恩典的奇迹不同,摩拉维安—青岑多夫派将重心转向了具备意志自由的人本身。他们认为,认知并区分人性本恶的力量不在人之外的至上存在者,而在人的内在理性,是"理性把道德法则作为一面镜子放在人面前,让他看到自己何其卑鄙,从而利用向善的道德禀赋使他下决心以道德法则作为自己的准则",①以此使人弃恶趋善。从字面上看,摩拉维安—青岑多夫派与施佩纳—弗兰克的观点截然相反,它侧重的是人的理性而非至上存在者的力量,但这只是表面现象。以康德观之,它们的实质没什么不同,因为摩拉维安—青岑多夫利用向善的道德禀赋使其下决心以道德法则作为自己准则的"决心"依然是种奇迹。换句话说,人心的改弦更张,从恶的面向转到善的精神,这不是什么难事,很容易做到。然而,要想持守这一方向,始终向善的方向前进而不再堕入邪恶的深渊,却不是轻而易举的事情,它需要对于一种超自然交融的感情,甚至是一种持续与神界交往的意识,在这一交往中,一方面少不了斥责,另一方面也少不了谢罪,只要他注意不断地培养这种交往,哪怕只是一种持续的祈求,他就不必担心分离或从恩典那里再度堕落。简单来说,弃恶向善之心的转变通过人的道德禀赋可以实现,但是要想保持这一态势的持续与恒久,则务必需要恩典的介入,而这一介入的实现方式还是离不开奇迹。

显然,摩拉维安—青岑多夫派与施佩纳—弗兰克派关于人之由恶向善的力量的认识是有差异和区别的。一个强调人之外的至上存在者,一个重视人之内的理性,但两者共同之处是都离不开奇迹。不过,在康德看来,建立在奇迹之上的宗教要么是狂热的,要么是迷信的,根本不可能有真正的宗

---

① [德]康德:《康德著作全集》第 2 卷,李秋零译,中国人民大学出版社 2003 年版,第 94 页。

教与宗教崇拜。之所以如此,在于这些奇迹说到底是一个我们只知其因而不知其果的尘世事件,更不可能知道其起作用的规律。由于无法洞悉奇迹背后的奥秘,人们就会不可避免地根据自己的理解以建构自己的教会,或者以自己的解读来对其他信仰加以判教。然而,如此一来,建立起来的宗教只能是任意的、偶然的教会,而非必然的、普遍的宗教。因为真正的宗教所包含的无非是普遍、必然的法则,"即这样一些实践的原则,我们能够意识到它们的无条件的必然性,我们因此而承认它们是由纯粹的理性启示的(不是经验性的)。"①也就是说,真正的宗教只能奠立在实践的法则中,即奠立在人之理性的义务或道德中,而非对至上存在者诫命的服从和自然奇迹的敬畏上。对此议题,康德在"三大批判"中有详细的论述与阐释。

诚然,奇迹既不能给我们以确定的理论知识,也不能给我们的行动以实践智慧,是我们无法探知的事件,但是康德并没有由此而完全否定奇迹在宗教中的作用与价值。相反,康德认为,奇迹无论是对早期基督教,还是对理性的道德宗教之确立,都有着不可或缺的导引作用。

就基督教早期现状而言,康德指出,任何一个宗教的诞生都不可能是无中生有的,基督教作为宗教上的一种革命,它也不可能脱离其固有的传统凭空出现,它本身就是其所由以产生的犹太教的一种扬弃。为了不与犹太信众的既有风俗或习惯之冲突太过剧烈,作为基督教的导师与领袖,耶稣从一开始就尽可能地想从犹太教与基督教中梳理出一条相互联系的线索,尽力使新的宗教信仰看作旧的宗教信仰的一种延续,将旧的信仰以某种为大众可接受的方式包含在新的信仰之中。康德认为,耶稣所行的奇迹,极为清楚地表明他们在这里所关心的是"用最适当的手段引入一种纯粹的道德宗教,来取代一种旧的、民众的习惯过于强大的崇拜,而又不直接与民众的成见相冲突。"②在康德看来,犹太教的信仰只不过是规章戒律的总和,无论在它身上附加任何道德属性,这些道德属性都不属于犹太教本身。严格说来,犹太教根本不是一种宗教,而只是一群人的联合。对于这一联合的信众而言,他们看不到奇迹,就总是不信。基于这一现状,为了构建新的、真正的宗教,耶稣必须利用信众对奇迹的信念以恢复宗教的权威,进而为道德宗教的确立奠定基础。

可以看到,康德明显地将"基督教"与他所要建构的"道德宗教"联系起

---

① [德]康德:《纯然理性界限内的宗教》,李秋零译,中国人民大学出版社 2005 年版,第 154 页。

② [德]康德:《纯然理性界限内的宗教》,李秋零译,中国人民大学出版社 2005 年版,第 115 页。

来,甚至把基督教等同于他的道德宗教。对此,人们不免感到有些怪异。众所周知,由于深受康德《纯粹理性批判》中对传统宗教之至上存在者存在证明批判的影响,人们想当然地认定其神学思想与基督教教义方枘圆凿,格格不入。不过,实言之,这一理解是失之偏颇的。在康德看来,基督教教义本身可以分为"道德学说"与"训诫规章"两个部分,其中前者是"基本理论"部分,后者是"辅助理论"部分。① 康德这么划分并不意味着后者不重要,他对基督教的批判也并不是要彻底摒弃基督教。诚如康德自道的那样,历史奇迹与道德理性在宗教中同样重要,两者都不可或缺:"理性和《圣经》之间不仅可以发现和睦相处,而且可以发现亲如一体的状况,以至于谁遵循其中的一个(在道德概念的指导下),就不会不同另一个保持一致。"②可以这么说,在其宗教哲学方面,康德一生的努力方向就是将那种带有启示宗教色彩的基督教,通过纯然理性的形式表述为一个有机的、连贯的整体。正是在这一意义上,康德断言,基督教及其经书"是现有的、对于确立和永远维持一种真正改善人灵魂的国家宗教来说是最好的……因为它与纯粹道德的理性信仰一致。"③关于这一点,康德在《道德形而上学》的"德性论"部分表述得更为直白:"虽然可以说有一种纯然理性界限内的宗教,但这宗教并不是从纯然理性派生出来的,而是同时建立历史学说和启示学说之上的。"④

由此可见,康德并不反对基督教的基本教义,尤其是其中基于理性之上的道德学说。在一定层面上,他也不反对早期基督教利用犹太教中的某些信仰方式以建立道德宗教的策略。康德极力反对的是,在道德宗教建立以后人们还迷恋、执着于那些既有的奇迹现象,无论这一奇迹是让水变酒、医治病患、驱除妖魔,还是死人复活。因为所有这些奇迹的用途只有一个,就是为道德宗教的建立做一引导,给一指示,除此之外别无用处,道德宗教一旦确立,先前的所有奇迹都应该弃绝。正如康德一再指出的那样,为了开创一个扬弃世上一切训诫的纯洁宗教,并把它传播到广大民众中去,奇迹和宣示秘密是必要的。在这方面,许多人为的东西与论据也是必要的,它们在当时具有很大的价值。但是,倘若诸如生活方式必须端正、信仰中的意念必须纯洁等这些教诲在世界上作为唯一包含着人的真正解脱的宗教,能够得到

---

① [德]康德:《康德书信百封》,李秋零译,上海人民出版社2006年版,第44页。
② [德]康德:《纯然理性界限内的宗教》,李秋零译,中国人民大学出版社2005年版,第9页。
③ [德]康德:《论教育学》,赵鹏、何兆武译,上海人民出版社2005年版,第58—59页。
④ [德]康德:《道德形而上学》,李秋零译,中国人民大学出版社2013年版,第260页。

充分的传播,在世界上留存下来,那么,既然大厦已经建成,脚手架就必须拆除掉。① 这亦是说,奇迹是需要的,直到道德宗教为止。

正是在此意义上,人们将会发现,真正的道德宗教建立以后,理性的人类虽说并不完全鄙薄或彻底放弃对奇迹的信仰,但是没有人会真的希望这一信仰会在现实的社会与实践中兴盛和流行起来。也就是说,他们"虽然就理论而言也相信存在诸如此类的东西,但在实际事务中却不确认任何奇迹。"②其实,不止社会中的个人会如此对待奇迹,政府亦然。任何一个聪明的政府在任何时候都将会承认,甚至以法律的手段规定其官方宗教学说,即从前可能发生过奇迹,但新的奇迹却是绝对不允许的。诚然,这一方面有着现实的、维持公共秩序的考量,也就是不允许新的奇迹扰乱平静的社会与固有的生活方式;另一方面,则是出于理性的要求,即不承认、不允许新的奇迹,当然这不是基于对奇迹之好坏的解读,而是因为我们对奇迹压根没有客观的洞见,因此无从给予合理的判断与分析。因为对奇迹而言,我们无疑地可以对它们起作用的原因,即对于作为一个全能的、道德的存在者起作用的规律形成一个概念。然而,至上存在者在某些情况下也可以让自然现象偏离既有的自然规律,那么,我们对此就毫无概念可言了,因为理性对这一奇迹永远也得不到一个确切的概念。因此,在实际的生活事务中,人们既不能指望奇迹,也不能指望运用自己的理性把握奇迹,无论是理论理性的把握,还是实践理性的把握,虽然我们也并不否认它们的可能性和现实性。

针对康德奇迹在道德宗教建立之初有其存在的必要价值,而一旦确立了信仰意念与端正的生活方式就可以抛弃奇迹的这一思想,我们需要说明的是,康德的这一观点,并不是出于结果主义的实用考量。相反,正如我们在第三章第一节指出过的那样,康德之所以那么做是与他对人性之弱点的洞察与深刻了解密切相关,奇迹在确立真的宗教方面具有优先地位。毕竟,通过一场革命或许可以实现推翻个人专制以及贪婪心灵的独裁,却绝对不可能实现思想方式的真正改革,因为新的偏见亦将如旧的一样,重新成为驾驭人心的牢固枷锁与圈套。我们只有借助渐进的改革的步骤,慢慢地实现人的思维方式的变革,随着纯然崇拜规章与诫命的宗教的寿终正寝,建立在理性和道德意念之中的宗教才能真正地被确立起来。诚如康德所言:"人们不能指望,思维方式一下子就被引导到至今为止完全不习惯的轨道上来,

---

① [德]康德:《康德书信百封》,李秋零译,上海人民出版社2006年版,第44—45页。
② [德]康德:《纯然理性界限内的宗教》,李秋零译,中国人民大学出版社2005年版,第74页。

而是需要时间来事先在其旧有的进程中,逐渐地阻滞它,并最终通过潜移默化的影响,使它转入相反的方向。"①

总而言之,从理论认知的角度看,奇迹是完全不可能被我们的自然规律所认知的,因为导致奇迹这一结果的原因是缺席的,也是永远不可能被把握的。换言之,虽说奇迹是可以被我们思维的,但是我们却没有与之相对应的经验直观,在此意义上,它绝对不能成为我们的知识的客体或认知的对象。当然,也正是基于我们对之只有经验直观,没有理智直观这一前提,我们也不能断然拒绝奇迹的可能性与实在性,对我们而言,奇迹是不可知的。毋庸置疑,断言奇迹的不可知,并不意味着彻底否定其存在的意义。为了道德宗教的建立,康德显然为奇迹保留了一定的空间与位置。虽然奇迹不是,也绝不可能是宗教得以确立的绝对基础,但它毕竟还是可以为后者的奠定给以指示或导引。无疑地,这一导引作用的提出,并不是出于功利的目的和考量,而是出于时间在先与对人心弱点的洞见的尊重。而一旦实现了意念的端正、人性的纯洁,以及信念的坚定,那么包括奇迹在内的所有神秘手段都应被抛弃。无论如何,康德对奇迹的这一阐述为我们理解其道德宗教的复杂性提供了一把钥匙,也为我们梳理其庞杂的神学思想给予了较为完备的提点,值得深度挖掘和解读。

---

① [德]康德:《未来形而上学导论》,李秋零译,中国人民大学出版社2013年版,第4页。

第六章 经书诠释

康德的信念学说显然与其生活的那个既定文化传统脱不开关系,就其宗教哲学的衍生而言,它的一个重要思想资源无疑是基督教传统,这一点从康德所在的时代不难看出。出于系统理解康德起见,我们这里显然不能不对他关于经书的态度与理解给出一点说明。康德出生的时代虽说是一个理性启蒙的时代,但宗教作为彼时的一种生活方式,它的存在对康德依然有着不容忽视的影响。就康德的宗教思想而言,可以说理性启蒙与宗教信念一直存在于其哲学的思维张力之中,在这一点上康德对经书中的"人子"以及位格等议题的反思亦与之牵连甚大。职是之故,在这一章,我们尝试阐述康德关于圣经中的"人子"及其位格问题的考察,然后再着重分析一下他对传统宗教中至上信念的位格思想的理解,查勘一下批判哲学家是如何看待至上信念的位格这一基督教之基本教义的。不过,在对阐释这些话题之前,事先对其早年的神学背景做一些说明,无疑有助于把握其批判哲学时期的经书诠释问题。

第一节 人 子

需要指出的是,《圣经》中的耶稣这一名号几乎从未在康德的著作中出现过。通常只有在涉及他,且不得不对其加以征引和阐释时,康德才会提及这一意象,然而即便如此,大多时候,他还是以"上帝所喜悦的人(Gott wohlgefällige Mensch)"①、"上帝之子(Sohn Gottes)"②等概念来取代对他的直接称述。康德何以要这样做,其理据何在,让人十分费解。而一旦我们将此问题置于康德之出身与成长的背景下来考察时,就显得尤为让人困惑。我们知道,康德出生于一个严格信从虔敬教派的家庭,父母都是虔诚的教徒,这一教派注重对至上存在者的信仰、强调对人子的信奉,直至晚年仍不忘母亲之慈爱的康德,不可能不受家庭宗教氛围的影响。除家庭外,这一宗

---

① [德]康德:《纯然理性界限内的宗教》,李秋零译,中国人民大学出版社2005年版,第48页。
② [德]康德:《纯然理性界限内的宗教》,李秋零译,中国人民大学出版社2005年版,第48页。

教思潮还广泛弥漫于康德所就读的学校,无论是小学、中学还是大学,主宰康德之日用常行的无非基于对耶稣之爱的虔敬思潮。依此来看,从小到大,从家庭到学校,耶稣之于康德而言应该是不陌生的,康德对耶稣及其相关教理也应该是相当熟稔的。那么,如此重要的一位人物,为何没有在康德的著作中得到应有的表达呢?莫非其中真的存在某种不为人知的隐忧?由于这一议题的复杂性和关涉的广泛性,我们试图由康德哲学中"道德上的完善性的理想"(Ideal der moralischen Vollkommenheit)与人子之关系切入,以此洞悉康德眼中之人子的形象问题。

毋庸讳言,康德之直面人子问题的著作并不多,在这不多文本中,《纯然理性界限内的宗教》是我们不得不提及的一部。我们知道,《纯然理性界限内的宗教》一书是康德专门为解答"我可以希望什么"这一宗教议题而撰写的著作,①它总共分为四个篇章,其中第二篇"论善的原则与恶的原则围绕对人类的统治权所进行的斗争"一文专门讨论了耶稣问题,即"道德上的完善性的理想"问题。康德认为,作为有限的理性存在者,人身上虽然存有根本恶,但基于义务,弃恶趋善是人逃脱不掉的命运,而要达成这一命运,除了敬重道德法则并以其作为根本的动因之外,还应效法道德上完善的理想,如此方可真正地由一个旧人转变成为一个新人。针对康德的这一论断,后世存有不少争议,这些争议主要是围绕着"道德上的完善性的理想"与"人子"之关系来展开的,它们大体上可以分为三类,即援引说(Jesus-as-Cite)、翻译说(Jesus-as-Translation)以及象征说(Jesus-as-Symbol)。

一、援 引 说

援引说的代表人物为迈克逊(Gordon Michalson)与麦卡基(Vincent McCarthy),他们认为,康德之"道德上的完善性的理想"这一概念与人子并无二致,它是对经书中人子形象的复制,是没有经过批判性考察的抄录。虽说康德在行文中没有采用"耶稣"这一名号,但由文中无处不在的"上帝的独生子""上帝所喜悦的对象""上帝荣耀所发的光",以及他是"道(生成)"等表述可以看出,康德并不反对人子的既有形象,否则一个以批判哲学著称的思想家绝不会不经反思、堂而皇之地照搬经书中的原样文字而不给出详尽的解释的。依迈克逊之见,康德之所以这么做,并不是因为他不想对人子做出理性上的解读,而是根本无法给予理性的解读,因此,只好对出自基督教

---

① [德]康德:《康德书信百封》,李秋零译,上海人民出版社2006年版,第199页。

中的人子形象原貌加以援用。①

按照援引说之见,康德这么做,其实也不是第一次了。在《纯然理性界限内的宗教》第一章"论恶的原则与善的原则的共居或论人性中的根本恶"中,面对根本恶的来源问题,康德就曾一度表示,这一问题是无解的,人的理性根本无法解决这一问题,因为它超出了理性所能把握的范围。然而,即便理性无法思议恶之所出,康德还是坚信根本恶是对人性的一个基本规定,它的存在是一个不容否定、不可置疑的事实。对此,迈克逊曾质疑道,为什么?为什么在一个理性批判至上的思想家眼里,根本恶即使不可理解还要保留它的存在呢?不可否认,其中必定有比理性更根本的原因在起作用,而这一原因就是康德从小到大都十分熟稔的"原罪"思想。深受启蒙思想(Enlightenment)与基督教神学(Christian theology)双重影响下的康德承认,理性虽然至上,但理性亦不是万能的。在致普鲁士国王弗里德里希·威廉二世的信中,康德曾经坦言相告,有些问题是理性单靠自身无法解决的,它需要启示神学的帮助。比如,"恶产生自何处,恶怎样过渡为善,或者认为我们处于恶之中的确定性何以可能,等等诸如此类的问题。"②康德并不讳言,理性在面对和诠释这些问题时,存在"在理论方面的不完满性……以及对一个启示理论的需要。"③

与此相类,既然"根本恶"思想出自于基督教的"原罪"概念,那么,我们又有什么理由拒绝"道德上的完善性的理想"也是来自于基督教中"人子"的形象这一事实呢?基于康德哲学,由于人性中善的禀赋和道德法则的约束,作为有限的理性存在者,人必定要弃恶从善,即使是一个天生的恶棍,只要他愿意弃恶从善,他就能够做到弃恶从善。不过,话虽如此,我们还是要追问一句:一个既已堕落了的恶人,怎么可能凭借一己之力来成就一个善人呢?作为动因的道德法则在人的新旧转变过程中诚然厥功至伟,不可或缺,但仅仅凭借道德法则未必就能达成此事,它还需要他者来刺激人性中的既有善根与禀赋,如此方可内外兼济,共趋于善。依迈克逊之见,这个所谓的"他者"就是人子。之所以如此,乃是因为面对根本恶以及如何由恶趋善的过渡这一疑难,康德已经"穷尽了批判哲学的所有资源,最终只得从对其成长深具影响的虔敬教派中找寻灵感"。④ 而"正是这位……拿撒勒人耶稣

---

① Manfred Kuehn, "Kant's Jesus", *Kant's Religion within the Boundaries of Mere Reason*: *A Critical Guide*, Gordon Michalson (ed.), Cambridge: Cambridge University Press, 2014, p.157.
② [德]康德:《康德书信百封》,李秋零译,上海人民出版社2006年版,第212页。
③ [德]康德:《康德书信百封》,李秋零译,上海人民出版社2006年版,第212页。
④ Chris Firestone and Nathan Jacobs, *In Defense of Kant's Religion*, Bloomington & Indianapolis: Indiana University Press, 2008, p.154.

(Jesus of Nazareth)而非其他人,作为理性原则的人格化翻版,才成就了我们在道德上重生之希望的基础"。① 在迈克尔看来,这一点是无可置疑的。当然,主张这一看法的不止迈克逊一家,麦卡基亦持这一立场。在他看来,康德宗教哲学本身就是启蒙理性主义与路德宗教神学之结合的产物,正是这一结合最终促成了《纯然理性界限内的宗教》第二篇之耶稣这一人物的登场。但是,需要指出的是,"事实上,康德对基督教与基督(虽然他没有道出他们的名姓)的录用,并没有得到其研究方法上的辩护。"②换句话说,康德对人子的征引是没有经过批判和反思的,而是对经书既有思想的直接征引。

经过上面的简单介绍,援引说的基本立场已经相当清楚了:康德宗教思想中的"道德上的完善性的理想"与经书中的"人子"是等价的,两者可以相互替代,彼此是一而二、二而一的关系。之所以如此,乃是因为康德在处理神学议题时遇到了困难,尤其是在面对人性中的根本恶,以及从恶向善的过渡中理性遭受了致命的打击,在这些疑难面前,理性的缺陷暴露无遗,它显得极为无能。在此情况下,对一个出身于虔敬教派的人而言,康德最易动用的材料无疑就是从小到大都熟悉的传统神学理论,而在这一传统神学理论中,最为切合康德心意的资源就是人子的形象。基于这一认识,援引说断言,康德在阐释"道德上的完善性的理想"这一概念时,援用耶稣以充实和重构其宗教思想不仅具有合法性,更具有合理性,实属非常自然的事情。

二、翻 译 说

与援引说的立场不同,翻译说认为,我们不能将康德哲学中"道德上完善的理想"径直等同于经书中的"人子"或其形象的翻版。"道德上的完善性的理想"与"人子"的最大不同之处,在于康德对人子进行了理性的改造和道德的翻译,它已不再是传统神学意义上"耶稣"之原貌的征引与复制,主张这一看法的代表人物是黑尔(John Hare)和里尔顿(Bernard Reardon)。

在黑尔和里尔顿看来,援引说的立场是有待商榷的,因为康德宗教哲学的底色是理性与道德,凡是脱离这一底色或未经理性与道德诠释的神学,不是虚假的,就是邪恶的。针对这一点,康德在其晚期作品《学科之争》中言说得极为明白:"一切释经如果涉及宗教,都必须按照在启示中引以为目的的道德性的原则来进行,而且如果没有这种原则,就要么在实践上是空洞

---

① Gordon Michalson, *Fallen Freedom: Kant on Radical Evil and Moral Regeneration*, Cambridge: Cambridge University Press, 1990, p.109.

② Vincent McCarthy, *Quest for a Philosophical Jesus: Christianity and Philosophy in Rousseau, Kant, Hegel, and Schelling*, Macon: Mercer University Press, 1986, p.83.

的,要么干脆就是善的障碍。"①因为对康德来说,"除了通过我们自己的知性和我们自己的理性同我们说话之外,我们不能理解任何人,因此,就我们的理性的概念是纯粹道德的,因而是确实可靠的而言,除了通过他们,一种向我们颁布的学说的属神性,不能通过任何东西来认识。"②基于这一认识,康德重新界定了宗教,在他看来,宗教不是某些作为神的启示之学说的总和,而是我们一切作为神的诫命的一般义务之总和。不是先有宗教,后有道德;恰恰相反,而是先有道德,后有宗教,宗教只是理性的一种道德上的立法形式,为的是借由道德法则以产生至上存在者理念,然后通过至上存在者来对人的意志施加影响,以履行人之为人的义务与责任。③

毫无疑问,康德的这一解经思想适用于一切神学教义,它不仅适用于一般的宗教概念,也适用于经书中的核心范畴,如原罪、人子等。仅就《纯然理性界限内的宗教》第二篇的解读而言,黑尔甚至认为,康德不仅探讨了人子的道德转译问题,还在此基础上涉及了耶和华与灵魂问题,换言之,康德在这一章不仅研究了圣子,还以理性为基础探讨了圣父与圣灵等位格的重大议题。黑尔在对康德的宗教著作进行了具体的研究之后,指出康德对至上信念的位格的包装具体体现于,"耶稣基督被翻译为了道德上的完善性的理想……圣灵被翻译为了寓居于人心之中的善的禀赋,作为我们的保惠师(comforter)(借助我们的行动所造就后果)确保了自己在我们心中的实存;而圣父则被翻译作了神圣的理念。"④按照这一诠释,康德哲学中"道德上的完善性的理想""人性中善的禀赋",以及"神圣的理念"只不过是启示神学中至上信念的位格的外包与改造而已。也正是经过了这一翻译,作为道德上完善的理想,人子在经书中的形象尽可以得以运用,以解释人的存在困境,并为人的弃恶向善提供动力之源与可以效仿的榜样。我们在人子的身上,看到了人性中最为光辉的一面,他是人性中道德之完善性的体现。为了履行自己的义务与使命,他不仅身体力行,还通过自己的言谈举止尽可能地在更大范围内传播善行,播种善根,即使遭遇巨大的诱惑和难以忍受的痛苦,他也甘愿为了尘世的福祉,甚至为了他的敌人而承受一切苦难,直至屈辱的死亡。不难看出,人子的这一示范效应,不仅能够唤醒人性中既有的善的禀赋,更从另一层面支撑着人们战胜恶的倾向与根本恶的信心,进而实现

---

① [德]康德:《康德著作全集》第7卷,李秋零译,中国人民大学出版社2008年版,第44页。
② [德]康德:《康德著作全集》第7卷,李秋零译,中国人民大学出版社2008年版,第44页。
③ [德]康德:《康德著作全集》第7卷,李秋零译,中国人民大学出版社2008年版,第32页。
④ John Hare, "Augustine, Kant, and the Moral Gap", *The Augustine Tradition*, ed., Gareth Matthew, Berkeley: University of California Press, 1999, p.257.

人们由一个旧人转变为一个新人的要求。据此路径,虽说我们由于自身的局限,还有很多缺陷有待改善,但我们在去恶向善的过程中,逐渐使得我们所要追求的幸福配得上我们所拥有的德性,进而真正实现德福相契这一道德法则所赋予人的义务,以至成为至上存在者(圣父)所悦纳的人。正如里尔顿所指出的那样:"我们取悦上帝和获得救赎的唯一方式,就是在实践上对上帝之道成肉身的儿子的信仰,正是借助这一信仰,上帝之子使其自身的禀赋具备了理想的典范意义。"①

我们可以看到,在某种层面上黑尔与里尔顿的这一解读也不是空穴来风、无中生有的诠释,亦有康德的具体文本作为支撑。康德在《学科之争》中就曾指出,凡是在理论上包含着神圣的、超越一切经验之学说的经文,都应该依照有利于实践理性的方式来给予解释。② 传统神学中的至上信念的位格就其字面意涵而言,即使人们真的相信确有此事,也不能得出任何有价值的东西来,更不用说大多信众根本就无法理解它所具有的超越思想了。至上存在者本身是一个位格,还是十个位格,对信众而言都是无所谓的,他们都可以轻而易举地接受其字面意义,因为他们对一个还是多个位格中的至上存在者根本没有任何概念,也不可能有什么理解。与此相对,"如果人们把一种道德的意义置入信条(如我在《纯然理性界限内的宗教》中所尝试的那样),它所包含的就不会是一种没有结果的信仰,而是一种与我们的道德规定相关的可理解的信仰。"③这种可理解性就在于,我们可以以之为榜样,把我们自己提高至趋近于这一道德完善的理想的地步,即提高到具有全部纯粹性的道德意念的原型,因此他就不仅给予我们目标,还给予我们实现这一目标的力量,让我们像他一样在日用常行中活出善的样式与道德的风貌来。

就此意义而言,可以说"翻译说"的解读颇得康德宗教哲学之旨趣,当然,这也是它深得后世学者之心的一个重要原因。但是,不可否认的是,它与"援引说"都有一个大致相同的前设,即他们都断定,康德在《纯然理性界限内的宗教》中所阐释的"道德上的完善性的理想"之所指是同一个人物即人子,除人子之外别无其他可能。然而,一旦我们跳出既定的思维方式,尤其是跳出基督教的思想背景,站在一个更为客观公正的立场上去重新审视康德的著作,我们将会发现一个完全不一样的视角,进而得出一个与前述不

---

① Bernard Reardon, *Kant as Philosophical Theologian*, New York: Barnes and Noble Books, 1988, p.112.
② [德]康德:《康德著作全集》第7卷,李秋零译,中国人民大学出版社2008年版,第35页。
③ [德]康德:《康德著作全集》第7卷,李秋零译,中国人民大学出版社2008年版,第35页。

同的诠释路径,这一诠释路径就是"道德上的完善性的理想"之象征说。

三、象 征 说

主张象征说的学者主要为沃德(Keith Ward)与庞思奋,他们把康德宗教哲学中"道德上的完善性的理想"视为一个象征,这一象征专为人的趋恶倾向而设,旨在鼓励他们砥砺前行,不要被自己的软弱所羁绊,进而沦落为人性之恶的俘虏。依据这一解读,人子只不过是被康德由传统神学资源中选用的一个标识而已,他诚然具备道德之完善的特征,但并不因此就意味着他是不可替代的唯一符号。诚如沃德所言:"耶稣是否真的存在过并不重要,重要的是,他作为纯粹道德禀赋的原型是所有人应该效法的对象。"①

实言之,就道德之完善理想的象征意涵而言,历史上与人子相媲美的人物大有人在。其中,一再被康德道及的斯多亚学派的"智者"这一概念,就与此相类,在某种层面上智者完全可以取代耶稣的身份。我们知道,康德阐述"智者"(Weise)与"德性"(Zugend)②之关系的文字不少,时间跨度亦较大。比如,《纯粹理性批判》之"论一般的理想";《实践理性批判》之"作为纯粹实践理性之公设的至上存在者存在",以及《纯然理性界限内的宗教》之"第二篇"。在康德看来,斯多亚学派中的智者与传统宗教中的人子一样,同为道德与智慧的象征。作为对人之行为的规约原则,智者同样具有实践的力量,它为人们的行动之完善的可能性奠定了基础,指引了方向。因为它不仅开发了人性中的善的禀赋,还唤醒了人们对恶之倾向的警惕,不忘提示人们对恶的斗争,从而由正反两个方面对人施加了影响,其意义不可谓不大。正如康德所言:"为了成为一个道德上善的人,仅仅让我们的族类所蕴涵的善的种子不受阻碍地发展是不够的,而且还必须同在我们里面起相反作用的恶的原因作斗争;这一点,在所有古代的道德主义者中,尤其是斯多亚学派通过德性这个他们的特有术语给予了说明。"③因此,由德性与智者之间的关系来看,康德选取智者以取代耶稣作为"善的原则的拟人化了的理念"亦未尝不可,但是康德为什么没有这么做呢?

诚然,造成这一结果的原因是多方面的,其中关键的一点是,斯多亚学

---

① Keith Ward, *The Development of Kant's View of Ethics*, Oxford: Basil Blackwell, 1972, p.151.
② 关于 Weise 与 Zugend 这两个德文词的中文翻译,现在通行的版本不太一致,比如,李秋零的译本将其翻译为"智者"与"德性",而邓晓芒先生的译本则分别翻译为"圣贤"与"德行",笔者选用了前者译法。
③ [德]康德:《纯然理性界限内的宗教》,李秋零译,中国人民大学出版社 2005 年版,第 43 页。

派和康德对恶的理解存在巨大差异。与斯多亚学派的那种倾向于在自然现象中去觅寻恶的路径不同,康德认为,恶作为人性的一个规定,它完全是一个道德领域的事情,而不是一个自然属性的问题。斯多亚学派的错处就在于将德性的敌人错置了地方,"他们的敌人不应该在自然的、只不过是未受教化的、却毫不掩饰地向每一个人的意识公开呈现的偏好中去寻找",①恰恰相反,它应该召唤人们面对自身、面对心灵,反对自由意志中的恶的准则对道德法则的败坏与腐蚀,这是其一。其二,斯多亚学派主张,德性是人们在今生就可以实现的目标,只要我们足够努力,就能够在有生之年达成自己向往的目的。② 对于斯多亚学派的这一预设,康德亦极不赞同。康德认为,作为一个完善性的理想,经验世界中的任何东西都不足以与之契合,它是人们行为的规范与法度,然而却是永远无法抵达的道德准绳,人们可以将自己的行为与这一准绳加以对照,以资进取,但永远不要奢望自己能够迫近或超越这一理想。与此相对,基督教则体现了其独特的理论优势。就基督教的教义所要求的神圣性而言,它们留给造物的是无限的进步,至上存在者将他唯一的爱子化为道德完善的楷模,而人们只能在永恒的延续中抵近这一原型,效法这一榜样,将此作为希望的对象。就此而言,基督教中的道德理想与斯多亚学派的智者形象亦不完全一致。准确地说,基督教把道德理想作为实践完善性的原型,充当着道德行为不可或缺的准绳,同时充当比较的尺度。如果我从其哲学方面来考察基督教道德,那么,它与斯多亚学派的理念相比当有如下表现:两者的理念分别是智慧和神圣。至于达到它们的途径,两者看法亦各不相同,斯多亚学派认为仅仅依靠"科学的途径"与"单纯的自然力量"③就足以做到。显然,这一点与基督教对人之道德努力与改进的重视是极为不同的。

除了上面的这一学理的论据之外,象征说还强调了康德的所处时代对其思想所造成的影响。在象征说看来,康德之所以选择人子而非其他先哲作为道德人格的典范,必定与他的成长背景与当时的环境密切相关,是彼时彼地的社会风气使然。按照庞思奋的说法,在一个虔敬教派思潮风行一时的时代,"耶稣是最为适合充当真宗教之象征的手段的"④,因为出于现实的

---

① [德]康德:《纯然理性界限内的宗教》,李秋零译,中国人民大学出版社2005年版,第43页。
② [德]康德:《实践理性批判》,李秋零译,中国人民大学出版社2010年版,第119页。
③ [德]康德:《实践理性批判》,李秋零译,中国人民大学出版社2010年版,第119—120页。
④ Stephen Palmquist, *Kant's Critical Religion: Volume Two of Kant's System of Perspective*, Aldershot: Ashgate Publishing, 2000, p.211.

考量,选择人子来说明其"善的原则的拟人化了的理念",既不会让人显得陌生,又可以避免与主流教会信仰的摩擦。毋庸讳言,在一定意义上,可以说"象征说"的这一分析比较符合康德为人处世的性格,事实证明,康德的谨小慎微也不是没有道理的,几乎就在同一年(1794年),康德与普鲁士国王弗里德里希·威廉二世爆发了举世瞩目的冲突。

当然,在象征说看来,无论是出于学理还是时代背景,也不管在具体层面上人子的形象较于斯多亚学派的智者有多大的优点,康德选用它的出发点与落脚处都是基于"道德之完善理想"的象征意涵,注重的是它有助于人们的效法和表率,有助于人们去恶趋善之目的这一面向。就此而言,经书中的人子与斯多亚学派的"智者"是等价的,没有高低之分、轩轾之别,它们都只是一个象征性的符号而已。

通观前述,可以发现,在上面这三类诠释路径中,援引说与象征说之立论正相对立。就援引说而言,它太过重视道德之完善的理想与耶稣的同一性,忽视了两者之间的差异性。诚然,康德的确援用了不少基督教学说的概念,甚至原封不动地征引了很多经书的神学范畴,但我们并不能因此得出道德之完善的理想就是人子这一结论来,毕竟,康德曾对之做出不少与传统宗教完全不同的解读。与此相对,象征说则走向了另一极端,它过于强调了人子与道德之完善的理想的差别,没有看到两者的关联,显然这一见解也是略欠周全的。较于援引说与象征说,在某种程度上,翻译说就显得温和多了,它既承认"道德之完善的理想"与人子的相似处,也指出了康德的独特理解,正确地把握了康德对传统神学的理性改造与道德分疏,遗憾的是,这一诠释向度没看到,康德对人子的理解根本不是什么哥尼斯堡哲人之于传统宗教的直接翻译,而是先验的理性神学之于基督教的重新解读与构建。

具体说来,先验的理性神学与"翻译说"最大的不同之处,在于它是由范导性的视角而非建构性的视角来理解人子的。需要再次指出的是,范导性的原则与建构性的原则[1]在康德哲学中是完全不同的两个概念。就其哲学意涵而言,建构性的原则是知性运用范畴(原理)对感性对象的建构,其结果是产生具体的经验判断与认知;与此不同,范导性原则涉及的是理性所使用的方法,它关注的是"道德上的完善性的理想"对人的行为活动上的导引功能,使人由恶趋近于善,从不完善的状态走向完善的状态。因此,作为理性之个体化的理念,理想对于自然中人来说,根本不具有基督教意义上的建构性的力量与目的,即人们不可能像《新约》中的门徒那样来对这一道德

---

[1] 陈嘉明:《建构与范导:康德哲学的方法论》,社会科学文献出版社1992年版,第14页。

理想加以理解和把握,包括对它的神秘经验与体察。在某种层面上,可以说对康德来说是一个理想的东西,对宗教徒来说则"是一个属神知性的理念,是这种知性的纯粹直观中的一个个别的对象,是任何一种可能的存在者的最完善者,是显象中一切摹本的原型"。① 换言之,在康德的先验的理性神学中,道德上完善的理想只能存在于人们的理性之中,无法在现实的经验中找到与之相对应的原型,理想的对象只能与理念中的范例相一致,它是道德理念的化身与体现。就这一点来说,基督教中的那位"道成肉身"的人子与康德哲学中的"道德上的完善性的理想"并不完全相应,两者差距还是很大的,后者不可能像"翻译说"所说的那样,是对前者的对等"翻译"或转借。

再者,由于康德所理解的"道德上的完善性的理想"只能生发于人自身之内,存在于人的理性之中,不能外求,更不能从天而降,所以它对我们而言,是可以轻而易举地把握的。与此相对,传统宗教中的那种由至上存在者而来的耶稣的形象,在对人之弃恶趋善的作用上,则遇到了不小的麻烦与困难。因为基督教中的那种认定耶稣之超越自然来源的这一事实,对于我们来说是无法理解的,也很难将其视为原本就存在于我们内心的一种理想,他在我们灵魂中的存在变得不可思议。把这么一个圣人提高到超出人的本性之上,会妨碍我们对他的效法与模仿,因为即使那个让至上存在者所喜悦的人的本性被设想为属人的,以至于他和我们一样具有同样的需求,从而也具有同样的困难,具有同样的自然偏好,从而也被同样的越轨行为的诱惑所纠缠,但"他的本性毕竟可以被设想为超人的,因为意志的那种非获得的,而是天生的不改变的纯洁性,使他绝对不可能做出越轨行为。这样一来,与自然人的距离由此又变得如此无限大,以至那个神性的人对于自然的人来说,再也不能被当作榜样。"② 毕竟,在遭遇这一苦难时,自然的人也可以说,请给我一个完全圣洁的意志,那样,所有趋恶的诱惑在我这里就会自动落空;请给我内在的最完善的确定性,确信在短暂的尘世人生之后,我将立即分享天国的全部永恒的荣耀;那么,我将不仅甘愿,而且还会充满愉悦地承受一切苦难,不管它们有多么沉重,甚至包括最屈辱的死亡,因为我将亲眼看到美好结局的临近与道德修为的成就。显然,所有这一切对于一个自然的人来说,都是不可能的。因此,假如人子不是被表现为"道德上的完善性的理想",而是被表象为字面至上存在者的意涵,即被表象为"以肉体的方式寓

---

① [德]康德:《纯粹理性批判》,李秋零译,中国人民大学出版社 2011 年版,第 401 页。
② [德]康德:《纯然理性界限内的宗教》,李秋零译,中国人民大学出版社 2005 年版,第 51 页。

居于"一个现实的、活生生的人的里面。那么,从这个奥秘中,我们就不可能在实践意义上得出任何具有价值的东西,因为我们毕竟不能要求我们自己应当与一个至上存在者相媲美,人与至上存在者的距离是我们永远也无法超越的,如此一来,就可以看出,字面上的神人同形同性思想①或神人一体的理论意涵,不仅不能促进人的道德,反而打击甚至彻底摧毁人的向善之心与求道之志。

就此而言,可以看出康德哲学中的"道德上的完善性的理想"与"人子"之间的差距还是比较大的,两者并不完全一致。从先验的理性神学视角来看,康德对人子这一形象的提炼主要体现在对其道德人格化的接受与理性的改造上,与此同时,康德清除了基督教中有关于人子的经验特征与历史事实,由范导性而非建构性的向度揭示了他在人之去恶向善的过程中的榜样力量与引导作用。换句话说,康德在著作中之所以不太愿意直接援引"耶稣"这一名号,就在于担心人们误将范导性的"道德上的完善性的理想"等同于建构性的人子。与此相反,假如信徒们不是将其信仰建立在对"道德上的完善性的理想"的基础上,而是建立在对人子的恩典、超自然的奇迹以及历史的事迹中,那么,这将无疑是一种荒谬的表现,它将由反面确证了人们的无信仰。因为只要人们对蕴含在我们内在理性之中的道德价值与善的禀赋保持怀疑,就不可能存在真正的信仰,不管你表面上对人子如何地信奉持守、如何地打坐祷告,都于事无补。毋庸讳言,正是康德的这一解读给予了基督教以全新的风貌,进而对后世学者如何理解康德与基督教的关系,以及如何重新审视神学、把握宗教之本质等问题给出了有益的提点。

结合前述,我们可以看到,康德哲学中之人子的形象有着极大的内在张力和解读空间,具有多向阐发的意蕴与维度。"援引说"充分注意到了康德宗教哲学中所体现的虔敬教派思想,尤其是经书中的人子形象这一事实,从一个侧面照顾到了康德与传统神学之间的承递关系,有力地反驳了自海涅(Heinrich Heine)以来的那种断言康德与传统宗教格格不入的既有偏见,具有纠偏价值。遗憾的是,这一诠释路径没有看到康德对基督教学说中之核心概念的道德诠释与理性改造。与此相对,"翻译说"敏锐地把握住了康德宗教学说中的实践之维,细致阐述了康德的基于理性的道德神学,这是它的可贵之处。不过,当它将基督教的"人子"与"道德上的完善性的理想"视为

---

① 康德对神人同形同性论的批判是一贯的,他认为,人们在从感性东西向超感性的东西上升时虽然可以运用图形,即借助与某种感性的东西的类比,但绝对不能根据类比从应属于前者的东西推论出,这种东西也必须赋予后者,虽然这是出自极简单的理由。参见[德]康德:《纯然理性界限内的宗教》,李秋零译,中国人民大学出版社2005年版,第51—52页。

彼此互译的对等概念时，则完全忽视了理想的先验维度与范导功能，没有看到康德对"道成肉身"的人子所作的严厉批判。较于"援引说"与"翻译说"，"象征说"则完全走向了另一个极端，它否定道德之完善的理想与人子存在任何关系，此一解读虽说新颖，但它付出的代价也是巨大的，因为这等于否定了康德试图打通基督教与理性神学之隔阂的哲学努力。我们知道，康德对其宗教哲学所要达到的意图，说得特别明白："我所要做的，是把那种认为是启示的文本，即圣经中的内容——它们也能通过单纯的理性被认识——表述为一个连贯的整体。"①总之，前面三种诠释路径，各有所得，亦各有所偏，只有站在先验的理性神学立场，摒弃有关"耶稣"外在的超自然来源与历史形象，由内在的"道德上完善的理想"之范导性的角度去把握人子的形象，庶几接近康德立论之主旨，也只有基于这一理解视域，才能真正切实体会康德之神学思想对后世带来的变革意义与根本影响。

第二节　至上信念的位格

在对"人子"的议题讨论之后，我们这一节主要考察经书中至上信念的位格思想。众所周知，至上信念的位格是基督教最为核心的教义之一，不可否认，它也是最难于被人们所理解的重要学说之一。对于虔敬教派出身的康德而言，从小到大，他不可能不接触并熟悉这一教理，然而奇怪的是，在其宗教哲学著作中，康德对此的论述也不是很多。就我们有限的阅读所及，康德明确谈及至上信念的位格的文字，主要体现在《学科之争》中"哲学学科与神学学科的争执"之第四节的"附录"部分，以及《纯然理性界限内的宗教》之第三章涉及"奥秘"的部分。如果说在《学科之争》中对至上信念的位格的概况还较为简单的话，那么康德在《纯然理性界限内的宗教》的总结则明显要清晰、细致得多，让我们从中更能体察康德之于这一问题的真实意图和终极思考。就这一节的主旨而言，我们将主要以上述文献为基础，同时检视与此密切关联的时新资料，查勘康德道德宗教的内在意涵。基于这一考虑，我们打算首先介绍一下至上信念的位格，以及传统神学家的相关分析；其次，探讨康德在理论理性中对这一问题的诠释；最后，再由实践理性的视域对此加以审视，以期对康德哲学中的至上信念的位格有一整体的观感和理解。

---

① ［德］康德：《论教育学》，赵鹏、何兆武译，上海人民出版社2005年版，第56页。

一、传 统 解 读

根据《圣经》的教导,我们知道,圣父、圣子与圣灵是不可分割的统一机体,它们为同一实体的平等展开和延伸,"没有三个至上存在者,只有一个至上存在者,尽管事实上父生了子,因此父不是子;子是父所生,因此子不是父;而圣灵既不是父也不是子,而只是父和子的灵,它本身是与父和子同等的,属于三位的合一体。"①粗略看去,即可发现,经书中所谓的父、子和灵魂观念与世俗的看法不太一样。依照世俗的看法,父就是父、子就是子,父与子虽各具灵魂,但其灵魂也未必为一,这一区分是如此明确,以至于谁把此一问题混淆则将不仅违背基本的伦理纲常,更是与通常意义上的认知相悖:既然父不是子,子不是父、灵魂既不是父又不是子,同时又说它们都是一个东西,这岂不是自相矛盾吗?换句话说,如果至上信念的位格是成立的,那也即是说3等于1,而这显而易见是错误的。

对此,不仅略懂数学的世俗之人洞若观火,就是虔诚的基督徒也是心知肚明的。例如,有的神学家就曾指出:"有些人在听到父是至上存在者,子是至上存在者,圣灵是至上存在者,可是这三位却不是三至上存在者而只是一至上存在者时,为这一信仰告白着急得很。他们疑虑应该怎样来了解这一点,尤其是在至上存在者所做的一切事中,三位一体都不可分地一起行动。"②因为按照经文,父说话的声音并非子的声音,父的现身并非子的现身;道成肉身、受苦、复活、升天的是子,不是父;而那个像鸽子一样降下的也只是圣灵,不是父,也不是子。作为基督徒,他们想要了解的是,父的声音和现身怎么就连带上了子与灵;童女玛利亚所生的那个子的肉身又如何就牵涉到了父和灵;而以鸽子模样降临而下的圣灵又是怎么不可避免地关乎了父和子。假如说至上信念的位格并不是不可分割地一起行动,而只是父做了某些事,子做了另外一些事,圣灵做了其他的事。或者圣父、圣子与圣灵共同做过某些事,又分别各自做了某些事,那么至上信念的位格就不再是不可分割的了。

为化解这一疑难,传统神学家做出了很多努力,也的确给出过不少解决办法。比如,阿里乌派就曾认为,消解至上信念的位格之矛盾的最简便方法莫过于径直取消人子的神性,把人子降身为人,它不是至上存在者的化身,就是一个平凡的犹太先知。撒伯里吾派与此不同,他们主张至上存在者的

---

① [古罗马]奥古斯丁:《论三位一体》,周伟驰译,上海人民出版社2004年版,第33页。
② [古罗马]奥古斯丁:《论三位一体》,周伟驰译,上海人民出版社2004年版,第33—34页。

一体三身说,即真正的至上存在者只有一个,但它可以变显为三个完全不同的形象。作为至上存在者的化身,圣父、圣子与圣灵,其名虽有差异,而其实则同,它们不过是至上存在者在不同语境、不同时代之功能与作用的体现而已。而阿塔拿修等教父则另有自己的见解,他们认为,在位格上将耶稣基督与至上存在者一视同仁的看法较为接近经书的原义,因为耶稣是至上存在者的亲生子,它在《新约》中的地位与表现并不比《旧约》中的至上存在者逊色,因此在神性上圣子应该与圣父平等对待,至于怎么平等对待,则有待于进一步找到为大家所一致接受的诠释。可以看到,早期教会对至上信念的位格之意涵的看法不尽相同,各有主张,大有一直争论下去的趋势。出于对信仰之统一与神学之系统的整体考量,在基督教成为国教之后,罗马皇帝分别于325年的尼西亚大公会议和381年的君士坦丁堡大公会议上借助政治手段,确认耶稣基督就是至上存在者,它与耶和华是同质的存在,圣灵亦复如是。三者的称谓虽有差异,但在神性这一点上彼此是完全一致的,没什么不同。

当然,这一神学问题的政治解决并不意味着该疑难之最终答案的敲定,在思想界尤其是在神学界,还有很多学者为此议题所困扰,他们试图从义理或思想的维度对此给出更为合理的解释,奥古斯丁无疑是其中一位典型的代表。在他看来,至上存在者既是一又是三,殊难把握,为了便于教徒与普通信众的理解,以类比的方式将艰深的学说形象化是一种较为可取的论述路径,其类比方法可以粗率地简化为以下几个方面。首先,在至上存在者自身之中,奥古斯丁将圣父类比为至上的存在、圣子类比为最高的智慧、圣灵类比为最大的善。其次,在一般受造物之中,奥古斯丁把圣父类比为生存、圣子类比为知识、圣灵类比为对二者的爱。最后,在人的心灵之中,奥古斯丁则将圣父类比为存在、圣子类比为理解、圣灵类比为爱。不难看出,在这里"圣父"通常关乎存在,以及万物起源等概念,"圣子"一般对应于知识、理解等范畴,较于前二者,"圣灵"则与意志、爱等情感性的东西更为切近。奥古斯丁相信借助他的这一阐释与分疏,即使不能够消解人们对至上信念的位格之奥秘的困惑,至少在某种程度上有助于人们对这一问题的深入理解,并由此坚定人们的信念与荣耀至上存在者的勇气和信心。

需要注意的是,奥古斯丁此处对至上信念的位格的阐释易于导致误解,好像他先承认或提出至上信念的位格的神学思想,然后再以理性的方式加以说明似的。其实,事实并非如此。奥古斯丁所在的时代,启示与科学、信仰与理性并没有像后来的经院哲学区分得那么清楚,在他那里,所有的学科都隶属于一个领域,哲学也好,神学也罢,它们都是同一个真理领域,而达致真理的途径就是"信仰以达到理解",理性是对信仰的进一步说明和解释。信仰与理性是追求同一个真理过程中的两个不同的步骤,而不是两个平行的领域。奥古斯丁关于至上信念的位格的所有论述都是在信仰的前提下做出的,离开信仰而单靠理性来证明这一神学核心要义是行不通的,也是绝无可能的。

话虽如此,然而由康德的哲学理路来看,奥古斯丁的诠释方式还是有问题的,其中需要质疑的方面有二:其一是奥古斯丁的类比方式,似有不妥;其二是由"信仰以达到理解"的解读向度是否合适,亦有待商榷。就第一点而言,康德早在1746年《关于活力的真正测算的思想》中就曾指出,有限的人类与无限的至上存在者之间没有可比性,它们在量上与质上也不存在可以类比的地方。就前者而言,至上存在者远远超出了作为受造物的我们,它不仅是世界存在的始作者,也是一般有限事物的可能性的根据。有死的人与不朽的至上存在者相比,如同一个微分量,几乎可以忽略不计。就后者来说,它们"在质上的差别也是不可测量的,如果人们对事物进行比较的话,其中一些就自身来说是无,另一些则是万物唯有通过它才存在的东西"。① 在此意义上,我们可以说,奥古斯丁以属人的范畴来类比至上存在者,无论从哪一个方面来看,都是不合法的。就第二点而言,康德认为,任何通过"信仰以达到理解"的方式来解读三位一体思想的努力都是不可能让人满意的,起码在康德的时代是这样的。

康德的时代是启蒙的时代,是理性得以彰显的时代。在经历过启蒙运动的洗礼之后,康德看待宗教问题的方式与传统的神学家已经不太一样,也更为复杂了。诚然,虔敬教派的家庭出身对他有着不容忽视的影响,但在面对至上信念的位格等疑难时,康德还是毅然选择了站在理性的一方,虽然他并没由此完全抛弃宗教中的启示等超乎理性的面向。② 对于至上信念的位格,康德的立场是一贯的,也是相当明确的,那就是其必须接受理性的检验,否则将是无效的和不足为凭的。康德在《纯粹理性批判》中已将自己的这一立场表述得十分清楚,我们这个时代是一切都必须受批判的真正的批判时代。宗教若由于它的神圣性而摆脱批判就会遭受怀疑,得不到人们的真

---

① 转引自[德]潘能伯格:《神学与哲学》,李秋零译,商务印书馆2017年版,第206—207页。
② 按照康德的看法,宗教诚然离不开使其得以可能的理性之基,但是康德并没有由此就弃绝了神迹、启示等作用和价值。在《纯然理性界限内的宗教》之"第三篇",康德甚至主张,没有传统的历史性信仰,真正的纯然理性的宗教根本无从展开,更不可能确立起来。参见[德]康德:《纯然理性界限内的宗教》,李秋零译,中国人民大学出版社2005年版,第90—91页。

诚尊重,毕竟理性只肯把真诚的尊重给予那些能够经得起它的公开审查和自由考验的东西。换句话说,宗教或神学要想得到人们的认可,就不能再走以前的旧路了,由"信仰以达到理解"的套路是断然行不通的,神学要想获得大家的敬重与信任,必须接受理性的考察与批判:理性而非信仰才是宗教得以可能的基础。

二、理论理性视域

  康德对至上信念的位格的理性解读分为理论理性与实践理性两种。在这一节里,我们打算先考察理论理性的解读方式,而在后一节中,我们将详细展示实践理性的诠释理路。依照理论理性的解读方式,康德认为,我们对至上信念的位格的把握只能付诸阙如:我们既不说至上信念的位格是可以理解的,也不能说它是不能理解的,无论哪一种都是无意义的,因为至上信念的位格的神学思想"按照字面来看……它根本就超越了我们所有的概念。"①由康德的理论哲学,我们知道,所谓理解或认知,不过是以先天的认知结构去统摄显象而已,它是知性范畴对呈现在时空直观中之对象的规整,而现在至上信念的位格作为可能的认知对象不在我们的认知范围之内,完全超越了我们既有的范畴,因此基于理论理性的视域,我们既不能说它是存在的,也不能说它是不存在的,毕竟我们对这两方面都没有认识,更不用说对它的理解了。诚如康德夫子自道的那样:"我们在至上存在者里面是崇拜3个还是10个位格,学生都将同样轻而易举地在字面上接受,因为他对一个或多个位格(实质)中的上帝根本没有任何概念。"②

  其实,断言至上信念的位格是我们的概念所无法把握的这一看法,绝非康德首创,早在康德之先的德尔图良就已经认识到了这一点。不过,德尔图良没有因为至上信念的位格超越了所有的认知概念这一事实而走向不可知论,相反,他得出了"为其荒谬,所以信仰"(credo qui absurdum)的结论。以圣子的道成肉身为例,德尔图良在《论基督的肉身》(*De carne Christi*)一文中指出:"至上存在者之子钉在十字架上,它并不因此是耻辱而感到羞愧;至上存在者之子已然死了,之所以信仰,是因为荒谬,而且埋葬了又复活;此事确凿无疑,因为不可能才是耻辱的"③从某种层面而言,这一结论本也没错,至上存在者的展现或说至上存在者本身,未必就是我们有限的理性存

---

① [德]康德:《康德著作全集》第7卷,李秋零译,中国人民大学出版社2008年版,第35页。
② [德]康德:《康德著作全集》第7卷,李秋零译,中国人民大学出版社2008年版,第35页。
③ 转引自[俄]列夫·舍斯托夫:《旷野呼告,无根据颂》,方珊、李勤、张冰等译,上海人民出版社2004年版,第75页。

者所能把握和参透的,人的有限性这一事实限制了我们对无限者的认知。由人的角度来看,至上信念的位格之所以显得不可想象、显得荒谬,实则是人自身的局限所致,不能将其归罪于至上信念的位格教义本身。

针对德尔图良的这一立场,康德指出,上面的这一主张纵然有其理据,亦不足为法。首先,德尔图良重复了"信仰以达到理解"的诠释路径错误,这一点我们前面已有阐述;其次,更为重要的是,德尔图良的这一思想有违于宗教之为宗教的本质规定。因为由康德的立场来看:"宗教不是作为至上存在者之启示的特定学说的总和,而应该是作为至上存在者之诫命的我们所有义务的总和。宗教就其内容,即对象来说,并不在任何一个方面有异于道德,二者的区别仅仅是形式上的,也就是说,宗教也是一种理性的立法,它的目的是要使道德能通过自身所产生的至上存在者的理念对人的意志施加影响,使人能完成其所有的义务。"①作为一种理性的立法,宗教自然不可能是荒谬的,宗教之本质及其形式即教会在质、量、关系,以及模态上都有着严格的规定。比如,它在量上是单一的、在质上是纯粹的、在关系上是自由的,在模态上是永恒的等。② 就此而言,德尔图良以及前述那些由信仰以达到对至上信念的位格进行理解的神学家的见解都是成问题的,因为他们对宗教之本质的把握是错误的。

对康德而言,不只是作为不可分割的整体概念的至上信念的位格是不可理解的,就是构成这一整体概念中的各个单一位格在理论理性下也是成问题的。鉴于康德在《纯粹理性批判》中对至上存在者之本体论证明的批驳已为大家所周知,我们在此主要涉及他对圣子与圣灵之理论理性上的考察。首先,我们先来查勘一下圣子问题。作为一个完满人格的化身与神和人的统一体,它在某一时刻从天国而降,借助一系列的教诲、布道与受难,想在人心中发动一场革命,摒除人们身上的罪恶,给世界带来希望和道德上的善。然而,由理论理性来看经书上的这一表述却引出了诸多不便和费解,因为圣子是"被表象为以肉体的方式寓于一个现实的人里面,而且是作为第二性在它里面起作用的神性,那么,从这个奥秘中,并不能为我们得出任何实践的东西,因为我们毕竟不能要求我们自己应当与一个至上存在者媲美,因此这个至上存在者就此而言不能成为我们的榜样而不引起困难。"③因为耶稣的具有超越经验的起源与身份,所以它根本不适合我们作为有限的存

---

① [德]康德:《论教育学》,赵鹏、何兆武译,上海人民出版社2005年版,第77页。
② [德]康德:《纯然理性界限内的宗教》,李秋零译,中国人民大学出版社2005年版,第89页。
③ [德]康德:《康德著作全集》第7卷,李秋零译,中国人民大学出版社2008年版,第36页。

在者来认知,更"不能被当作榜样"。① 因此,圣子与圣父、圣灵是否为至上信念的位格暂且不论,就算至上信念的位格是一个不容置疑的事实,它也未必由此就实现了至上信念的位格对人的救赎这一宗教目的,因为圣子的道成肉身从根本上已经失去了引领众生弃恶趋善的意义与示范作用,成了空话一句。其次,就圣灵而言,康德认为,作为一个灵魂的存在,它也是很难被我们所理解的。这一点康德在《一位视灵者的梦》中已经阐述得十分清楚,圣灵与物质的不同只能是语词上的,而其实质没什么不一样。在这一层面上,圣灵要么就是物质,要么就是一个没有任何意义的字眼。②

可以看出,无论就作为整体的至上信念的位格本身,还是就其构成的单个位格而言,我们都不能在理论理性的范围内给予令人满意的解答,它们既不能被证实,也不能被证伪,原因是我们没有洞悉它的直观与概念。诚然,我们得出这一结论并不必然说明神学中的至上信念的位格就是错的,而只是说明思辨理性无法理解这一对象而已,对错倒是一个次要的问题。基于理论理性而对至上信念的位格的研究,是所采用的手段与所要达到的目的之间的错位。那么,具体说来,哪一种方式更为适合探讨至上信念的位格思想呢?康德认为是实践理性,只有实践理性才是打开这一宗教奥秘的钥匙。

三、实践理性视域

与理论理性的那种只关注纯然认识的对象不同,实践理性关注的是意志的规定根据,并由此而关涉与意志不可分割的至善的理念,而德福之统一(至善)这一理念的实现必然导致至上存在者的公设。康德认为,人们无法实现与纯粹意志不可分割地结合在一起的至善的理念,尽管如此,人们却在自身之内基于道德法则发现了必须致力于此的义务,因此人们发现自己被引向了对一个道德世界之统治者(至上存在者)的信仰上来,只有借助这一统治者的协助与安排,我们的这一至善的目的才是可期的。正是在此意义上,我们可以说宗教是基于理性的,也正是根据实践理性的要求,我们才能在道德世界中实现对至上存在者的理解和把握。

在康德看来,在这一由至上存在者所主导的道德世界中,每一个成员都不是被迫加入的,他们完全是基于道德法则之上的自由结合,各个成员之间彼此没有压迫与强制。不止成员之间如此,即使成员与至上存在者之间也不例外。虽说他们的职责存在差异,但彼此都是以道德法则作为基本的处

---

① [德]康德:《康德著作全集》第6卷,李秋零译,中国人民大学出版社2007年版,第51页。
② [德]康德:《康德著作全集》第2卷,李秋零译,中国人民大学出版社2003年版,第325页。

世原则,任何人都不得超越这一根本的道德规范。不唯如是,在这一世界中道德上立法的那种理性,"除了为每一个个人规定的法则之外,还树起了一面德性的旗帜,作为所有热爱善的人的集合地",①康德将这一集合称之为伦理的共同体。

伦理的共同体(ethisches gemeines Wesen)与律法的共同体(juridisches gemeines Wesen)不同,其区别在于,就后者而言,其立法原则重点在于把每一成员限制在一个普遍的法则之下,因而在这里起作用的是合乎法则的外在强制性,而非出于法则的内在道德性。与此相对,在伦理的共同体中,其立法原则不在于促进人类行动的合法性(Legitimität),而在于促进行动的道德性(Moralität),这一法则不仅洞悉或符合每一个人的意念,还会给予这一意念价值相配的酬报。就这一点而言,伦理的共同体中的普通成员就不能被看作是立法的,能够称得上公共立法的,必定是有别于成员的另一个人物。因为它"必须是一位知人心者,以便也能够透视每一个人意念中的最内在的东西;并且就像在任何共同体中必需的那样,使每一个人得到他的行为所配享的东西。然而,这正是关于作为一个道德上的世界统治者的上帝的概念。因此,一个伦理共同体只有作为一个遵循上帝的诫命的民族,即作为一种上帝的子民,并且是遵循德性法则的,才是可以思议的。"②对于这一仅在道德上而非认知上才可以思议的至上存在者,康德指出,我们不能完全将其等同于人类的元首,也不能将其与世俗的国家元首相比拟。因为,如此一来,纯粹道德宗教中的至上存在者将会面临蜕变为一种类比性质的人神同形同性论,进而导致强制信仰,而非自由信仰的危险。与此相对,康德认为,道德宗教中的至上存在者必须被设想为三个不同位格的结合。

首先,就道德王国的统治者来说,我们不能将至上存在者设想为专制的,而应设想为神圣的。因为在这一国度中,每一个成员的行为都是出于道德,而不是被迫符合道德的,包括统治者在内,他们都是依照道德法则而行事的。不过,与有限者的理性者(人)稍微不同的是,至上存在者由于完全摆脱了感性的拘囿,其任性不再受制于道德之外的因素,在这里它的任性与道德法则是完全一致的,而任性与道德法则的一致性就是神圣。用康德自己的话说:"在最为充足的理智中,任性就正当地被表现为不可能有任何不

---

① [德]康德:《纯然理性界限内的宗教》,李秋零译,中国人民大学出版社 2005 年版,第 82 页。
② [德]康德:《纯然理性界限内的宗教》,李秋零译,中国人民大学出版社 2005 年版,第 87 页。

同时能够在客观上是法则的准则,而因此之故应当归之于它的那个神圣性概念。"①其次,就作为人类的守护者而言,至上存在者不应该被设想为暴戾的,而应被设想为仁慈的。作为统治者,至上存在者对人类的管束不是家长式的,而是充满温情的,它深爱自己的子民,对任何臣属都仁慈相待,将其设想为暴虐的君主在某种意义上是与它的本质规定相背离的。诚然,当我们说至上存在者宠爱道德王国的臣民,并不意味着至上存在者是毫无原则地溺爱着每一个成员,它首先关注的是人类的那些使它喜悦的道德品性,并以此为根据来帮助那些需要救赎的人们。最后,就作为终极的裁判而言,至上存在者始终是公平正义的。无论至上存在者的神圣,还是它的仁慈,都不与它的公正的品格相违背,三者是彼此契合、相互融洽的。至上存在者对任何人都一视同仁,人类的作为只有与神圣的法则保持一致,才能得到它的仁慈对待,公正呵护。总而言之,基于实践理性之上的至上存在者,具有如下特征:"1. 它是天地的全能的创造者,即在道德上是圣洁的立法者(heiligen Gesetzgeber);2. 它是人类的维护者,是人类的慈善的统治者(gütigen Regierer)和道德上的照料者;3. 它是它自己的神圣法则的主管者,即公正的法官(gerechten Richter)。"②

　　根据上述实践理性的这一考察,我们已经看到,康德在此所关注的不是对至上存在者本身的认识,而是由至上存在者与人的这一关系中进行的道德把握。按照康德说法:"我们感兴趣的并不是知道至上存在者就其自身而言(就其本性而言)是什么,而是知道它对于作为理性存在者的我们而言是什么。"③至上存在者的三个位格只能在它与人的道德关系中才是可理解的。为了使人们形象地把握这一要点,康德以牛顿的万有引力来加以说明。康德指出,世界万物普遍具有重力,但是它们何以具有这一作用,我们是无法知道的,也绝不会被我们所认知。然而,即便如此,重力也并不是一种无法探究的奥秘,而是可以向每个人说明的。因为当牛顿把第一推动力设想成是至上存在者在现象世界之无所不在(omnipraesentia phaenomenon)的根据时,他的立意并不是去解释重力的来源问题,而只不过是做了一个说明,其目的仅仅是通过赋予有形的存在者以一个无形的原因,以此为基础把有

---

① [德]康德:《康德著作全集》第 5 卷,李秋零译,中国人民大学出版社 2006 年版,第 35—36 页。
② [德]康德:《纯然理性界限内的宗教》,李秋零译,中国人民大学出版社 2005 年版,第 127 页。
③ [德]康德:《纯然理性界限内的宗教》,李秋零译,中国人民大学出版社 2005 年版,第 127 页。

形的存在者结合为一个系统的整体而已。同样,作为伦理共同体的统治者,至上存在者也不是我们的认知可能把握到的,它超出了我们的洞察能力。但是,为了至善的可能性,我们作为理性的世俗存在者,必须在至上存在者与人的关系中设想它的神圣性、仁慈性,以及公正性,否认这一点,就意味着道德法则的失效①,而道德法则作为理性的事实是绝然不可能失效的,因为它是由人作为有限的理性存在者的本质所规定的。

不难看出,康德在理论理性的范围内对至上存在者的至上信念的位格进行了不置可否的判决以后,转了一圈,重又赋予了至上存在者新的至上信念的位格的诠释,肯定了至上存在者之三重位格的重大价值,只不过,康德在这里肯定的是道德上的至上信念的位格,而非认知上的至上信念的位格。依康德之见,"上帝要人们以一种三重的、类别不同的道德品质来事奉,对于这样一种品质来说,同一存在者的不同人格(不是自然方面不同,而是道德方面不同)的这种命名,并不是什么不合适的表述。"②因为这一至上存在者至上信念的位格的信仰不仅完全体现或表达了纯粹理性的内在精神,而且在各个古老民族的历史事实中得以明证。比如,琐罗亚斯德教中有三个至上存在者的位格,即奥尔穆兹德、密特拉与阿里曼;印度教中有梵天、毗湿奴和湿婆;埃及人的宗教中有卜塔(世界的创造者)、克奈夫(仁慈的维护者与治理者)与内特(正义的化身);哥特人的宗教中有奥丁(万有之父)、弗莱亚(仁慈)与托尔,即从事审判(惩罚)的至上存在者等。③

行文至此,我们已经看到,康德基于实践理性而建构的道德上的至上信念的位格与基督教中的至上信念的位格虽不完全一致,但也并不完全相悖,准确地说,前者是对后者的改造与重构。我们的这一观点,在庞思奋教授有关于康德的新书中得到了印证。在 2016 年新出版的《康德〈纯然理性界限内的宗教〉详释》(*Comprehensive Commentary on Kant's Religion within the Boundaries of Bare Reason*)一书中,庞思奋指出:"康德的'三位一体'说……对应的就是传统基督教中的'三位一体'思想:圣父(创造者)、圣子

---

① 道德法则与人之为人的本质密切相关,克朗纳(Richard Kroner)曾经指出:"要否认至上存在者的话,除非我们先把道德律则的效力否定掉,但对康德而言,这即等于人类要否定自己是人"。参见[德]里夏德·克朗纳:《论康德与黑格尔》,关子尹译,同济大学出版社 2004 年版,第 79 页。
② [德]康德:《纯然理性界限内的宗教》,李秋零译,中国人民大学出版社 2005 年版,第 129 页。
③ [德]康德:《纯然理性界限内的宗教》,李秋零译,中国人民大学出版社 2005 年版,第 128 页。

(守护者),以及圣灵(公正的执行者)。"①依庞思奋之见,康德持有这一看法并不奇怪:康德对至上信念的位格的道德或理性解读,除了深受理性启蒙运动与既有思想观念的影响之外,还受到当时社会思潮之外的政治事件的影响,即法国大革命与美国的独立。② 我们知道,康德的《纯然理性界限内的宗教》各篇章的合集出版时间是 1794 年,而 1776 年美国就已经签署了《独立宣言》。作为一个律法的共同体,美利坚合众国的这一重要文献庄严宣告了立法、行政与司法的三权分立。然而三权并置,并不意味着它们就是彼此孤立、毫无关联的,相反,它们都是国家这一神圣主权不可分割的组成部分。顺便指出,作为律法的共同体,美利坚合众国的一个主权之下的三权分立,对康德以伦理的共同体的框架来解读传统宗教中至上信念的位格应该有着不小的触动。这一点可以由康德在《纯然理性界限内的宗教》中对伦理的共同体与律法的共同体之界分的关系得以证实,他在阐释前者特征的时候总是一再地或十分自觉地与后者加以比对,以说明两者之间的区别与联系。就此,我们推论,康德是在参考了律法(政治)上的三权分立,以实践理性为基础建构道德上的至上信念的位格来改造传统基督教核心教义,未必就是捕风捉影的主观臆测。

总而言之,与传统神学的看法不同,康德对至上信念的位格的解读断然拒绝了既有的人神同形同性论思想,任何以属人的特性来对至上存在者的类比都是错误的。与此同时,就理论理性而言,康德承认,至上信念的位格完全超出了人们所能理解的范围,我们既不能证实它,也不能证伪它,在此层面上,至上存在者的至上信念的位格只能是一个无法思议的奥秘。当然,康德这么说,并不意味着他要彻底摒弃有关至上信念的位格的所有学说,恰恰相反,康德在对其进行了道德改造以后,几乎保留了这一传统概念所有的核心内容,前提是至上存在者的至上信念的位格只能在实践理性而非思辨

---

① Stephen Palmquist, *Comprehensive Commentary on Kant's Religion within the Boundaries of Bare Reason*, p.360.
② 关于康德哲学思想与其时代背景之关系的研究,国内外现有的材料亦不在少数。早在 20 世纪 70 年代末,李泽厚先生在《批判哲学的批判》一书中就已经指出过:"康德的哲学世界观,是在那激发法国革命的同一思潮影响下最终形成的……在政治上,康德反对封建世袭财产和专制政治制度,主张立法、行政、司法三权分立,实行代议共和政体,明显表达了资产阶级的愿望和利益。他赞同美国独立战争,对法国革命也表同情"。参见李泽厚:《批判哲学的批判:康德述评》,三联书店 2007 年版,第 5 页。国外的最新材料当属曼弗里德·库恩的《康德传》,在该书中,库恩指出:"即使像美国独立运动与法国大革命这种比较遥远的事件,对康德其人及其作品,也有明显的影响。我们必须在这整个世界背景下去了解他的哲学。"参见[德]曼弗里德·库恩:《康德传》,黄添盛译,上海人民出版社 2008 年版,第 51 页。

理性的视域下解读,至上存在者是道德上的至上信念的位格,而非认知上的至上信念的位格。在康德看来,这一道德上的神圣理念不仅在历史上的各个民族的信仰中得以体现,更是深植于人的自由本性与道德意识之中。也正是在道德的至上存在者这一理念中,我们才得以崇敬那至高无上的圣父,体现在由它自己所生和所爱的人性原型之中的圣子,以及那些建立在以圣父和圣子为智慧基础之上的圣灵。① 毫无疑问,康德关于传统宗教中至上信念的位格思想的这一解读对后世神学的发展产生了巨大的影响。

四、几 点 说 明

需要再次提请注意的是,康德这里关于"恩典""奇迹""人子",以及至上信念的位格教义的解读,无疑都是以理性为基础、道德为目标的一种诠释理路,但这丝毫不意味着他要将经书及其学理给予完全理性化、道德化还原。关于这一点,我们上文在介绍庞思奋时已经给出过说明,正如康德在《纯然理性界限内的宗教》一书的标题所示,其旨趣在于由"纯粹理性"的视角来考察宗教与经书,目的是"在一种联系中介绍在被相信是启示而来的宗教文本中,亦即在经书中凭借纯然理性也能够被认识到的东西"②。康德自己也坦然承认,他无意将经书完全理性化,以至于好像《圣经》都是出自"纯然理性(没有启示)的宗教似的,那样的话就有太多的僭妄了,因为宗教的学说毕竟有可能出自受到超自然感动的人们"③。在这一层面上,任何认定康德的道德宗教都是出自纯然理性的主张无疑值得商榷,因为康德明确指出:"宗教并不是从纯然理性中派生出来的,而是同时建立在历史学说和启示学说之上的"④。据此可见,无论是理性、道德还是启示、奇迹都是康德真的宗教的构成要件,两者缺一不可。

康德曾介绍了两种有关经书的诠释艺术方式,即"本真性的"(authentisch)解读和"学理性的"(doktrinal)诠释。⑤ 其中,"本真性的"解读要求按照经书的字面意思去理解经书,他们认为,呈现在经书上的那些治病救人的奇迹恩典,甚至是我们无法理解的事件都是真实的,不可置疑;而"学理性

---

① [德]康德:《纯然理性界限内的宗教》,李秋零译,中国人民大学出版社 2005 年版,第 132—133 页。
② [德]康德:《康德著作全集》第 7 卷,李秋零译,中国人民大学出版社 2008 年版,第 6 页。
③ [德]康德:《康德著作全集》第 7 卷,李秋零译,中国人民大学出版社 2008 年版,第 6—7 页。
④ [德]康德:《道德形而上学》,李秋零译,中国人民大学出版社 2013 年版,第 260 页。
⑤ [德]康德:《论教育学》,赵鹏、何兆武译,上海人民出版社 2005 年版,第 102 页。

的"诠释理路更为强调理性和道德的作用,他们认为,道德和理性是解读经书的不二之选,我们应该按照道德趋向来诠释经书及其教理。通常来说,人们普遍认为康德是后一诠释取向的代表,但这种解读无疑忽视了康德哲学中的神秘维度,以及他对历史启示等思想面向的重视,因为无论如何康德都承认恶的起源、人的弃恶趋善、真的宗教的建立等议题,都离不开奇迹或启示的因素。当然我们这里对启示的强调,并不是说它只有对道德宗教的辅助价值与补充理性神学的功能,事实恰恰相反,与理性和道德一样,启示与奇迹在康德那里是并重的,它们的作用体现在以下三个方面。

首先,从道德宗教产生的渊源来看,历史启示的作用在时间上具有优先性,而理性的诠释在逻辑上具有优先性。关于这一点,其实我们前面已有论述。康德承认在宗教或经书问题的理解上,理性应该是经书的最高解释根据,因为宗教传达给我们的东西,只能是我们所能把握且通过我们自己的知性和理性对我们言说的东西,因此,所有传达给我们的神圣经典,只有通过我们的理性而被理解和接纳。因此,就人神之间的逻辑关系而言,理性的诠释应该具有优先地位,因为若是没有理性的逻辑在先,当至上存在者真的对人说话时,我们也有可能不知道说话的乃是至上存在者,借助感性我们是绝对不可能把握无限者的。此外,进一步来说,历史也一再证明,没有理性参与的启示或离开理性的宗教更易于导致迷信和宗教狂热,根本不可能照料人的永恒福祉。然而,虽说如此,康德还是坚定地相信,从时间的起点来看,道德宗教的创建及其发展依然离不开启示或奇迹的宣传和教化。在这一点上,基督教在创立初期的表现就是一个极好明证。随手打开经书的任何一页,几乎都能看到启示事件。对康德而言,基督教为了开创一个纯洁的宗教而使用的"奇迹和宣示秘密是必要的"①,也正是基于这一认知,康德在回复国王弗里德里希·威廉二世的信中一再表示了他对基督教中经书信念学说的崇高敬意:"我赞扬《圣经》是现有的、对于确立和永远维持一种真正改善人灵魂的国家宗教来说最好的、进行宗教教导的引导手段,而且正因为如此,我批评了那种在学校、教堂或大众读物中指责和怀疑《圣经》那理论性的、包含秘密的学说的过分做法,认为这样做是不正当的。"②

其次,就宗教的实践意涵的解读而言,理性的解读在形式上优于启示的解读,但从内容上来说,启示的解读则又明显地优于理性的解读。康德曾经指出:"哲学学科不容置疑地拥有做出陈述的优先权,而且就形式上的东西

---

① [德]康德:《康德书信百封》,李秋零译,上海人民出版社2006年版,第44页。
② [德]康德:《论教育学》,赵鹏、何兆武译,上海人民出版社2005年版,第58—59页。

而言拥有指导进程的优先权;但就质料上的东西而言,神学学科则可以占有标志着优势的位置,这并非因为它在理性的事务中能够比其他学科具有更多的洞识,而是因为这涉及人类最重要的事情,因而它就拥有最高等学科的头衔。"①作为侧重启示的学科,神学显然不会以纯粹的或形式的道德法则来解读经书,但它自身作为一种系统的信仰学说,按照弥赛亚式的历史信仰和摩西—弥赛亚式的教义,已经对于世界历史直指万物的终结等议题给予了完整且系统的描述,虽说经书中的这些内容,比如关于基督教的起源和历史证据遭遇过这样或那样的质疑,但其内容上的神圣性已经对有限性的人作出了根深蒂固的重大影响,因为它们毕竟是来自至上存在者的启示或规定,一旦它们被当作真实的东西被人们所信仰时,就会成为引导人们达到有限及永恒福祉的最有力工具,并在未来不可预见的时代继续发挥影响。毕竟,历史上宗教中的规章制度较先出现。② 用康德的话说,面对打破自然规律的那些奇迹,人们并不认为是荒唐的,而是认为其"真实性更多地应该求之于经书对于人心可能产生的作用,而不是通过对于其中所包含的学说和描述的批判性研究而确立起来的证明,对这种约定的解释,也不能留给常人的自然理性,而只能留给经学家的洞察力"。③

最后,就对民众的影响来看,理性的解读在"真理性"(Wahrheit)方面具有优先地位,而启示的解读则在"有用性"(Nützlichkeit)方面更为优越。与医学关注人的肉体的福祉(长寿和健康)、法学关注社会成员的公民的福祉不同,宗教关注的是一个人的永恒福祉。所以在此意义上,关于经书的诠释无论是理性的或启示的,只有当它们中的某一个能够使得民众相信,自己最清楚如何增进其福祉时,它才能获得自身的影响。通常来说,民众最为关心的并不是自由或者真理,而是死后的永恒福利。因此,在这一方面作为启示的经书解读理路其效用无疑是直接而巨大的。与此相对,理性与道德的经书诠释是与真理性的法则或自由的原则打交道的,它关注的是人能够做什么以及应该做什么,并继而由此而获得德福相契的福祉的学说,因而这里的福利性议题对感性的人而言是间接性的,易于被普通民众所忽视。诚然,当我们说理性的解读没有启示对民众的影响来得直接时,并不意味着它是低下的或无用的,事实并非如此,因为任何有用性的事业若是不经受真理性的检验都将会是行之不远的,亦难有永久的合法性。而从一个层面来说,

---

① [德]康德:《康德著作全集》第7卷,李秋零译,中国人民大学出版社2008年版,第59页。
② Jonathan Head, "Scripture and Moral Examples in Pietism and Kant's Religion", *Irish Theological Quarterly*, Vol.83, No.3, 2018, p.219.
③ [德]康德:《论教育学》,赵鹏、何兆武译,上海人民出版社2005年版,第98—99页。

若是真理性理性解读没有落实到有用性这一面向，它也难对感性的人产生作用，就此而言，理性的与启示的经书诠释互为表里，缺一不可。

由前述可知，就经书之"本真性的"与"学理性的"诠释而言，我们大致可以得出这一结论，即康德既不主张以"本真性的"向度否定"学理性的"向度，也不主张用前者取代后者的立场，而是主张两者之间的动态商榷而非静态的争执。理性的、道德的解经方式与启示的、信仰的解经方式都有其可取之处，都是走向真理的必不可少的路径。作为由政府背书的启示神学自有其不容侵犯的领域，但这并不意味着理性对该领域的涉足就是非法的，因为对经书神学的解读如果被错误的神迹引领，不仅得不出正确的启示，还将会危及神迹本身。诚然，与理性要求不符或理性无法理解的东西亦未必都是邪说妄见，比如恶的起源等问题，理性虽无法把握但它却不是对理性的背反，在这里启示对理性宗教的创建起到了导引作用，没有这一作用，真的宗教将无法开启。在此意义上，我们可以说，理性必须对启示敞开心胸，接纳未知的领域，并对那些不可知的东西保持敬畏之心。与此同时，启示也应该为其信仰提供理性的辩护，虽然这并不意味着它们必须成为理性的信徒，但我们也不能处处以理性的架构去框定或要求它们。总之，康德的宗教理论并非如人们所说的那样偏于理性的维度，相反，它是要在启示与理性、信念与自由的互动与商榷的过程中实现对宗教智慧的迫近与通达。

余　　论

　　长期以来，人们在阐述马克思哲学的思想渊源时，总是把目光聚焦于德国古典哲学上，而在探讨德国古典哲学时，又常把重心集中在黑格尔的"辩证法"与费尔巴哈的"唯物论"上，进而断言，马克思哲学就是黑格尔的"合理内核"与费尔巴哈的"基本内核"的叠加。这一叙事虽说影响深远，然而，正如俞吾金教授所指出的那样："这个权威的结论既不符合历史事实，也不符合马克思的本意……尽管马克思哲学在其方法论上更多地受益于黑格尔，但从本体论上看……康德才是通向马克思的桥梁"。① 诚然，在梳理马克思的思想脉络时，没有人怀疑黑格尔和费尔巴哈的重大作用，不过若由此忽视了康德的巨大意义，则定然有失公允。就康德的宗教思想而言，我们将会看到，它不仅直接开启了黑格尔的"人神论"，②而且还影响到了费尔巴哈的"人本学"，③不了解康德对宗教问题的复杂立场，亦将无法正确理解黑格尔、费尔巴哈的宗教主张，以及他们与马克思之间的学术关系和思想演变。在本书的结论部分，我们主要在于通过对"宗教之本质"这一议题的分疏，具体阐释康德的宗教思想是如何一步一步地演化至马克思深具实践特征的宗教立场上去的，它们之间究竟存在何种内在理路和动态关联。

　　借助前面几章的介绍，已经可以看到，康德的宗教思想较为复杂，我们不能简单地将其视为理性神学或道德宗教。就其对宗教之本质的看法而言，由逻辑的起点来看，道德或理性无疑具有不可置疑的优先性，用康德自己的话说，理性应该是经书的最高解释者，因为宗教说到底是一种理性的立法，它的目的就是使道德能够通过自身所产生的至上存在者理念来对人的意志施加影响，进而使人能够完成其所有的义务。因此，从理性的向度来看，道德的诠释应该是居于第一位的。然而，与此同时，康德还是坚定地相信，从宗教之所以开启的时间维度来看，道德宗教的创建离不开启示、奇迹等历史性的信仰的努力与宣传，由于人性的弱点以及人自身的有限性，历史性的信仰在开启人们的理性信仰，并把神学中纯正的道德思想传播到广大

---

① 俞吾金：《康德是通向马克思的桥梁》，《复旦学报》2009 年第 4 期。
② [法]A.科耶夫：《黑格尔导读》，姜志辉译，译林出版社 2005 年版，第 244 页。
③ [德]费尔巴哈：《基督教的本质》，荣震华译，商务印书馆 1997 年版，第 5 页。

民众中的功劳甚大。康德神学思想中的这一既强调理性、道德之面向的本质意义，同时又不忘重视启示、奇迹等重大价值的看似悖谬的立场，对后世思想家产生了不同且深远的影响。

一、康德到马克思的过渡

康德宗教思想对黑格尔的影响，无疑是哲学史上重要的事件之一，它也是德国古典哲学内部学术传承的一种精神体现。无论是在《小逻辑》之"批判哲学"部分，还是在《哲学史讲演录》第四卷之"最近德国哲学"等章节，黑格尔都详细阐释了康德宗教思想对他的巨大影响。然而，与康德的那种从两个视角，即理性上的和时间上的双重视角来解读宗教的立场不同，黑格尔认为，宗教与哲学皆以"真理""大全"为对象，它们的研究起点不像具体科学那样仅以表象直接接受的东西为其对象，相反，它们是在概念中实现对于对象的把握。① 换句话说，在黑格尔看来，就具体科学而言，时间上在先，即感觉先于理性；但就哲学与宗教来说，逻辑上在先，即理性先于感觉。正是在这一意义上，黑格尔反对康德的那种由时间的维度这一视角来对宗教加以研究的路径，因为这是所用方法与所要达成目的的错位，根本不可能成功。

既然从时间的视角切入宗教研究的路数欠缺妥当，那么康德基于理性的向度来对宗教的探讨是否成功了呢？针对这一问题，黑格尔亦持保留态度。因为在他看来，由理性的角度来考察宗教的方法诚然是对的，但康德由道德法则这一抽象的纯然形式试图公设至上存在者的做法则是错误的，因为这将导致康德在前批判时期就已拒绝的独断论。与叔本华对康德的批判一样，黑格尔也认为康德从"理性的事实"到"道德法则"，再从"道德法则"到"至善"，进而由"至善"到"至上存在者"的推衍是成问题的，因为康德在这里无疑是把宗教之可能性的问题最终归结为了无法探究的"理性的事实"，而康德的这一做法与天启的独断没什么质的差别。用黑格尔自己的话说："冷冰冰的义务是天启给予理性的胃肠中最后的没有消化的硬块"②。

与康德的那种试图由理性的角度来论证宗教的本质一样，黑格尔也将宗教视为理性的产物，这是他们的相同之处，但不同的是，黑格尔并没有把宗教看作道德领域的事情，而是将其纳入与哲学一样的思维之中，宗教中的核心理念、至上存在者也不是什么基于道德法则之上的公设，而是绝对真

---

① [德]黑格尔：《小逻辑》，贺麟译，商务印书馆1980年版，第37—38页。
② [德]黑格尔：《哲学讲演录》第4卷，贺麟译，商务印书馆1997年版，第291页。

理。诚如黑格尔夫子自道的那样:"哲学的对象和宗教的对象诚然大体上是相同的。两者皆以真理为对象——就真理的最高意义而言,至上存在者即是真理,而且唯有至上存在者才是真理。"①宗教与哲学两者同属于意识的最高层面,都是隶属于绝对精神这一领域,都是对真理的把握,哲学并不是达到永恒真理的唯一道路,宗教也是一条途径,只不过是后者与前者把握真理的途径不太一致:宗教是以表象的形式来把握真理,而哲学则是以概念的形式来把握真理。用贺麟先生的话说,宗教用的是情感表象的语言,而哲学用的是具体感念的语言。② 不过,基于黑格尔哲学,我们同样知道,宗教对真理的把握不是一个僵硬的事件,而是一个历史的、辩证的过程。至上存在者或者说真理是在历史中揭示自身的,它既是一个从表象到思想的运动过程,也是一个从神秘启示到理性理解的历史过程。因此,与同是基于理性之上,却无法认知的康德哲学中的至上存在者不一样,黑格尔眼中的至上存在者相对来说剥离了神秘性的和不可知的色彩,作为绝对精神或终极真理,至上存在者成了我们可以认知和把握的对象。之所以如此,其中主要原因在于,黑格尔认定,理性不只是人的本质,还是至上存在者的本质,甚至是整个世界的本质:"理性是世界的灵魂,理性居住在世界中,理性构成世界的内在的、固有的、深邃的本性,或者说,理性是世界的共性。"③

可以看出,黑格尔的宗教思想说到底是一种理性的知识,这一知识不仅与康德的道德宗教不同,在某种意义上,它也完全迥异于他同时代的施莱尔马赫的那种诉诸"情感"和"直观"的宗教。我们知道,施莱尔马赫的宗教思想也深受康德思想的影响,与黑格尔一样,他们都走向了康德的对立面。不过,与黑格尔不同的是,施莱尔马赫走向了情感宗教而不是基于辩证之上的绝对神学。在施莱尔马赫看来:"宗教的本质既非思维也非行动,而是直观和情感。它想直观宇宙,想聚精会神地从它自身的表现和行动来观察宇宙,它想以孩子般的被动性让自身被宇宙的直接影响所抓住和充满。于是它要同形而上学和道德在构成其本质的一切方面,在有其性格的一切影响方面,都对立起来。"④需要指出的是,施莱尔马赫在这里所说的"宇宙"不是指物理对象意义上的客体,而是指每个有限的个人企图超越自身而追求的"无限"或是使得有条件者得以可能的那个"整全"。在某种层面上,"宇宙"即是"至上存在者",而宗教就是有限者或有条件者在直观中对至上存在者的

---

① [德]黑格尔:《小逻辑》,贺麟译,商务印书馆1980年版,第37页。
② 贺麟:《黑格尔哲学讲演集》,上海人民出版社2019年版,第226页。
③ [德]黑格尔:《小逻辑》,贺麟译,商务印书馆1980年版,第80页。
④ [德]施莱尔马赫:《论宗教》,邓安庆译,人民出版社2011年版,第30页。

绝对依赖,以及在情感中与"整全"的浑然一体或合二为一。

通过对黑格尔与施莱尔马赫的比对,我们可以更清楚地看到黑格尔宗教思想的独有特征:虽说都深受康德哲学影响,但作为康德宗教思想影响之余续,黑格尔与施莱尔马赫选择的路途是迥然不同的。较于施莱尔马赫对彼岸世界之"无限"的渴慕与对"整全"的崇拜,黑格尔显然更为强调理性的重要价值,以及基于理性之上的对至上存在者之神秘性与不可知性的属性的剥离,在某种程度上,甚至可以说是黑格尔加强了至上存在者之对此岸世界的依赖性,而非相反。正如泰勒(Charles Taylor)所强调的那样,虽说是"至上存在者'赋予'了人以生命,但是如下情况也是真实的:至上存在者只能通过这个生命而成其为至上存在者,至上存在者必须作为理性的必然性而存在"①。也就是说,理性的自我是至上存在者得以可能的前提。

其实,看出黑格尔宗教思想中这一具有破坏性和革命性特质的学者不止泰勒一人,比如科耶夫(A.Kojeve)就曾把黑格尔的宗教思想视为"人神论"或"无神论"。科耶夫指出,当启蒙运动的意识形态通过法国大革命实现之后,超验的概念本身就已被取消,"现在,人成了无神论者,他知道,世界的本质就是他,而不是至上存在者。只是在最初,大革命后的人还没有意识到他的无神论。他还在继续(和康德、费希特等一起)谈论至上存在者……事实上,在大革命后的德国哲学中,人已经取代了至上存在者。但是,关于人的这种无神论新概念还被引入基督教的有神论框架中。由此产生一个无法解决的矛盾,否定人们肯定的东西,肯定人们否定的东西。这种无意识的无神论的命运就是彻底的、意识到的黑格尔的无神论"②。确切地说,在法国大革命之后,黑格尔以晦涩的语言借助他的人神论或无神论已经说明了宗教的本质就是人的自我,而至上存在者不过是自我思想运动或活动的产物。不难想象,思想中的革命是多么的隐微而又多么的不可思议:同是启蒙运动的一代哲人,同是基于理性之上的神学理论,康德与黑格尔的宗教思想几乎有着根本的差别,也几乎在不经意间,黑格尔扭转了康德确立的不可知的道德宗教,并为费尔巴哈由自然或人本学的维度来诠释宗教扫清了障碍。

就同为无神论这一点而言,费尔巴哈无疑传承了黑格尔的衣钵,不过,与黑格尔由思想或理性的角度来解读宗教之本质的路数不太一样,费尔巴哈指出,宗教的本质不在于绝对精神或观念,而在于人本学,用他自己的话

---

① [加]查尔斯·泰勒:《黑格尔》,张国清、朱进东译,译林出版社2002年版,第759页。
② [法]科耶夫:《黑格尔导读》,姜志辉译,译林出版社2005年版,第244—245页。

说:"神学之秘密是人本学。"①据他看来,近代哲学的任务就是将至上存在者现实化或人化,也就是说,将神学转变为人本学或溶解为人本学,②即至上存在者是基于自然与人的世界之中的,它是自然和人的产物。

从自然的角度来说,费尔巴哈认为:"显示于自然之中的神圣实体(即至上存在者),并不是别的东西,它就是自然本身,自然以一种神圣的实体的姿态显示于人,呈现于人,强加于人。"③在他看来,自然的存在,绝不像宗教神学家妄想的那样,是寄托在至上存在者或宗教的存在上面,绝非如此!事实恰恰相反,至上存在者或宗教的存在,只能奠立在自然的存在之中,这一点已被大量的历史事实所验证。众所周知,人的生存离不开光、空气、土地和水,在远古时代,人的对自然的这一依赖是不自觉的,甚至是无意识的,而随着时间的流逝,人们慢慢意识到了它所依赖的对象,进而就开始了对所依赖之物的崇拜与图腾,由此也就产生了宗教以及宗教信仰。费尔巴哈指出,自然界中的神秘现象,以及一切让人瞠目结舌的东西,甚至其他使人惊奇困惑的事件等,最易造成对远古先人之心理的冲击与情感威慑,所有这些都对宗教的产生给予了相当大的影响,并最终为人的宗教皈依提供了较为合理的解释。的确,在某种程度上,费尔巴哈并不反对至上存在者是超凡的最高实体,可是就其起源和基础来说,却只不过是那在空间或视觉方面的最高实体,即天空和它的那些灿烂的自然现象罢了。因为在费尔巴哈看来,几乎一切宗教把它们的神灵要么寄居在云端,要么搬进太阳或星辰,反正无论如何都要高居在天上。因此非常清楚的是,作为充满神秘且不可思议的实体,至上存在者说到底源于那个对人而言的不可思议的自然的实体。作为自然创造者的至上存在者,固然可以被表象为一个与自然有别的实体,但这一实体所包含与所表达的,即它的实际内容,却只是自然而已。所以,正如费尔巴哈在《宗教的本质》一文中所质问的那样,至上存在者这一实体:"如果不是那历万年不变而始终如一的、合乎规律的、无情无私的、毫不任性的自然,又是什么呢?"④

由宗教之所从来的另一个更为重要的面向,即人的这一因素来看,费尔巴哈主张,宗教不过是人的本质的对象化而已。他曾夫子自道曰,所谓宗教只不过是"人使他自己的本质对象化,然后,又使自己成为这个对象化了

---

① [德]费尔巴哈:《基督教的本质》,荣震华译,商务印书馆1997年版,第5页。
② [德]费尔巴哈:《费尔巴哈哲学著作选集》上卷,荣震华、李金山译,商务印书馆1984年版,第122页。
③ [德]费尔巴哈:《宗教的本质》,王太庆译,商务印书馆2016年版,第7页。
④ [德]费尔巴哈:《宗教的本质》,王太庆译,商务印书馆2016年版,第12页。

的、转化成为主体、人格的本质的对象,这就是宗教之秘密"①。如此说来,何为人的本质呢?依费尔巴哈之见,人的本质就在于人具有意识,而意识的本质特征就在于它能够总括一切、思维无限。而无限者的意识,不外乎是对意识之无限性的意识,或者说,在无限者的意识中,意识把自己的本质之无限性当作了对象。那么,人自己意识到的有关人的本质究竟是什么呢?费尔巴哈给出的答案是理性、意志和心,也即是思维力、意志力和心力,其中思维力是认识之光,意志力是品性之能量,心力是爱。人生存的目的就是为了认识、为了爱、为了愿望,真正的存在者就是思维着的、爱着的、愿望着的存在者。也正是在此意义上,我们也可以说,对爱、理性和意志的缺失就意味着人将成为了非人,它们不仅是人的本质规定,还是鼓舞着人、规定着人、统治着人的最高权力,就此而言,它们是属神的、绝对的权力,这一权力是人所不能违抗的。② 可以看出,费尔巴哈借助他的生花妙笔,短短几行文字,就将本来属人的意识之中的爱、理性和意志这一"三位一体"转化为了属神的"三位一体"。对于属人到属神的这一特征转化,费尔巴哈亦不讳言:"在人里面而又超乎个别的人之上的属神三位一体,就是理性、爱和意志的统一。"③或许是嫌这一转变太过突然,为了便于理解,费尔巴哈随后又举了一些例证来加以说明。费尔巴哈指出,爱和个人,哪一个更强一些呢?是人占有爱,还是爱占有人呢?当爱驱使人甘愿为所爱之人赴汤蹈火之时,这一战胜死亡的力量,到底是他自己个人的力量,还是爱的力量呢?同样地,真正思维着的个人,当他忘记周围的一切而沉思默想的时候,究竟是他在支配理性呢?还是理性在支配他?科学上的灵感与成就,难道不是理性对个人的一次最出色的胜仗吗?最后,当个人压制某种激情、革除某种习惯的时候,在历经了一番艰苦努力战胜自己之后,这一战无不胜的力量,难道不正是意志的威力吗?因此,也正是在这一意义上,当人把自己的本质对象化,进而人格化之后,宗教的出现就是顺理成章的事情,归根结底"神学就是人本学,人的至上存在者不外就是人的被神化了的本质,宗教的不同就由于人的不同"④。

行文至此,我们可以清楚地看到,费尔巴哈的宗教立场与康德、黑格尔的立场,既有相似之处,也有不太一致的地方。与康德的宗教观点大略相同

---

① [德]费尔巴哈:《基督教的本质》,荣震华译,商务印书馆1997年版,第63页。
② [德]费尔巴哈:《基督教的本质》,荣震华译,商务印书馆1997年版,第30—31页。
③ [德]费尔巴哈:《基督教的本质》,荣震华译,商务印书馆1997年版,第31页。
④ [德]费尔巴哈:《费尔巴哈哲学著作选集》上卷,荣震华、李金山译,商务印书馆1984年版,第518页。

的是,费尔巴哈也强调宗教之理性之外的现实因素,或者说是现象或自然因素,不过康德由于重视宗教之时间起点进而偏向或侧重了既有的历史性的信仰,而费尔巴哈则走向了否定传统神学的路向。就最终都走向了无神论这一维度而言,费尔巴哈无疑与黑格尔是同为一个战队的,不同的是,黑格尔是由理性或思维这一视域切入的,而费尔巴哈却是从人本学的角度来对此加以表述的,而他的这一表述,直接开启了马克思由唯物史观或实践的视角来诠释宗教之本质的研究路数。

二、马 克 思

马克思对费尔巴哈的赓续与批判,国内文献较多,与此相关的研究,无论是深度方面还是广度方面都较为显豁。从相同的方面来看,马克思无疑承递了费尔巴哈的"基本内核",当然这一承递并不是原封不动的套用,而是在批判的基础上的发展与延伸。就我们当前的考察而言,在这里我们打算结合"人的本质"这一面向来对马克思与费尔巴哈之间的差异问题稍作梳理,期待从中查勘马克思宗教思想的鲜明特征。要把握这一点,试图绕开马克思与康德和黑格尔之间的复杂关系是不可能的。

既有的众多史料已经告诉我们,中学时期的马克思起初并不是一个唯物论者,准确地说,马克思在1835年8月10日撰写中学考试的宗教作文即《根据〈约翰福音〉第15章第1至14节论信徒同基督教结合为一体,这种结合的原因和实质,它的绝对必要性和作用》之时,在某种意义上,那时的他更倾向于将至上存在者视为一个基于道德之上的神的形象。仅就这一点而言,此时的马克思对至上存在者的看法极为接近康德之道德神学的诠释理路。在这一篇不太长的练习作文中,马克思从民族和个人的角度分别考察了人对最高存在者即至上存在者的向往,以及乐于同至上存在者结为一体的渴慕,这一向往与渴慕诚然不乏对真理的追求,但更为重要的却是因为我们"作恶的本性""动摇的理性",以及"堕落的心"渴望得到至上存在者的拯救。① 依马克思之见,鉴于人有作恶的本性、动摇的理性和堕落的心,人要想实现秉性的转变和道德的完满,就必须与至上存在者达为一体,否则就"不配做至上存在者创造物的成员"。用马克思自己的话说:"同基督结合为一体可使人内心变得高尚,在苦难中得到安慰,有镇定的信心和一颗不是出于爱好虚荣,也不是出于渴求名望,而只是为了基督而向博爱和一切高

---

① 《马克思恩格斯全集》第1卷,人民出版社1995年版,第451页。

尚而伟大的事物敞开的心。"①出于这一善和高尚的目的,人在同上帝结合为一体的时候将会得到一种快乐,而"这种快乐是伊壁鸠鲁主义者在其肤浅的哲学中,比较深刻的思想家在知识的极其隐秘的深处企图获得而又无法获得的,这种快乐只有同基督并且通过基督同至上存在者结合在一起的天真无邪的童心,才能体会得到,这种快乐会使生活变得更加美好和崇高"②。至此,马克思简短几句话已经把自己的宗教立场说得相当明确了,即他追求的不是认知上的与至上存在者一体,也不是为了让自己变得更聪明,而是为了成就生活上的美好和道德上的崇高。可以看到,马克思在这一阶段对至上存在者的解读与康德的看法十分相似,它们都重视对至上存在者之意涵的伦理的解读,所不同的是,康德强调的是至上存在者在人之德福相契上的意涵,而马克思强调的则是至上存在者在人之道德与快乐关系中的作用。

需要指出的是,彼时的马克思对宗教的这一道德式解读绝不是一时心血来潮的冲动,而是他那个思想阶段的一贯主张,因为就在1835年的这同一年,他又在《青年在选择职业时的考虑》一文中,通过对人与动物之本质差异的考察,再次重复了至上存在者赋予人的目标在于使人"应该变得高尚"这一道德主旨。马克思指出,自然对动物的规定与至上存在者对人的规定是不同的,因为自然本身给动物规定了它应该遵循的活动范围之后,动物也就安分地在这个范围内活动了,而不再试图僭越这一范围,甚至不会考虑别的范围的存在。与此相对,至上存在者也给人指定一个共同的目标,不过这个目标与动物的不同,至上存在者旨在"让人在社会上选择一个最适合于他、最能使他和社会变得高尚的地位"③。显然,较于至上存在者与动物之间的指令关系,人神之间则是一种道德关系或伦理指向。

进入大学以后,随着对黑格尔哲学的接触和熟悉,马克思逐渐摆脱了对康德道德宗教的偏好,尝试由黑格尔的"自由意识"这一视角来理解宗教的本质问题。马克思这一思想的转变主要体现于他在1841年写就的《德谟克利特的自然哲学和伊壁鸠鲁的自然哲学的差别》博士论文中,在该论文的"附录"部分,马克思在反驳传统至上存在者之本体论证明的同时,连带地也对康德在"第一批判"中的至上存在者证明思想给予了严厉批判。马克

---

① 《马克思恩格斯全集》第1卷,人民出版社1995年版,第453页。
② 《马克思恩格斯全集》第1卷,人民出版社1995年版,第453—454页。
③ 《马克思恩格斯全集》第1卷,人民出版社1995年版,第455页。

思认为,传统宗教中至上存在者之存在的本体论证明无非是说:我现实地(实在地)想象的东西,对于我来说就是现实的表象,而康德的批判旨在否认这一层面上至上存在者所具有的实在意义。① 针对康德的这一立场,马克思反驳道,德尔斐神庙的阿波罗毋庸置疑是希腊人想象出来的东西,难道我们可以说它没有给予当时的希腊人以现实的力量和客观的意义吗?由此,马克思进一步指出,康德对至上存在者存在之本体论的反驳并不成功,因为如果有人想象自己有一百塔勒,如果这一表象对他来说不完全是任意的,而且他也相信这一表象,那么对他来说这一百个想象出来的塔勒就与一百个现实的塔勒具有同等价值。比如,他就会根据自己的这一想象去借债,这一想象就会起这样的现实作用,正像整个人类曾经欠他们的神的债一样。与此相反,马克思甚至断言,康德所举的"一百个塔勒的例证"可能会反过来加强传统本体论的证明,因为一个现实的塔勒除了存在于人们共同的表象之外,还会存在于其他地方吗?举例来说,假如你把纸币带到一个物物交换的世代或族群,毫无意外的是,没有一个人不嘲讽你的主观表象。其实,嘲讽你的人并没有错,因为他们没有你所拥有的那种表象:"一个特定的国家对于外来的特定的神来说,就同理性的国家对于一般的神来说一样,是神停止其存在的地方。"②基于这一论述,马克思断言:"对神的存在的证明不外是对人的本质的自我意识存在的证明,对自我意识存在的逻辑说明。例如,本体论的证明。当我们思索存在的时候,什么存在是直接的呢?自我意识。"③不难看出,马克思对康德的批判,其所立足的思想基础是黑格尔哲学,宗教的本质说到底是人的自我意识,而至上存在者的存在不过是人的自我意识的体现和明证。

我们上面所做的分疏,主要解决的是马克思宗教学说与康德、黑格尔等德国古典哲学家之间的关系,而促使马克思彻底走向唯物论的关键人物还是费尔巴哈,不过他的这一转向明显地与他在社会实践所遇到的挫折存在着千丝万缕的关联。1842 年,马克思创办了《莱茵报》,秉承黑格尔的自由理念精神,他开始了对社会上的不公正的现象进行了抨击,尤其是批判了普鲁士政府的书报审查制度,然而现实是残酷的,后来他的报刊被政府强制关闭。这一事件让马克思深刻认识到,批判的武器不能替代武器的批判,并最终迫使马克思转向了现实社会以寻求出路。如果说这

---

① 《马克思恩格斯全集》第 1 卷,人民出版社 1995 年版,第 100 页。
② 《马克思恩格斯全集》第 1 卷,人民出版社 1995 年版,第 101 页。
③ 《马克思恩格斯全集》第 1 卷,人民出版社 1995 年版,第 101 页。

一事件是马克思走向唯物论的实践渊源的话，那么毫无疑问，1841年马克思对费尔巴哈《基督教的本质》的阅读是促成他义无反顾地走向唯物论的理论渊源。

基于上文对费尔巴哈宗教思想的介绍，我们已经看到，费尔巴哈与黑格尔的不同之处在于，他试图从自然与人的双重维度来解读宗教，而宗教的本质不过是人的本质的异化或对象化而已。在某种层面上，可以说费尔巴哈的这一理论贡献意义极大，不过在马克思看来，他的缺陷也是明显的，因为"人的本质不是单个人所固有的抽象物，在其现实性上，它是一切社会关系的总和"①，费尔巴哈的那种把宗教的本质归结于人的本质，并把人的本质归结为人的意识中爱、理性和意志之统一，进而由此导出宗教之本质的思想是错误的。换句话说，依马克思之见，费尔巴哈在《基督教的本质》中仅仅把人的理论的活动仅仅看作是人的真正的活动是有待商榷的，因为他忽视了人之活动的实践的层面，不了解革命的、批判的活动的意义。马克思指出："从前的一切唯物主义（包括费尔巴哈的唯物主义）的主要缺点是：对对象、现实、感性，只是从客体的或者直观的形式去理解，而不是把它们当作感性的人的活动，当作实践去理解，不是从主体方面去理解。"②不可否认，费尔巴哈的确看到了宗教之本质的现实或世俗基础这一特质，但是事情不能到此结束，因为世俗基础使自己从自身中分离出去，并在云霄中确定为一个独立王国，这一事实，还要到世俗基础的自我分裂与自我矛盾中寻找说明，并进而在消除矛盾和分裂的实践活动中探求它的终极理据。任何宗教的学说，无论它多么不可思议，都可以在人的社会实践中得到解答：实践的特征是马克思有别于其他思想家的根本特征。

国内学者对马克思哲学的根本特征到底是什么这一问题进行了激烈的论争。其中，俞吾金教授③认为，马克思在《关于费尔巴哈的提纲》中确立的是实践的本体论，因为既然人的本质是一切社会关系的总和，那么就应当在现实的社会生活中来理解其本体论的根基，而在这一点上，马克思曾明确提出："社会生活在本质上是实践的"；而张一兵教授④则进一步将其解释为不仅包括人类社会之本质规定的物质实践，而且是考察社会历史发展的得以可能的客观活动。诚然，马克思所说的实践（Praxis）决不能给予狭隘的理解，它是一个总体性的概念，对它的解读不仅关涉唯物史观的问题，而且涉

---

① 《马克思恩格斯选集》第1卷，人民出版社2012年版，第135页。
② 《马克思恩格斯选集》第1卷，人民出版社2012年版，第133页。
③ 俞吾金：《马克思哲学本体论思路历程》，《学术月刊》1991年第11期。
④ 孙伯鍨、张一兵：《走进马克思》，江苏人民出版社2012年版，第105—108页。

及辩证逻辑的问题,这些命题之间是彼此蕴含、相互嵌入的关系,将任何一个命题单独拿出来进行孤立的解读,都将有违于马克思哲学系统性、整体性的品格。当然,我们这么说并不意味着"实践"范畴是不能研究的,而是说不能将其与马克思哲学的其他部分割裂开来作静态的分析。用伽达默尔的话说,作为一个整全性范畴,实践既包含了我们的所有的活动和行为,也包含了我们人类全体这一世界的自我调整,我们的实践,说到底就是我们的生活形式(Lebensform)。① 马克思哲学意义上的"实践"是否等同于伽达默尔所说的"生活形式"当然还是有待商榷的,但无论如何,它为我们把握马克思哲学的根本特质提供了一个可资借鉴的方法和视角,仅就这一点而言,还是颇具启发意义的。

至此,我们不难看到,既有的那种仅从黑格尔到费尔巴哈、再从费尔巴哈到马克思的传统叙事是有待商榷的。马克思哲学虽说是在吸收了黑格尔的"合理内核"和费尔巴哈的"基本内核"的基础上形成和发展起来的,然而如果我们的分疏仅止于此,那么毫无疑问,我们将无法真实地把握马克思哲学的思想渊源,也不能切实、全面理解"马克思哲学是产生自德国古典哲学"的列宁这一经典表述。因为我们很难想象,剥离掉康德之后的德国古典哲学是怎样的一种哲学,与此同时,我们更无法理解的是,一旦缺失了康德及其思想养料,马克思继承的是怎样的一种德国古典哲学传统。就宗教的本质这一议题而言,摆脱或离开康德的宗教思想,马克思的宗教理论将是不可思议的,也是没有办法得到说明的。基于康德宗教思想的两歧性内涵,黑格尔从逻辑(概念)的起点方面接续了康德的理性宗教,但他没有走向道德神学,而是走向了"人神学"或唯心论上的"无神论"。黑格尔的这一由理性或思想的角度解读宗教的路向,对马克思由"自我意识"方面诠释宗教之本质问题造成了巨大影响,进而使马克思走出了青年时期对康德道德神学的迷恋。与此同时,费尔巴哈从感性直观的维度,发展了康德对宗教之时间起源的认知理路,令人意外的是,康德由此肯定的却是历史性信仰的价值,而费尔巴哈却义无反顾地向着他的"人本学"大步迈进。就宗教应当奠基于现实而非观念的基础上这一点来说,马克思无疑是对康德和费尔巴哈之宗教理论的赓续,不过马克思在无神论的道路上显然要比他的两位先贤走得更为彻底,也更为坚决,他甚至说:"凡是把理论诱入神秘主义的神秘东

---

① [德]伽达默尔、杜特:《解释学·美学·实践哲学——伽达默尔与杜特对谈录》,金慧敏译,商务印书馆2005年版,第67—68页。

西,都能在人的实践中以及对这种实践的理解中得到合理的解决。"①由上所论可见,要想正确把握马克思的思想脉络与理论渊源,必须把康德纳入与此相关的研究论域之中,否则我们对马克思哲学本身的理解难免表面和粗疏。

---

① 《马克思恩格斯选集》第1卷,人民出版社2012年版,第139—140页。

参 考 文 献

中 文 文 献

［德］康德:《康德著作全集》第 1 卷,李秋零译,中国人民大学出版社 2003 年版。
［德］康德:《康德著作全集》第 2 卷,李秋零译,中国人民大学出版社 2003 年版。
［德］康德:《康德著作全集》第 3 卷,李秋零译,中国人民大学出版社 2004 年版。
［德］康德:《康德著作全集》第 4 卷,李秋零译,中国人民大学出版社 2005 年版。
［德］康德:《康德著作全集》第 5 卷,李秋零译,中国人民大学出版社 2006 年版。
［德］康德:《康德著作全集》第 6 卷,李秋零译,中国人民大学出版社 2007 年版。
［德］康德:《康德著作全集》第 7 卷,李秋零译,中国人民大学出版社 2008 年版。
［德］康德:《康德著作全集》第 8 卷,李秋零译,中国人民大学出版社 2010 年版。
［德］康德:《康德著作全集》第 9 卷,李秋零译,中国人民大学出版社 2010 年版。
［德］康德:《纯粹理性批判》,李秋零译,中国人民大学出版社 2011 年版。
［德］康德:《未来形而上学导论》,李秋零译,中国人民大学出版社 2013 年版。
［德］康德:《实践理性批判》,李秋零译,中国人民大学出版社 2010 年版。
［德］康德:《判断力批判》,李秋零译,中国人民大学出版社 2010 年版。
［德］康德:《道德形而上学的奠基》,李秋零译,中国人民大学出版社 2012 年版。
［德］康德:《纯然理性界限度内的宗教》,李秋零译,中国人民大学出版社 2005 年版。
［德］康德:《实用人类学》,李秋零译,中国人民大学出版社 2012 年版。
［德］康德:《道德形而上学》,李秋零译,中国人民大学出版社 2013 年版。
［德］康德:《逻辑学讲义》,许景行译、杨一之校,商务印书馆 2010 年版。
［德］康德:《康德书信百封》,李秋零译,上海人民出版社 2006 年版。
［德］康德:《通灵者之梦》,李明辉译,台湾联经出版事业公司 1989 年版。
［美］艾伦·伍德:《康德的理性神学》,邱文元译,商务印书馆 2014 年版。
［古罗马］安瑟伦:《信仰寻求理解》,溥林译,中国人民大学出版社 2005 年版。
［古罗马］奥古斯丁:《至上存在者之城》,王晓朝译,人民出版社 2006 年版。
［古罗马］奥古斯丁:《论三位一体》,周伟驰译,上海人民出版社 2004 年版。
［德］奥特弗里德·赫费:《康德的〈纯粹理性批判〉:现代哲学的基石》,郭大为译,人民出版社 2008 年版。
陈嘉明:《建构与范导:康德哲学的方法论》,社会科学文献出版社 1992 年版。
［加］查尔斯·泰勒:《黑格尔》,张国清、朱进东译,译林出版社 2002 年版。

[德]费希特:《费希特著作全集》第 3 卷,梁志学译,商务印书馆 1997 年版。

[德]费尔巴哈:《基督教的本质》,荣震华译,商务印书馆 1997 年版。

[德]费尔巴哈:《宗教的本质》,王太庆译,商务印书馆 2016 年版。

[德]黑格尔:《小逻辑》,贺麟译,商务印书馆 1980 年版。

[美]亨利·阿利森:《康德的自由理论》,陈虎平译,辽宁教育出版社 2001 年版。

[法]科耶夫:《黑格尔导读》,姜志辉译,译林出版社 2005 年版。

李泽厚:《批判哲学的批判:康德述评》,生活·读书·新知三联书店 2007 年版。

[德]里夏德·克朗纳:《论康德与黑格尔》,关子尹译,同济大学出版社 2004 年版。

[俄]列夫·舍斯托夫:《旷野呼告,无根据颂》,方珊、李勤、张冰等译,上海人民出版社 2004 年版。

卢雪昆:《康德的自由学说》,中国人民大学出版社 2016 年版。

[德]曼弗里德·库恩:《康德传》,黄添盛译,上海人民出版社 2008 年版。

[美]迈克尔·怀特:《牛顿传:最后的炼金术士》,陈可岗译,中信出版社 2015 年版。

[德]潘能伯格:《神学与哲学》,李秋零译,商务印书馆 2017 年版。

齐良骥:《康德的知识学》,商务印书馆 2000 年版。

[德]施莱尔马赫:《论宗教》,邓安庆译,人民出版社 2011 年版。

[英]休谟:《人类理解研究》,关文运译,商务印书馆 2007 年版。

[古希腊]亚里士多德:《尼各马可伦理学》,廖申白译,商务印书馆 2005 年版。

[美]詹姆斯·利文斯顿:《现代基督教思想》,何光沪译,四川人民出版社 1999 年版。

外 文 文 献

Beck, L. White. *Early German Philosophy: Kant and his Predecessors*, Cambridge M.A: Harvard University Press, 1969.

Broad, C. *Kant: An introduction*, Cambridge: Cambridge University Press, 1978.

Byrne, Peter. *Kant on God*, Ashgate Publishing Company, 2007.

Buhr, Manfred, *Immanuel Kant: Einführung in Lenben und Werk*, Leipzig: Verlag Philipp Reclam, 1981.

Cassirer, Ernst. *Kant's life and thought*, New Haven and London: Yale University Press, 1981.

England, F.E. *Kant's Conception of God*, New York: Humanities Press, 1968.

Firestone, Chris and Jacobs, Natham. *In Defense of Kant's Religion*, Bloomington: Indian University Press, 2008.

Firestone, Chris and Pamlquist, Stephen. *Kant and the New Philosophy of Religion*, Bloomington: Indiana University Press, 2006.

Guyer, Paul. *The Cambridge Companion to Kant and Modern Philosophy*, Cambridge:

Cambridge University Press, 2006.

Henry Allison, *Kant's theory of freedom*, Cambridge: Cambridge University Press, 1990.

Jordan, Elijah. *The Constitutive and Regulative Principles in Kant*, Chicago: The University of Chicago Press, 1912.

Kügelgen, Const. *Die Bibel bei Kant*, Leipzig: Verlegt bei Richard Wöpke, 1904.

Kant, Immanuel. *Kant's Werke*, Band IX, Berlin: Walter de Grunter, 1923.

Kant, Immanuel. *Kant's Werke*, BandVI, Berlin: Druck und Derlag von Georg Reimer, 1914.

Kant, Immanuel. *Kritik der Praktischen Vernunft*, Hamburg: Verlag von Felix Meiner, 1952.

Kant, Immanuel. *Lectures on Philosophical Theology*, trans., Allen Wood, Ithaca: Cornell University Press, 1978.

Kant, Immanuel. *Notes and Fragments*, ed., Paul Guyer, Cambridge: Cambridge University Press, 2005.

McCarthy, Vincent. *Quest for a Philosophical Jesus: Christianity and Philosophy in Rousseau, Kant, Hegel, and Schelling*, Macon: Mercer University Press, 1986.

Michalson, Gordon. *Fallen Freedom: Kant on Radical Evil and Moral Regeneration*, Cambridge: Cambridge University Press, 1990.

Mitchell, Basil. *The Justification of Religious Belief*, New York: Oxford University Press, 1980.

Otto, Rudolf. *The Idea of Holy*, London: Oxford University Press, 1958.

Palmquist, Stephen. *Kant's Critical Religion*, Aldershot: Ashgate Publishing, 2000.

Palmquist, Stephen. *A Comprehensive Commentary on Kant's Religion within the Bounds of Bare Reason*, Oxford: Wiley Blackwell, 2016.

Paulsen, Friedrich. *Immannual Kant: His Life and Doctrine*, London: J.C.Nimmo, 1902.

Peterson, Dean. *The Concise History of Christianity*, Peking: Peking University Press, 2004.

Plantinga, Alvin. *God, Freedom and Evil*, Eerdmans Publishing Company, 2002.

Reardon, Bernard. *Kant as Philosophical Theologian*, Totowa: Barnes and Noble Books, 1988.

Rossi, Philip. *Kant's philosophy of Religion Reconsidered*, Bloomington: Indiana University Press, 1991.

Schleiermacher, Friederich. *On Religion*, Cambridge: Cambridge University Press, 1996.

Sedgwick, Sally. *Kant's Groundwork of Metaphysics of Morals*, Cambridge: Cambridge University Press, 2008.

Strawson, P.F. *The Bounds of Sense: An Essay on Kant's Critique of Pure Reason*, London: Routledge, 1966.

Taliaferro, Charles. *Evidence and Faith*, Philosophy and Religion since the Seventeenth Century, Cambridge: Cambridge University Press, 2005.

Ward, James. *A Study of Kant*, Cambridge: Cambridge University Press, 1922.

Ward, Keith. *The Development of Kant's View of Ethics*, Oxford: Basil Blackwell, 1972.

Watson, John. *The Philosophy of Kant Explained*, Glasgon: James Maclehose & Sons, 1980.

Webb, Clement. *Kant's Philosophy of Religion*, Oxford: Clarendon Press, 1926.

Wood, Allen. *Kant's Rational Theology*, Ithaca and London: Cornell University Press, 1978.

Wood, Allen. *Kant's Moral Religion*, Ithaca and London: Cornell University Press, 1970.

后　记

　　探讨康德批判哲学体系中的信念论题，对我而言，与其说是为了完成一部书稿，毋宁说是为了厘清与解答我自己的人生困惑。康德的宗教思想回应的是"我可以希望什么"这一哲学议题，而在我们这样一个时代，康德的这一追问仍然具有时代的价值，无疑值得进一步研究。我对康德的阅读，完全仰赖郁振华师的引导。求学期间，能逢遇一位导师，十分感恩。我2005年考入华东师范大学哲学系，至今已近20载。这些年来，我每前进一步都凝聚着郁老师的心血。记得读硕士的第一学期结束时，郁老师请我们小聚，席间问我们读书半年下来有何感想。当时的我对新儒家较感兴趣，就回答说喜欢儒家。他说："想研究儒学，不可不读康德。"一语奠定我十年的读书方向。

　　除却在立志向学方面给我以指示外，郁老师还不厌其烦地一再鼓励我出国开阔视野以增长识见，期望我不只是读书，还能有行万里路的人生经历。从2007年劝我去美国哥伦比亚大学到2011年劝我去德国耶拿大学读书，每次见到出国信息他总会第一个打电话给我，让我考虑考虑，去申请一下。而他的良苦用心，我是多年以后才略有所悟。

　　在学术训练方面，郁老师更是在严格要求的同时不乏细心的关怀。2010年新学期刚开始，为完成学校的论文刊发规定，我写了《论经验论与唯理论视域下的康德哲学的哥白尼革命》一文请他审阅。几天后，收到回复邮件："文章质量差，需多训练。"然而，在我读完邮件，正在为求学期间所写的第一篇论文而极为挫败时，突然接到郁老师的电话："我的去信没有打击你的学术自信心吧……"我文笔极差，现在几乎描摹不出彼时彼地的感受与情景。然而，我至今无法忘记老师那体察入微的关爱：在不降低学术要求的情况下，又要鼓励后生一心向学的苦衷。现在想想，愚钝如我，十几年来，不知道给老师带去多少烦忧，但他从没有放弃我，总是一再地用冯契先生当年讲过的一句话来劝勉我：不着急，慢慢来。

　　2014年6月，我从华东师范大学哲学系博士毕业，至今已近10年，这部书稿就是在我的博士论文《康德批判哲学体系中的上帝》基础上修改而成。说是"修改"，其实除了保留"导言"部分的前三页之外，书中的所有文字都是重新写就，而我毕业后之所以没有放弃写作，则与郁老师在2014年对我的一次劝诫关系甚大。记得那年教师节我们通话,我因为一向喜欢私下搞一些读书会,读点与传统文化相关的书,于是就对郁老师说:我已经毕业,现在是不是可以读点杂书,放松一下了?没想到郁老师正告我说:毕业以后才是真正从事学术研究的开始。而且为此目的,他还专门为我开列了诸多杂志供我投稿时参考。这些杂志有些我曾有幸投中,而有些则还尚需时日,但无论如何,从那时起,我给自己确立了一个目标,即坚信写作是最好的学习方式。这个习惯我一直保持到现在,在此期间无论发生什么事情都不曾中断,而这部书稿的绝大部分文字就是我这几年集腋成裘的一个展现。从某种意义上讲,若是没有当年郁老师的那次劝诫,我根本不会从事学术写作,更不会有今天的这部书稿问世,期望我的努力能够不辜负老师的一片心血与希望。

另外,我也想将这部书稿献给我的母亲尹秀芝(又名素芝、素贞),2022年8月22日(农历八月初二)她在疫情期间去世。我很想念我的母亲。

马 彪

2024 年 3 月 20 日

南京农业大学

责任编辑：武丛伟
封面设计：王欢欢

图书在版编目（CIP）数据

康德批判哲学的信念之维 / 马彪著. -- 北京 ：人民出版社，2024.10. -- ISBN 978－7－01－026828－6

Ⅰ．B516.31

中国国家版本馆 CIP 数据核字第 2024KH7794 号

康德批判哲学的信念之维
KANGDE PIPAN ZHEXUE DE XINNIAN ZHI WEI

马 彪 著

人 民 出 版 社 出版发行
（100706 北京市东城区隆福寺街 99 号）

北京中科印刷有限公司印刷 新华书店经销
2024 年 10 月第 1 版 2024 年 10 月北京第 1 次印刷
开本：710 毫米×1000 毫米 1/16 印张：12
字数：207 千字

ISBN 978－7－01－026828－6 定价：60.00 元

邮购地址 100706 北京市东城区隆福寺街 99 号
人民东方图书销售中心 电话（010）65250042 65289539

版权所有·侵权必究
凡购买本社图书，如有印制质量问题，我社负责调换。
服务电话：（010）65250042